作者简介

单月英，北京大学考古学及博物馆学博士；北京师范大学历史学院考古文博系副主任、副教授，策展人；2007—2009年国家留学基金委公派伦敦大学亚非学院访问学者。研究方向为汉唐考古、中西交通和边疆考古。主持、参与国家社科基金项目5项，发表学术论文20余篇，策划编写展览图录及图书10余部，主持策划各类型展览数十个。

张化杰，1990年毕业于新疆大学历史系历史学专业，自2006年起担任和田地区文物局局长，长期兼任和田地区博物馆馆长。曾全程参加和田地区第三次全国文物普查和第一次可移动文物普查，基本走遍了和田地区的遗址遗迹，参与"五星出东方利中国——和田历史文化陈列""王蔚同志纪念展""锦绣中华——56个民族服饰展"及康西瓦前线指挥部旧址的复原陈列布展工作。

缪斯

MUSE

文库

本书由中国博物馆协会与腾讯基金会"腾博基金"资助

于闐回響

The Echo of
Khotan

和田地区博物馆
"和田历史文化陈列"
策展笔记

单月英　张化杰　著

ZHEJIANG UNIVERSITY PRESS
浙江大学出版社
·杭州·

图书在版编目（CIP）数据

于阗回响：和田地区博物馆"和田历史文化陈列"
策展笔记 / 单月英, 张化杰著. —— 杭州：浙江大学出版社, 2023.11
（中国博物馆陈列展览精品·策展笔记）
ISBN 978-7-308-24282-0

Ⅰ.①于… Ⅱ.①单…②张… Ⅲ.①博物馆—中华
文化—历史文物—陈列—策划—和田地区 Ⅳ.
① G269.274.54

中国国家版本馆CIP数据核字（2023）第191927号

于阗回响

和田地区博物馆"和田历史文化陈列"策展笔记
YUTIAN HUIXIANG: HETIAN DIQU BOWUGUAN "HETIAN LISHI WENHUA CHENLIE"
CEZHAN BIJI

单月英　张化杰　著

出 品 人	褚超孚
项目负责	陈　洁
策划编辑	张　琛　陈佩钰　吴伟伟
责任编辑	陈佩钰（yukin_chen@zju.edu.cn）
文字编辑	蔡一茗
责任校对	黄梦瑶
美术编辑	程　晨
责任印制	范洪法
出版发行	浙江大学出版社
	（杭州天目山路148号　邮政编码：310007）
	（网址：http://www.zjupress.com）
排　　版	浙江大千时代文化传媒有限公司
印　　刷	杭州捷派印务有限公司
开　　本	710mm × 1000mm　1/16
印　　张	21
字　　数	315千
版 印 次	2023年11月第1版　2023年11月第1次印刷
书　　号	ISBN 978-7-308-24282-0
定　　价	98.00元

总　序

在社会主义文化强国建设的进程中，博物馆扮演着中华文明优秀成果守护者、传承者与传播者的重要角色。作为博物馆教育与传播的核心媒介，陈列展览成为博物馆守护文化遗产、传承中华文明、讲好中国故事的关键工作。好的陈列展览离不开好的策展工作。策展是构建陈列展览的过程，是通过逻辑和观念的表达，阐释文物藏品的多元价值，构建公众与遗产之间的对话空间，激发广泛社会价值与文化价值的思维和组织活动。博物馆策展的理论与实践水平，很大程度决定了陈列展览的思想境界、文化内涵、艺术品位与传播影响。因此，博物馆策展的学术研究和业务能力建设是提高博物馆陈列展览工作业务水平和影响效果的重要途径；某种意义上，也是促进我国博物馆事业高质量发展的关键所在。

"中国博物馆陈列展览精品·策展笔记"丛书的出版，正是源于对上述问题的思考。作为我国博物馆行业发展的协调者与促进者，中国博物馆协会长期致力于博物馆展陈质量建设和策展能力提升。在持续不断的摸索和实践中，许多博物馆同仁建议我们依托"全国博物馆十大陈列展览精品推介活动"，围绕一批业内公认的具有较大影响力与鲜明特色的获奖展览项目，邀请策展团队，形成有关策展过程和方法的出版物。在不断的讨论中，我们逐渐明确：这种基于展览策划的出版物，显然不同于博物馆中常见的对于展览内容及重点文物介绍的"展览图录"，而更适合被称为"策展笔记"。

所谓"策展笔记"，一方面，要聚焦"策展"的行动内容，也就是要透过展览看幕后，核心内容是展览从无到有的建设过程，尤其要重点讲述展览选题、前期研究、团队组建、框架构思、展品组织、形式设定、艺术表达、布展制作等当代博物馆展览策划的核心流程及相关体会。另一方面，要突出"笔记"的内涵风格。如果与记录考古工作的过程、方法与认识的"考古报告"相类比的话，"策展笔记"则是对陈列展览的策展过程、方法与认识的重点记录。与此同时，作为与"随笔""札记"等相似的"笔记"文体，也应带有比较强烈的主观性、灵活性和较高的自由度，宜以第一人称的口吻展开，重在呈现策展的心路历程与思考感悟，而不苛求内容体系的完整性与系统性；重在提炼策展的经验、理念、亮点，讲好值得分享的策展专业理论、专业精神、专业态度和专业手法等。我们相信，这样的"策展笔记"，不但可以作为文博行业了解我国文博系统优秀展览的"资料工具书"，也可以作为展陈从业者策展创新借鉴的"实践参考书"，还可以作为普通大众的"观展指南书"，帮助他们了解博物馆幕后工作，更好领略博物馆展陈之美。

丛书第一辑收集了 2019—2021 年度全国博物馆十大陈列展览精品推介的代表性获奖项目，覆盖全国不同地域，涵盖考古、历史、革命纪念等不同类型。由于缺乏经验借鉴，加之展览类型的多元性、编写人员构成的差异性等，在撰稿与统稿过程中，我们遇到了远超预期的挑战。这些挑战包括但不限于：如何平衡丛书的整体风格与单册图书的个体特色；如何兼顾写作内容的专业性特质与写作表达的大众性要求；如何将策展实践中的"现象描述"转化为策展理念的"机制提炼"，充分体现策展的创新点和价值点；如何实现从"报告思维"向"叙事思维"的转型，生动讲述策展的动人细节；如何在分析个案内容的同时对行业的普遍性、典型问题进行有效回应，发挥好优秀展览的示范作用；如何解决多人撰写所产生的文风不统一问题，提高统稿工作的质量和效率；等等。幸运的是，在各馆撰稿团队的积极配合下，在专家的有力指导下，我们通过设定指导性原则、确定写作指南、优化统稿与编审机制等途径，一定程度克服了上述挑战难题，基本完成了预期目标。

　　这套丛书的问世，离不开撰稿人、专家和编辑的辛勤劳动。我们衷心感谢北京鲁迅博物馆（北京新文化运动纪念馆）、中国人民革命军事博物馆、山西博物院、吴中博物馆、扬州中国大运河博物馆、杭州市萧山跨湖桥遗址博物馆、山东博物馆、湖北省博物馆、盘龙城遗址博物院、成都武侯祠博物馆、陕西历史博物馆、秦始皇帝陵博物院、和田地区博物馆等博物馆策展团队撰稿人的精彩文本。同时，我们衷心感谢南京博物院理事长、名誉院长龚良，复旦大学文物与博物馆学系主任陆建松，浙江大学艺术与考古学院教授严建强，北京大学考古文博学院教授宋向光，上海大学现代城市展陈设计研究院执行院长李黎，西安国家版本馆（中国国家版本馆西安分馆）副馆长董理，清华大学美术学院副教授李德庚等多位学者、专家的认真审读与宝贵的修改建议。感谢浙江大学出版社董事长、党委书记、总编辑褚超孚，以及社科出版中心编辑团队的细致审校和精心编辑，他们的工作为丛书的顺利出版提供了坚实的保障。浙江大学艺术与考古学院"百人计划"研究员毛若寒博士在这套丛书的方案策划、组织联络、出版推进等方面，用力尤勤，付出良多。此外，还有许多在本丛书筹划、编辑、出版过程中给予帮助的专家、老师，无法一一列举，在此谨对以上所有人员致以最真挚的感谢和敬意。

　　严建强教授在一次咨询会上曾对这套丛书给过一个很高的评价，认为它是当代博物馆专业化建设的一个重要的里程碑。对于这个赞誉，我们其实是有点愧不敢当的。我们很清楚，丛书第一辑的整体质量还有待提升，离"里程碑"的高度存在一定差距。但通过第一辑的编辑出版，我们为接下来的第二辑、第三辑的编写积累了经验、增强了信心。今后，我们会继续紧扣"策展笔记"作为"资料工具书""实践参考书"与"观展指南书"的核心功能定位，继续深化对于博物馆展览策展笔记的属性、目标、功能、内涵、形式等方面的认知，努力通过策展笔记的编写，带动全行业策展工作专业水平的整体提升。这虽然是一件具体的事情，但对构建博物馆传承与展示中华文化的策展理论体系和实践创新体系，推动博物馆守护好、展示好、传承好中华文明优秀成果，为博物馆事业的高质量发展、为建设社会主义文化强国不断做出新贡献，是很有积极意义的。我们相信，有全国博物馆工作者的积极参与，我们一定能把这套丛书做得更好，做成中国博物馆领域的著名品牌。

　　是为序。

刘曙光

中国博物馆协会理事长

引　言　穿越和田万年　001

 一、如何理解"中国和田"？　005

 二、为何要举办和田历史文化陈列？　009

 三、需要做一个什么样的展览？　012

 四、学术成果如何转化成展览语言？　015

 五、和田的突出特点是什么？　017

 六、如何让文物说话、让历史发声？　020

 七、展览具有什么样的特点和亮点？　022

导　览　观澜和田画卷　029

 一、序厅：中国之子　家园和田　031

 二、巍巍昆仑映华夏——和田历史的源头在哪里？　035

 三、和合各族舞蹁跹——历史上和田生活着哪些民族？　043

 四、金玉之乡兴农桑——历史上和田各民族都是怎么生产劳作的？　058

 五、绚烂多姿溢华彩——历史上和田各民族过着什么样的生活？　075

 六、万方乐奏有于阗——历史上和田各民族创造了什么样的文化？　083

 七、中华一家有和田——中原王朝是怎样管理这里的？　094

 八、古道通衢贯中西——和田为何被称作"丝路明珠"？　107

 九、结束厅：望见和田明天　115

策　展　谱写和田长歌　119

 一、为何强调"量身定做"展览？　121

 二、如何规避博物馆潜在风险？　125

 三、怎样读懂和田？　132

 四、展览策划的前提和标准是什么？　231

 五、策展的依据是什么？　233

 六、如何保障非常规操作下展览的高效施行？　234

七、怎样才能赋予展览温度和亲和力？   237

八、如何讲好和田故事？   239

观　展　聆听观众声音   283

一、观众从展览中收获了什么？   284

二、展览的预期目标实现了吗？   295

三、怎样培育"可持续发展"模式的展览？   297

四、如何做好特殊时期的展览服务？   302

结　语　思考展览策划   307

一、怎样破解展览同质化和"千馆一面"的问题？   309

二、如何探索中国特色的博物馆策展之路？   311

三、如何在展览中有效运用高科技手段？   313

四、如何平衡独享性和共享性多媒体辅助展示项目的设置？   314

五、如何整合社会资源更好地服务我国中小博物馆？   316

后　记   321

于闐
回響

The Echo of
Khotan

引 言

穿越和田万年

　　以策展人的身份走进和田，我从来没有想过，但冥冥之中，又仿佛是与和田命中注定的因缘。

　　出于所学专业的缘故，"西域"[1]成为我的梦想之地，既熟悉，又遥远。说实话，在2018年底前，我从没到过新疆。于我而言，"于阗""和田"，均属纸上的名字，心中一片五彩斑斓的远地。走进和田，在繁忙而紧张的策展工作中不断发掘她的过往，却在不知不觉中深深地爱上了她！

　　和田古称"于阗"，位于中国新疆维吾尔自治区南部，西南枕号称"亚洲脊柱"的巍巍昆仑山脉，北傍浩瀚的塔克拉玛干沙漠。和田地区辖7县1市，91个乡镇，人口250余万人。今天，这里生活着22个民族，其中维吾尔族占总人口的绝大多数。

　　和田地区总面积达24.81万平方公里，地形多样。南部是呈弧形绵亘的巍巍昆仑，山脚下有成片的牧场（图1-1）。沙漠、戈壁广布，占据和田63%的面积；仅剩的3.7%属于宜居的绿洲，竟被沙漠和戈壁分割成300余块。和田地形南高北低，峰峦叠嶂的昆仑山脉是众多河流的发源地，克里雅河、尼雅河、桑株河（图1-2）、由喀拉喀什河和玉龙喀什河汇流而成的和田河等河流自南向北流淌，冲积出肥沃的绿洲，孕育了沿河而生的和田文化，最终消失于无垠的沙海。这与我们脑海中祖国西高东低的地势，长江、黄河等自西向东流的地理景观形成极大的反差。特殊的地理位置和环境赋予和田地区暖温带极端干旱的荒漠气候，四季分明，光照充足，降水稀少，蒸发量巨大，年蒸发量约是年均

图1-1　昆仑牧场（上）

图1-2　桑株河（下）

图1-3　故宫博物院藏"大清受命之宝"玉玺

降水量的70—80倍！好在昆仑山脉融化的雪水可以滋养和田大地上的生命，使和田绿洲保持生机盎然。但这里的生态环境仍相当脆弱。几千年来，塔克拉玛干沙漠向南推进了近200公里，昔日人们生活的家园被流沙吞噬。

　　沙漠是收藏历史的宝库。得益于干燥的沙漠环境，许多文物古迹得到较好的保存，见证着和田悠远绵长的历史。出土的黍饼证明原产华北地区的粟、黍在3000多年前就已传入这里，成为人们主要的粮食作物。饱经沧桑的烽燧戍堡遗址是古代中国中原王朝管治这里的丰碑和铁证。和田是佛教东传的重要节点，于阗曾被称作"千年佛国"。至今，在沙海倔强矗立的佛塔向世人宣示着于阗昔日的荣耀。作为丝绸之路[2]南道上的交通要冲，和田被誉为"丝路明珠"，民族迁徙融合频繁，来自中原、中亚、西亚、欧亚草原等地的文化在此汇聚交融。和田美玉在商周时期已开始输入中原，成为连接中原与西域的重要媒介，也是于阗向中原王朝进贡的重要方物，不仅是中原地区统治阶层家居陈设和装饰用玉的首选，还进入中原王朝礼制的核心，成为中华文明独特内涵的重要载体（图1-3）。乾隆皇帝一生为和田玉赋诗830余首！

和田各族群众用智慧和勤劳书写了自己的历史，以开放包容的胸襟创造了兼容并蓄的绿洲文化，为中国大历史的书写和中华文明内涵的丰富做出了重要贡献。

这就是和田，荒芜与生机交织的神奇土地。她深居欧亚大陆腹地，却闻名世界！她有着万年的历史，却永远美丽年轻！她光芒四射，魅力无穷，像磁石一样吸引着古往今来数不清的使团、商旅、僧众、探险家、学者……

中国和田，这个迷人的家园，如何才能讲好她的故事？这是作为策展人的我绞尽脑汁想思考透彻的问题。无数问题如潮水般涌来，迫使我自己跃入知识的海洋，拼尽全力寻找答案。

一、如何理解"中国和田"？

作为和田历史文化陈列的策展人，肩负重任和托付，讲好和田故事的第一步是要充分认识和理解中国和田。

和田是新疆维吾尔自治区现有的5个地区之一，和田西南越喀喇昆仑山与印度、巴基斯坦实际控制的克什米尔地区毗邻，边界线长达210公里，属名副其实的边疆地区。当今的人们在回望历史、追溯过往时，均是基于现有国家领土疆界而展开的。和田是中国领土不可分割的组成部分，和田历史是中国历史的一部分，和田文化是中华文化的组成部分，这些是国际公认的事实。因此，和田历史文化陈列的策展必须在中国历史的大框架下展开。

和田地区在古代属于西域之地。现有考古研究资料显示，和田历史发端于距今万年左右，战国晚期开始出现绿洲城邦。汉晋时期，这里分布着于阗、精绝、扜弥、戎卢、皮山、渠勒六个绿洲城邦。公元 3 世纪，于阗国盛，逐渐兼并其他几国，至北宋初年被喀喇汗王朝（黑汗王朝）攻灭。此后，和田地区先后经历了西辽、元代察合台汗国、明代叶尔羌汗国、清朝、中华民国，直至 1949 年和平解放。早在公元前 2 世纪末，西汉王朝就与匈奴在西域展开较量。西汉神爵二年（前60），西汉王朝设置西域都护府，和田被纳入汉朝的管辖。此后历代中原王朝都非常重视对西域的经营。和田是西域的一部分，解读和田历史文化自然也要以西域历史文化为背景。

新疆位于我国的西北，境内高山与盆地相间，形成"三山夹两盆"的地形，南、北两边是东西绵延的昆仑山和阿尔泰山，中部横亘的天山山脉把新疆一分为二，即俗称的南疆和北疆。南疆和北疆因地理地貌和气候形成了差异显著的自然景观和人文历史。北疆地区多草场，畜牧业发达，这里古代是游牧人群驰骋的天地，通常被视作欧亚草原的一部分。南疆地区沙漠广布，分布着点点绿洲，人们发展出农牧并举的生业，曾存在过定居为主的城郭诸国。天山山脉中的数条南北向通道联通了南疆和北疆，历史上，游牧人群常常跨越天山南下绿洲之地。古称葱岭的帕米尔高原与喀喇昆仑山、昆仑山和天山相接，成为新疆西边的屏障。新疆的整个地形宛如一个口朝东横置的袋子，非常有利于与中原内地的交通，也很有助于我们理解古代西域与中原的紧密关系。

西域的地理位置决定了其是古代东西方文化的交汇地，也是民族迁徙、融合十分频繁的地区，多族群、多语言、多宗教，这里的文化亦是多元的。

张骞"凿空"西域之后，中国历代王朝都非常重视西域，苦心经营之。这是为什么呢？

纵观历史，我们就会发现，由于葱岭的阻隔，葱岭以西的政治体从未能把势力深入塔里木盆地。公元前 4 世纪晚期，马其顿亚历山大东征也止步于葱岭以西。200 余年后，张骞通西域，欧亚大陆得以东西贯通。再看葱岭以东，情况截然不同。西域一直是中原王朝和北面以蒙古高原为统治中心的草原游牧政权争夺的焦点，甚至是二者交替控制的地区。西域的重要性自不待言。西汉武帝派张骞出使西域的目的很明确，即"断匈奴右臂"。神爵二年（前60）之前，匈奴在西域设置僮仆都尉，"取赋给焉"。毫无疑问，富庶的西域可以为匈奴提供源源不断的供给。汉武帝打击匈奴除了军事上的直接行动，便是与匈奴展开对西域的争夺，开启中原王朝在西域驻军、屯田、修建烽燧戍堡的历史（图1-4）。《史记·大宛列传》载曰："汉使穷河源，河源出于阗，其山多玉石，采来，天子案古图书，名河所出山曰昆仑云。"汉武帝把黄河发源地——"万山之祖"的"昆仑"——钦定在于阗南山（即今昆仑山），从此，华夏、昆仑山、黄河发源地便与和田紧密相连。今天的我们均知黄河发源地不在和田南部的昆仑山，但这是我国历史上最早由官方确定"昆仑山"的举措，也是中原王朝主权的宣示。武帝此举又何尝不是汉匈较量中西汉王朝国家战略的一种体现呢？

经过武帝对匈奴持续数十年的打击，神爵二年（前60），统领西域的匈奴日逐王降汉，罢僮仆都尉，匈奴势力退出西域，西汉在西域设置西域都护府，西域正式纳入汉朝的管辖。东汉，班超以于阗为根据地，重建汉朝对西域的统治。东汉延光二年（123），改西域都护府为西域长史府，继续行使对西域的管辖职权；东汉阳嘉元年（132），将治所由柳中移驻于阗。和田地区在东汉时期就已成为中原王朝经营西域的重要驻地。唐代，于阗为安西四镇之一，安西节度副使驻扎此地，于阗成为丝绸之路南道最重要的唐朝军政统治中心。《于阗采花》云："山川虽异所，草木尚同春。"东汉初年于阗人极力挽留班超东归。唐安史之乱时，于阗王尉迟胜率五千精兵万里勤王。五代时于阗王尉迟僧乌波自称唐朝宗属，改姓唐朝皇族李姓，采用中国王朝的年号制度等。心向中原成为于阗传统。

中原王朝的历史与以蒙古高原为中心的内亚历史始终存在着接触、交叉与重叠，这种重叠交叉贯穿了中原王朝历史的各个时期。"从这个意义上说，匈奴、柔然、突厥、回鹘等内亚草原上的游牧政治集团的历史固然属于内亚史，但也是中国史的

图1-4　克孜尔尕哈烽燧

一部分。"〔3〕历史证明，西域、以蒙古高原为中心的草原游牧政权、中原王朝，三者之间关系复杂而密切，前者对后两者非常重要：可谓是得西域者占主动，甚至得天下。

以历史的视域，客观深入地了解和认识西域，多视角审视和中肯评价西域，是做好和田历史文化陈列的一把钥匙。"战马春耕陇上田""唐家风雨汉家烟"写尽了历代中原王朝在西域的励精图治。充分理解"中国和田"，讲好和田故事，需要以西域历史为背景，在中国历史的大框架下展开。此外，和田历史文化陈列的策展还要以内亚视角乃至世界视角来审视和田与西域。

二、为何要举办和田历史文化陈列?

举办展览是博物馆发挥社会职能、完成使命的重要途径之一。

我们简单回顾博物馆的定义和发展历程,以便更好地定位和田地区博物馆和田历史文化陈列。

博物馆在适应社会发展的漫长历程中,逐渐形成多职能的文化复合体。1974年,国际博物馆协会第十一届大会通过章程,明确规定:博物馆是一个不追求营利的、为社会和社会发展服务的、向公众开放的永久性机构,出于研究、教育和欣赏的目的,对人类和人类环境的见证物进行搜集、保存、研究、传播和展览。博物馆被认为是社会大学,是公众受教育的场所;博物馆承担着传承文明,传播知识,启迪大众,构建民族精神家园的使命。随着时间的推移和社会的快速发展,博物馆的职能和作用也有了明显的变化。

1977年5月18日是第一个国际博物馆日。自1992年开始,每年都设国际博物馆日,并设定不同的主题。历年国际博物馆日主题显示,博物馆与现代社会的联系越来越紧密,正在以建设性的姿态和前所未有的广度与深度参与现代社会、政治、经济和文化议题,博物馆的功能也一再被重塑。党和国家对博物馆事业的重视,极大地促进了中国博物馆事业的建设与发展。根据国家文物局公布的数据:截至2019年底,全国已备案的博物馆达到5535家,是1949年的200多倍,并且,目前仍以每年180多家的速度增长,2023年的最新数据显示我国博物馆已有6565家。中国成为当今世界博物馆事业发展最快的国家之一,参观博物馆已经成为人们文化生活的重要内容。

以习近平同志为核心的党中央高度重视博物馆建设,将博物馆事业与国家战略、国运发展密切相连,作为覆盖城乡、便捷高效、保基本、促公平的现代公共文化服

图1-5　和田地区博物馆

务体系的重要组成部分。博物馆在增强国家文化认同、提升公民道德素养、维护社会和谐稳定方面具有深厚潜力；在助推经济发展、促进产业升级方面亦具有重要作用。

　　在我国，内地博物馆作为公共文化服务体系的重要组成部分，与传统博物馆的职责和使命相一致。而边疆地区博物馆不仅具有内地博物馆所肩负的职责和使命，还要配合国家的治理方略等，其时代担当较内地博物馆更加凸显。

　　作为边疆地区博物馆，和田地区博物馆（图1-5）的建设不仅仅以满足和田民众文化生活需求为目的，她也是和田爱国主义教育基地的主体，是对党中央"依法治疆、团结稳疆、文化润疆、富民兴疆、长期建疆"的治疆方略的积极践行地。和田历史文化陈列就是在此背景下诞生的。作为和田地区博物馆的支撑，和田历史文化陈列承担着提升当地民众道德素养、增加国家文化认同、维护和田地区社会和谐稳定的重要使命。

图1-6 发现文物

　　展览的使命决定了展览的宗旨和目标。和田历史文化陈列必须按照习近平总书记关于新疆工作的重要指示，以《新疆的若干历史问题》白皮书精神为纲要，依照《新疆的若干历史问题》白皮书的政治标准、学术严谨标准、群众标准、爱国主义标准、中华视野标准，站在中国大历史的角度看和田，本着让文物活起来、以物证史，让历史说话、正本清源的宗旨，着眼古今的演变，讲好和田故事，让和田民众了解真实的和田历史（图1-6）。和田历史文化陈列通过大量的铁证文物和遗迹，阐明包括和田在内的新疆是我国领土不可分割的组成部分；和田各民族是中华民族血脉相连的家庭成员；和田文化根植于中华文明沃土，是中华文化不可分割的部分；和田历史上是多种宗教并存地区；凡是受到中央政府管辖的时期都是和田发展最繁荣的时期。以此增强民众对伟大祖国、中华民族、中华文化、中国共产党、中国特色社会主义的认同，坚定"四个自信"，激励民众为实现中华民族伟大复兴的中国梦砥砺奋进。

和田历史文化陈列的办展使命、宗旨和目标清晰地诠释了展览举办的必要性和迫切性，对策展提出了非常高的要求。和田历史文化陈列在彰显和田文化特色的同时，强化展览的引导性，做到让和田民众"看得懂、听得进、记得住、讲得出"，让和田民众通过观展产生强烈的归属感，激发大家自觉学习的愿望，实现无讲解情况下观众能够通过观展了解和田历史文化，受到教育。很显然，和田地委"让观众看得懂、听得进、记得住、讲得出"的展览诉求就是博物馆策展追求的终极目标。

肩负如此使命，策展人诚惶诚恐，如履薄冰！怎样才能不负重托？首先要考虑的问题就是要把和田历史文化陈列打造成什么样的展览。

三、需要做一个什么样的展览？

在确定和田历史文化陈列的策展思路时，我会不停地问自己一个问题：需要把和田历史文化陈列做成什么样的展览？这个看似简单的问题，实则是展览策划构思的前提。

需要做成什么样的展览，这一问题牵涉对观众群体的全面分析和对主体观众的精准定位、展品的选择、展览的解读方式、展览节奏的设置、展览调性的定位、展览目标实现的可能性等多方面的内容。和田历史文化陈列展示的是和田万年的历史文化,讲述的是中国和田的故事,展览的政治属性较强,很容易把展览做成说教式的,拒人于千里之外。如此,展览目标实现的可能性就会很渺茫。

和田历史文化陈列的主体观众被清晰地确定为 250 多万和田民众,展览举办的使命、宗旨和目标也是围绕和田民众而设置的。我们需要打造一个有厚度、有深度、有温度的展览,作为连接过去、现在与未来的桥梁,使和田民众与和田万年历史文化之间形成互动和共鸣。

和田历史文化陈列的厚度主要体现在解读的对象和视角。策展人紧紧围绕和田历史文化的特质,以西域历史为背景,在中国历史的大框架之下,辅以内亚视角和世界视角,通过和田地区出土的大量代表性文物、现存遗迹和辅助展示项目,揭示和田久远的历史和深厚的文化底蕴,让无形的和田历史文化变成看得见、看得懂、看得进的展览,观众通过展览可以清晰地感知和田万年的历史文化。由此,和田历史文化陈列在时间和地理空间两个维度上积淀出自身的厚度。

和田历史文化陈列的深度源自对和田历史文化解读和阐释的深度。历史文化的解读或直白,或隐晦;或主观,或客观;或虚,或实;或彰显,或隐匿。对今天的我们而言,人类的过去有许多的已知和未知,甚至我们认定的真相也极有可能原本就是一种假象。面对浩瀚的人类历史和深邃的文明,策展人时常会产生力不从心的窘迫感,也常常会迷失自己。策展人需要通过终身的学习不断地检讨和提升自己的认知,不停地修正自我,用展览的形式去解读历史、发现历史、修正历史,并尝试构建历史。展览与学术研究的目标一致,都是希望通过对遗物、遗迹携带的信息密码最大限度的解读,以无限接近历史的真相,讲好历史故事。在和田历史文化陈列的策展过程中,策展人一直在尝试通过解读和阐释,建立起和田民众与和田历史文化的对话,努力让这种古今对话变得有效。和田历史文化陈列的实践也证明这种通过深入解读和阐释建立古今对话的努力非常有效。

展览的温度体现在策展的情怀和观众对展览的感受中。何为展览[4]?展览为何？这是笔者 20 多年策展生涯中经常追问和反思的问题。展览二字拆开就是"展"和"览"，强调的是物与人之间的互动关系。在这一互动关系中，"物"代表供展示的展品和整个展览，"人"包括做展览的人和参观展览的人（即观众）。很明显，展览是做展览的人为观众举办的，是今人与古人对话的媒介。展览既是专门为观众所做，自然在策展人的心中，观众永远是第一位的。展览强调的"以人为本"也多是出于为观众考虑。此外，博物馆展览常常以古代历史文化为阐释对象，策展人在工作中要永远怀揣敬畏，苦练内功，不断提升自己的知识积累和学术水平，对历史文化做出客观深入的阐释，不可歪曲史实。以对历史负责、对文化负责、对观众负责的情怀策展，展览本身就具有了人情味，自然也就有了温度。

和田历史文化陈列的策展，本着对历史负责、对祖国负责、对和田民众负责的态度展开，展览的内容设置从介绍和田这方水土开始，展现各时期在这方水土上生活的人们，他们赖以生存的生业、所过的生活、创造的文化、与外界的交流，中原王朝的管治与经营。这样的展览设置旨在让今天的和田民众由先民照见自身，弄清楚自己是谁、来自哪里、走过怎样的路，并找到归属和对未来的憧憬。实践证明，围绕古代人们的生产生活展开的展览讲述，比较容易弥合古今的距离，得到和田民众的广泛认可，既保证了展览的温度，又达到了润物无声之目的。

四、学术成果如何转化成展览语言？

博物馆展览有多种多样的类型，阐述通史的历史文化陈列是其中的一个类型。各地的历史文化陈列通常是各地博物馆的主体展览，可以说是当地博物馆最重要的展览。历史文化陈列与考古发掘、学术研究密切相关，考古发掘出土的遗物、遗迹等往往是展览展示的主要对象，学术研究成果是展览解读的基石。展览阐释与考古发掘、学术研究的最终目标是大体一致的——通过拼合人类过往的碎片，尝试解读和构建人类发展的历史，让文化得以传承。但是展览思维与考古发掘的思维却是反向的。

作为策展和考古发掘、学术研究并重的策展人，我需要不断地切换思维才能满足策展、考古发掘和学术研究的需要。在多年的展览制作中，我感觉自己越来越像金庸笔下的周伯通。考古发掘是在人类历史的海洋中打捞逃逸的信息密码，信息密码的载体是各种遗物、遗迹、遗痕等，因此，考古发掘过程强调极致的细心，需要使用细密的筛子筛土，不能错过任何信息和遗物。但展览的特性却强调围绕主题、管中窥豹、以小见大、以点带面，面面俱到是大忌。

任何宏大的叙事必须以扎实、严谨、科学的学术研究为基础。依据考古出土材料和学术研究成果做好和田历史文化陈列，讲好和田故事，这说起来容易，但实非易事。

和田是丝绸之路南道的要冲，被誉为"丝路明珠"，是古代人群迁徙、融合非常频繁的地区，也是中西方文化的交汇之地，和田文化的一大特点就是融东汇西。19 世纪末 20 世纪初，西方掀起在西域探险的热潮，以英人奥雷尔·斯坦因、瑞典人斯文·赫定为代表的西方"探险家"多次深入和田地区，对和田文物古迹进行非法测量和盗掘，并把大量的出土文物窃走，运出中国，致使大量珍贵的和田文物流落他乡。和田也因其漂泊在外的文物和斯坦因等出版的相关著作而闻名世界。和田历史文化研究成为一门涉及多学科的、国际化的学问。

新中国成立后，我国考古工作者对和田文物古迹的调查发掘取得了丰硕的成果，中日联合开展的尼雅遗址调查和考古发掘成为国际合作的典范。以荣新江、王炳华、孟凡人、段晴、殷晴、贾应逸、伊弟利斯·阿不都热苏勒、于志勇、李文瑛、刘文锁、肖小勇等为代表的中国学者从多个角度展开对和田历史文化的研究，极大地丰富了我们对和田的认识，为深入解读和全面阐释和田历史文化奠定了丰厚的学术基础。在策展过程中，我们聘请了数十位和田历史文化研究方面的国际知名学者，组建和田历史文化陈列专家顾问团队，为展览学术严谨保驾护航，其中 18 位专家参与了展厅中"专家讲展览"视频短片的拍摄。

将学术成果向展览语言转换的过程对策展人的学习能力、知识结构、学术水准等都是很大的挑战。策展人需要在比较短的时间内，通过对考古简报和报告的查阅以及对研究简史的梳理，迅速掌握和田历史文化考古调查和研究的成果，确定哪些成果是该领域最具代表性的成果，哪些成果处于学术前沿。比较可行的"捷径"就是对该领域的顶级学者进行访谈，在访谈过程中捕捉展览需要的知识点和相关信息，并及时把知识点进行展览语言的转化。一方面，这样可以保证展览对最新考古成果和学术成果及时运用和呈现；另一方面，学术语言是书面语言，专业学者能看懂即可，而展览语言则要求大众化，要做到通俗易懂、简洁优美、流畅生动，切忌晦涩难懂，相比之下，展览语言的要求更高。

和田历史文化陈列注重阐释，做到了对展出的每件（组）文物均有深入的解读，把学术成果通过对一件件文物的解读进行充分的转化。展览的前言、部分说明、单元说明、组说明也是对学术成果转化后的高度概括。以学术成果为基础对文物的深入解读，也是实现"让文物说话"的途径。

中国博物馆事业具有自身的特色。在展览策划和学术成果转化的过程中，策展人需铭记学术严谨和价值导向正确，且不可违背，以学术严谨为基础的价值导向正确可以保证展览的说服力和可信度，要正确、妥善处理价值导向正确和学术严谨，使两者相得益彰。

五、和田的突出特点是什么？

我们的伟大祖国幅员辽阔、山川壮美，各地地理环境千差万别。"一方水土养一方人"，各地的人们在承继中华传统的同时，也因不同的生态环境而创造了具有地方特色的生业、生活和文化。在和田这方热土生活的人们赋予了和田什么文化特点呢？

每每提及和田，人们脑海中都会浮现出"巍巍昆仑""能歌善舞""瓜果飘香"等词，还有毛泽东"万方乐奏有于阗"的著名诗句。众所周知，和田最著名的特产就是和田玉、艾德莱斯绸、栽绒毯和桑皮纸。和田人最引以为豪的就是和田为"玉石之路的起点""丝路明珠"。除了这些，和田还有什么特点？

穷究和田特点，是为了让和田历史文化陈列更丰满、辨识度更高。

在对研究成果和考古出土材料细致研读的过程中，我们发现了很多不为人注意的重要特点，它们构成了和田历史文化传统。

和田南高北低的地形导致发源于喀喇昆仑山和昆仑山的冰雪融水汇聚成河后由南向北流淌，孕育了和田沿河而生的文化。在沙漠中屹立千年不倒的大片胡杨让我们清晰地感知到和田昔日的勃勃生机（图1-7）。就地取材是和田先民生产生活遵循的法则。人们善用当地的木材等资源，为生者建造房屋，为逝者制作葬具……

图1-7　沙漠胡杨

　　耕犁和木锨是和田地区传统的农业生产的工具，犁耕技术因汉代驻军屯田传入西域，自汉唐至民国，铁犁的造型几乎没有任何变化，和田尼雅遗址出土的木锨与民国时期的木锨亦无甚区别。生产工具长期不变，这样的现象一方面揭示了古代和田生产力发展的缓慢，同时也展现了和田地区生产传统之悠久。

　　和田民丰县尼雅北青铜时代遗址残留的房屋证明，3000多年前和田地区已经出现了木骨泥墙的房屋建筑。汉晋时期，精绝故地尼雅遗址残存的房址表明此时继续采用木骨泥墙的建筑方法，只是房屋建筑的规模更大、结构更加复杂。唐代于阗的丹丹乌里克遗址的房屋仍采用木骨泥墙的建筑方式。直至今天，在和田偏远地区仍能看到木骨泥墙的民居。另外，尼雅遗址房屋建筑的庭院布局与今天和田民居"阿以旺"如出一辙。木骨泥墙的建筑技术和"阿以旺"式的庭院布局揭示了和田一脉相承的房屋建筑传统。

山普拉墓地和尼雅遗址出土的栽绒毯证明汉晋时期于阗人、精绝人等和田先民已掌握了制作栽绒毯的技术，并延续至今。艾德莱斯绸的起源也很早，至迟唐代就已有艾德莱斯绸；清代，和阗（今和田地区）生产的艾德莱斯绸极负盛名，是和阗进贡清廷的重要方物；今天，艾德莱斯绸仍然是当地维吾尔族民众最喜爱的布料。栽绒毯与艾德莱斯绸、桑皮纸均被列入非物质文化遗产名录。栽绒毯和艾德莱斯绸虽然流行于南疆地区，但以和田生产的最为著名，它们是和田纺织的活化石，揭示了和田地区悠久的纺织传统。

尼雅遗址发现的馕坑、麻糖，墓葬中发现的盛在木盆或木碗中的羊肉等，证明了汉晋时期的和田先民即以烤馕、烤肉和麻糖为食。今天，用馕坑烤制的食物和麻糖仍是和田当地最具特色的食物。和田有着至少持续了 2000 多年的饮食传统，至今仍充满活力。

以布条缠托下颌的葬俗在和田地区也有着悠久的传统。

另外，汉字是和田地区最早使用的文字，从汉代开始，伴随着历代中央政权对和田的管治和经营，汉字在和田的使用持续不断并延续至今。其他文字如佉卢文、于阗文、粟特文等都随着岁月的流逝而退出和田历史。汉字的使用也是和田地区最有特点的传统。

和田的特点和传统等待我们去发现和挖掘，也是和田历史文化陈列所要着力揭示的。它们不断启迪我们，和田的历史和文化均是由在和田地区生活的众多民族共同创造的，无论历史上有多少人群在和田生活，最终都会融入和田传统。展览通过对和田传统的充分阐释，拉近和田民众与和田历史文化之间的距离，更容易让和田民众在观展过程中产生共鸣和归属感，增强对祖国的认同和对中华文明的认同，激发大家"此生无悔入华夏"的自豪气概。

六、如何让文物说话、让历史发声？

　　文物是指古代人类的文化遗物和遗迹，是对人类历史过往的记录与见证。无声的文物携带着大量历史文化信息的密码，蕴含着丰富的历史价值、文化价值、学术价值、艺术价值、科学价值、社会价值等，是我们认识过去、构建历史的依据。2016 年 4 月，习近平总书记对文物工作作出重要指示，强调文物承载灿烂文明，传承历史文化，维系民族精神，是老祖宗留给我们的宝贵遗产，是加强社会主义精神文明建设的深厚滋养。[5]文物资源还可以为边疆地区历史教育提供鲜活的教材。

　　博物馆一直致力于文物价值的发掘和发挥。早在 2014 年 3 月 27 日，习近平主席在联合国教科文组织总部演讲中就提出，让收藏在博物馆里的文物、陈列在广阔大地上的遗产、书写在古籍里的文字都活起来。[6]2017 年 4 月 19 日，习近平总书记在广西考察时指出，要让文物说话，让历史说话，让文化说话。[7]如何让文物说话、让历史说话已成为我国博物馆研究的重要课题。全国各大博物馆竞相在策展理念、文物展示等方面进行创新，探索让文物真正"活起来"的方法和途径。目前，多数博物馆利用科技手段和数字技术实现让文物"活起来"的期待。有些博物馆做得比较成功，很值得借鉴。也有不少博物馆的探索常常是形式大于内容，过度追求趣味性以吸引观众，而忽视了对文物携带的历史文化信息的深入解读，舍本逐末，难免会给人以迎合和媚俗之感，缺乏对历史文化的敬畏。但无论如何，博物馆让文物说话、让文物"活起来"的实践，都为我们策划和田历史文化陈列提供了丰富的借鉴。

　　让文物说话，让历史发声，在边疆地区具有正本清源的重要意义，也是和田历史文化陈列讲好和田故事、实现以物证史使命的核心途径。展览本着努力提高文物研究阐释和展示传播水平的宗旨，在让文物说话、让历史发声方面进行多种尝试与探索。

（1）以文物的解读和阐释为根本，深入挖掘文物背后的故事。展览对每件（组）文物都进行解读，把说明文字印制在展品说明牌上。对历史文化信息丰富的文物采用说明牌和语音导览相结合的形式进行呈现。对于成组的文物，解读时注意彼此之间信息的关联性。对于不同时期的同类文物，聚焦传承和发展变化的阐释。

（2）以"文物＋专家讲展览"的方式进行证史。以和田地区出土的文物，配合"专家讲展览"，以物证史，证明和田地区自古就是多宗教并存的地区，伊斯兰教传入和田之前，佛教在和田已存在了 1000 多年的时间；和田从古至今一直是多民族生活的地区，历史时期，其他民族在迁徙、融合中或退出，或中途进入和田历史的舞台，只有汉人是从汉代至今连续在和田生活的人群。

（3）以"文物＋影片"的方式围绕文物揭示史实。以尼雅遗址出土的"元和元年"锦囊为例，我们邀请北京大学倪润安教授为其撰写深入的解读文字。不仅介绍锦囊和织锦本身，还阐释锦囊所用织锦的生产、贸易、使用、馈赠及随葬情况，对其学术价值、历史价值等进行评价。进而由文物年代展开对历史大背景的诠释，揭示汉章帝统治时期，东汉王朝和匈奴对西域的争夺，讲述班超在被于阗民众阻归后以于阗为根据地，挫败匈奴，重建汉朝对西域统治的丰功伟绩。通过大制作的影片以直观的画面实现"让文物说话、让历史发声"的目标，引起观众的共鸣。

（4）利用数字技术和 3D 打印技术重塑不可移动文物。和田地区现存十余处分布在人迹罕至的荒漠戈壁或高海拔地带、作为中原王朝管治和田铁证的烽燧戍堡，我们采用无人机航拍的形式对其进行信息采集、建模，利用 3D 打印制作高保真微缩模型，并制作 4K 高清全方位旋转展示的影片对烽燧戍堡进行展示和解读。这种基于实地采集信息制作的影片和高保真微缩模型的配合，实现了在不减损可信度的情况下把野外不可移动文物"搬"进展厅，以直观的形式证明了历代中原王朝对西域的管治。

（5）利用科技手段对大型复杂文物进行全方位展示。展览采用透屏展示技术，对五代时期的布扎克彩绘木棺进行分解、组合，对木棺上面的彩绘纹样进行放大和复原展示，揭示其中原式葬具的属性和所反映的于阗王族对中原文化的认同。

（6）补充其他地区的文物佐证历史。展览复制甘肃简牍博物馆收藏的敦煌悬泉置遗址出土的相关汉简，实证于阗、扜弥、精绝等国使团来汉朝朝贡的历史；临摹敦煌莫高窟壁画，诠释10世纪的于阗与敦煌曹氏政权之间密切的关系；补充蒙古国境内回鹘城址和九姓回鹘可汗碑资料，阐释回鹘迁徙和维吾尔族的形成。

（7）设置多媒体辅助展示项目，补充文物所不能言的史实，让历史发声。

总体而言，无论采取什么样的手段和方式，让文物说话、让历史发声的基础均在于以学术成果为支撑对文物进行的深入解读和阐释。这也是和田历史文化陈列始终坚持和强调的。

七、展览具有什么样的特点和亮点？

被广泛认可的高水平展览都具有显著的辨识度和独一无二的特质。特质和创新性共同构成展览的亮点。在和田历史文化陈列的策展过程中，我们紧紧围绕展览宗旨和目标量身打造和田通史展览，通过策展思维、展览叙事方式、展览调性、形式设计理念等方面的创新，以及现代科技手段的合理运用，培育展览的特点和亮点。

　　和田历史文化陈列的特点和亮点可概括如下。

　　（1）突出和田地区博物馆的时代担当。和田历史文化陈列突出和田地区博物馆作为边疆博物馆应有的时代担当，以《新疆的若干历史问题》白皮书为标准，把习近平总书记《在全国民族团结进步表彰大会上的讲话》相关精神融入展览，突出中华视野，展现中国统一历史进程中和田地区的发展脉络，讲好和田故事，让和田民众找到自己的过去和归属，以物证史，强调和田自古就是中国不可分割的领土，和田人民是中华民族大家庭的成员，和田文化根植于中华文明的沃土，是中华文明的一朵奇葩，和田自古就是多宗教并存之地。

　　（2）通史展览的新思维。和田历史文化陈列始终致力于讲生动的和田故事，做有厚度、有深度、有温度的地方文化展，彰显中原王朝对和田的管治和经营。展览的策划构思跳出以往通史展的惯常思维，分主题区块，在各主题区块内，以时间为轴，通过大量的考古遗存和出土文物，充分吸收学界最新研究成果和观点，在中国历史的大框架中全方位地展现和田历史，多层面地阐释和田文化。

　　（3）展览节奏的合理设置。序厅大片《中国之子　家园和田》（图1-8）、第四部分沉浸式展项"和田历史文化万年穿越"、第六部分"烽燧戍堡微缩景观多媒体展示项目"构成展览的三个高潮点，深入诠释和彰显大一统中国的缔造和中华民族的形成、历代中原王朝对包括和田在内的西域的管治和经营。其余部分充分阐释和田历史发端、在和田生活的人群，各时期人们的生计业业与生活、所创造的文化，以及和田作为"丝路明珠"在东西方文化交流中所起的桥梁作用，同时透过一些代表性的文物展现中原文化对和田地区的影响。这样保证整个展览节奏高潮迭出而又缓急有序，在润物细无声地讲述和田历史文化的同时，彰显中原文化的引领作用，突出大一统中原王朝对和田的管治时期都是和田社会、政治、经济、文化大发展和大繁荣的时期，使价值导向正确和学术严谨相得益彰。

　　（4）展出文物的遴选、解读和展览层次的设置。由于和田文物收藏于世界各

图1-8 序厅局部

地，为了保证展览内容的丰满和展览的深度，我们从世界范围内 28 家文博单位遴选展品，或复制，或购买高清图片（由雅昌印刷公司制作成高清图片展品），有效保障了文物对展览的充分支撑。展览突出"阐释"，做到件件文物均有解读，通过部分说明、单元说明、组说明和文物说明四个层级，以及语音导览，对大量的文化信息进行有效分散，既保证了展览内容的解读充分，又实现了展厅层次丰富且疏朗有序，规避了展厅满墙贴展板、不便于阅读的弊端，提升了展览的亲和力（图1-9）。

（5）"专家讲展览"的创设。今天在和田地区生活着 22 个民族，绝大多数的民众属维吾尔族。部分和田民众较为封闭保守、汉语水平低、接受能力有限。为了帮助和田民众读懂展览，在展示常规文物的同时，我们又从整个展览中提炼出 18 个主题，邀请知名专家学者全面深入地阐释各个主题，制作成画面优美、声色俱佳的短片，在展厅循环播放。

（6）利用科技手段将不可移动的长城文物资源整体"搬"进展厅。科技手段在我国博物馆展览中得到广泛的应用，使展览获得了更大的展示和解读空间。

图1-9　展厅实景

根据展览展示和解读的实际需要合理设置多媒体辅助展示手段，既能增加展览的趣味性和互动性，还能完成单纯依靠实物展品无法完成的展览任务，增强观众的体验感。我们在和田历史文化陈列中首次将历代中央王朝对西域进行管治的铁证——新疆现存386处烽燧戍堡等不可移动文物——以虚拟手段"搬"进展厅，利用现代科技虚拟再现古代官兵戍守边疆的生活片段，展现四季变换中的长城，再配合播放影片，共同诠释了中原王朝经营西域2000年的史实。磅礴的画面和声效为观者营造了特殊的感知场域，情感和共鸣一触即发，极大地增强了展览的震撼力和说服力。

（7）突出多媒体互动辅助展示项目的共享性。策展之前，我们对国内博物馆展览多媒体互动辅助展示进行了广泛调查和深入反思，发现科技手段在展览中的滥用反倒会减损展览的效果，许多具有独享性的互动设施成为摆设。针对和田地区的人力资源缺乏和多数博物馆独享性多媒体互动辅助展示项目弃置不用的现状，我们提倡在展览中有效应用科技手段，强调合理设置多媒体互动辅助展示项目，要突出共享性，尽量少用或不用VR、触摸屏等独享性展示设备。首次把透屏展示技术运用于博物馆特殊文物分解展示，仍然采用共享模式。和田历史文化陈列展厅内所有的多媒体互动辅助展示项目中，除了展览结束处设置的"笑脸墙"兼具共享性（图像显示）和独享性（观众拍照）外，其他项目均是共享项目。突出共享性的多媒体互动辅助展示最大限度地规避了因观众操作不当造成的设备损坏搁置和资源浪费，有效保障了观众的观展体验。

（8）打造绿色展览，解决博物馆老大难问题。噪声、光污染、异味等都是困扰博物馆的老问题。举办绿色展览，有效解决上述问题，是和田历史文化陈列追求的目标之一。在展厅设计和施工过程中，我们采取一系列的绿色环保措施，"专家讲展览"和多媒体辅助展示项目采用定点音响，展柜采用低反射玻璃，灯光调试至最佳照明位置，建筑材料一律采用高标准的环保材料，努力打造绿色展览。特别是博物馆展厅墙面全部使用聚砂材料，这种材料具有吸声降噪、分解甲醛、抗菌抑菌、净化空气、消除异味、防火阻燃、调节空气湿度、防光污染等特性，对降低展厅内噪声和光污染、去除异味发挥了重要作用。但聚砂材料比较脆弱，容易磕碰，增大了展览施工的难度。

博物馆展览是一个复杂的系统工程，具有非常强的实操性。对于如同身兼导演和编剧二职的策展人来说，每一个展览都是全新的，与众不同的，充满吸引力和挑战性的。策展过程中，煎熬和快乐并行。而展览作为一种阐释历史的方式存在先天缺陷，促使策展人在追求完美的路上如夸父逐日般狂奔，却永不达终点。这或许正是策展的魅力所在吧！

穿越和田万年的历史，探访和田各时期的人们。这注定是一段充满挑战的发现之旅，冲破困顿，捡拾惊喜。

注　释

〔1〕2019年7月21日，国务院新闻办公室发布《新疆的若干历史问题》白皮书："从汉代至清代中晚期，包括新疆天山南北在内的广大地区统称为西域。"

〔2〕本书中"丝绸之路"采用狭义上的概念，指欧亚北部的商路，以长安或洛阳为起点，经河西走廊、塔里木盆地，到达中亚与西亚地区，并连接地中海各国。

〔3〕罗新.黑毡上的北魏皇帝.北京：海豚出版社，2014：70.

〔4〕此处指博物馆举办的以文物为主要展品的展览。

〔5〕切实加大文物保护力度　推进文物合理适度利用　努力走出一条符合国情的文物保护利用之路.人民日报，2016-04-13（1）.

〔6〕习近平.在联合国教科文组织总部的演讲.人民日报，2014-03-28（3）.

〔7〕扎实推动经济社会持续健康发展　以优异成绩迎接党的十九大胜利召开.人民日报，2017-04-22（1）.

于闐回響

The Echo of
Khotan

　　亲爱的读者，现在是策展人带领大家纸上观展的时间。我们即将参观的是和田地区博物馆的基本陈列"五星出东方利中国——和田历史文化陈列"。

　　为了让大家更好地把握展览内容和节奏，我先简单概括一下展览的时间跨度和框架结构。和田历史文化陈列讲述的是1949年新中国成立之前的和田万年历史文化。展览由序厅、包含33个单元的7大主题部分和结束厅构成，以从国内外28家文物收藏机构精选的1300余件（套）重要文物为基石，辅以18部"专家讲展览"短片、4部大型影片、10项多媒体辅助展示项目，以及32幅特别编绘的地图，在中国整体历史的大框架中全方位地展现和田历史，多层面地阐释和田文化，构建展现和田万年历史的精彩画卷。

　　展览为何以"五星出东方利中国"命名呢？"五星出东方利中国"取自1995年新疆和田民丰县尼雅遗址1号墓地M8出土锦护膊上的文字。这件锦护膊所用织锦是汉式织锦最高技术的代表，属于中原王朝给精绝王室的赐赠之物，也是中原王朝管治和田的证据之一，被国家文物局列为禁止出境展览的国宝级文物。"五星出东方利中国"主要反映了汉晋时期占星术的应用和祈求强盛吉利的思想（图2-1）。以"五星出东方利中国"作为和田历史文化陈列的主标题，既揭示了汉晋中原王朝经营西域的光辉岁月，彰显和田灿烂的文化，亦非常契合举国为实现中华民族伟大复兴的中国梦而砥砺前行的现实，充分表达了对我们伟大祖国的美好祝愿。

　　下面就请放飞你们的想象，跟随我一起进入时光隧道，在和田万年历史的长河中遨游吧。

图2-1　"五星出东方利中国"
锦护膊

一、序厅：中国之子　家园和田

　　我们现在进入的是展览的序厅。一道中国传统特色的格栅把序厅分成内外相通的两个空间，营造出"犹抱琵琶半遮面"的展示效果，避免了观览视野的过度敞开，有效地激起观众按捺不住想要继续往里看的心情。不过别急，我先给大家好好介绍一下序厅的设置。

　　首先映入我们眼帘的是中国传统建筑的标志性构件——斗拱，正前方是铭刻展览前言的石碑，脚下踏着的是秦朝咸阳宫所铺地砖的仿制品，左侧是中国传统的格栅装饰，右侧是标识和田在祖国地理版图位置的地形图。斗拱、石碑、格栅、秦砖等都是我们中华文明基因性的符号，我们希望通过这些中华文明基因性的符号构建出一个具有中国意象、充满仪式感的观展空间，以激起观者对古代文化的敬畏之心，并时刻提醒大家这里是中国和田：古代，和田是西域的重要组成部分；今天，和田是中国新疆维吾尔自治区下辖的一个地区。请大家认真观察展厅内右侧的这幅地形图，尤其要注意和田南高北低的地势。地势决定了和田地区的河流，如克里雅河、尼雅河、由喀拉喀什河和玉龙喀什河汇聚而成的和田河等，在出昆仑山后即由南向北流淌，最后消失在茫茫的塔克拉玛干大沙漠。这些河流冲积而成的肥沃绿洲就是和田先民曾经生活的地区，他们留下的大量文化遗迹就分布在河岸地带。

现在让我们沿着砖铺路径前行，越过格栅向后看。与格栅相接的墙壁上镌刻的是习近平总书记对于中国历史的概括："一部中国史，就是一部各民族交融汇聚成多元一体中华民族的历史，就是各民族共同缔造、发展、巩固统一的伟大祖国的历史。"[1]习近平总书记的这句话也正是整个展览的主旨所在。

这里展出的是青铜何尊（图2-2）、"中国大宁"鎏金铜镜和"五星出东方利中国"锦护膊的复制品，这三件国宝级文物的铭文中都有"中国"二字。何尊是1963年出土于陕西宝鸡贾村镇的西周早期青铜酒器，器主是贵族"何"，器内底铸有铭文12行122字，记述了成王五年（前1038），周成王在成周（洛邑）营建都城，进行祭祀和训诰。何尊铭文最早出现"中国"之名，但此时的"中国"表示的是"国之中"的意思，尚不是政治体的概念。1952年出土于湖南长沙伍家岭211号汉墓的"中国大宁"鎏金铜镜的镜缘间铸一周铭文，共52字，反映了汉代阴阳五行学说的盛行，同时也表达了对子孙的祝福以及希望国家统一、安定、繁荣的愿望（图2-3）。铭文"中国"指作为政治体的西汉王朝，而且是"天下"国家。"五星出东方利中国"锦护膊于1995年出土于和田民丰县尼雅遗址1号墓地M8，这件国宝级文物为男性墓主的护膊，以锦为面，白绢包缘。织锦以蓝、红、绿、黄、白五色织出，上有五星图以及孔雀、仙鹤、辟邪、虎等祥禽瑞兽，

图2-2　宝鸡青铜器博物院藏青铜何尊（左）
图2-3　中国国家博物馆藏"中国大宁"鎏金铜镜（右）

花纹间织有篆书"五星出东方利中国"星占祈瑞文字。《汉书·天文志》记载："五星分天之中，积于东方，中国大利；积于西方，夷狄用兵者利。"这是占卜之语，据说，古代"五星"指辰星、太白、荧惑、岁星和镇星，对应现代天文学的水星、金星、火星、木星和土星，这五大行星连成一条直线称为"五星连珠"。"五星出东方利中国"主要反映汉代占星术的应用和祈求国家强盛吉利的思想意识。

　　从西周早期最初出现，至秦汉时期，"中国"最终成为亚洲东部大一统王朝的代称。悠久深厚的积淀赋予"中国"深邃的内涵，数千年东方情感的堆积熔铸出每一位中华儿女心中最神圣的名字——"中国"，我们的祖国母亲！展览特地在序厅展出这三件国宝级文物，目的即是通过对出土文物的展示和介绍，向国民阐明为什么我们伟大的祖国是中国，让民众知道作为政治体的"中国"一词已沿用 2000 多年之久。

图2-4　第一部分的标题墙

　　序厅的整面墙壁上是中国200万年的历史年表与和田历史大事记。中国历史年表以考古为依据，向世人展示了我们中国百万年的人类史、1万年的文化史、5000多年的文明史、2000多年大一统王朝史。和田历史大事记清楚地记载了数千年来和田地区与中原内地的紧密联系。和田历史上各族人民共同创造的万年历史汇入中国200万年波澜壮阔的历史长河，化作浪花朵朵。正因如此，和田历史文化陈列才要将和田历史置于中国大历史框架中展开阐释。

　　序厅的尽头，与和田在中国地理版图位置的地形图遥相对应的是巨型弧幕，每天开馆时循环播放短片《中国之子　家园和田》。特设三维建模制作的和田区划及地势地形模型配合影片播放。这部影片时长4分多钟，展现了和田的地理生态、和田这方水土上从古至今生活的人群以及其所创造的文化，大一统中国的缔造、历代中原王朝对西域的管治和经营，阐释了我们中华文明是世界四大文明古国中唯一未曾中断、连续发展的人类文明，我们中华民族的形成过程，以及和田是中国之子亦是和田民众的家园，和田民众是中华民族大家庭的成员，和田文化是中华文明的有机组成部分。这里也是展览的第一个情感高潮点。

从走进展厅开始，我们由今天步入古代，大家的情感也在逐渐堆积。观看完《中国之子　家园和田》，相信我们每一个人都积聚了属于自己的观展情绪。下面请跟随我进入展览的第一部分"巍巍昆仑映华夏——和田历史的源头在哪里？"（图2-4），一起去探秘和田最遥远的过往吧。

二、巍巍昆仑映华夏——和田历史的源头在哪里？

现在，我们要从万年以前穿越至战国晚期，在和田地区的远古时代、青铜时代和早期铁器时代巡游，通过四个单元，探寻和田历史文化的源头。

在穿越回远古时代之前，我们需要先在先秦时期稍作停留，进入第一单元"华夏、昆仑与和田"，拜访昆仑瑶池畔的西王母，一位在中国古代有着非常重要地位的女性神祇。

本单元实际是策展人的特意安排，起着连接序厅与展览主体的桥梁与纽带的作用。通过对《尚书·禹贡》《山海经》《汲冢竹书·穆天子传》《史记》等历史文献相关记载的展示和特别策划的多媒体辅助展示项目，阐释华夏、昆仑与和田之间悠久且密切的关系，在序厅与展览主体之间形成自然顺畅的过渡。

众所周知，中国历史在岁月的长河中不断延伸，满天星斗的多元文化逐渐向黄河流域凝聚，终于在 4000 多年前形成王朝礼乐体系下的农耕文明，夏商周时期，中华文明有了明确的中心——华夏。商周时期，和田美玉开始输入中原，中原地区的人们也开始对西域产生想象，于是昆仑神话应运而生。"昆仑""昆仑之丘""西王母"常出现在《尚书·禹贡》《汲冢竹书·穆天子传》《山海经》等先秦文献中。先秦时期的中国人相信：昆仑是天下最高的山，位于世界中央，是"帝之下都""百神所在"，山上有醴泉和瑶池，瑶池之畔生活着西王母的部落。由于昆仑的位置虚幻不明，古代的人们进一步将昆仑想象为天神和天帝所居住的神山，华夏民族的一些先王、先祖被认为与其有关。至今，昆仑山仍被人们称作"万山之祖"。随着时间的推移和"华夏"的地理范畴滚雪球般不断扩大，昆仑的位置不断西移。至西汉时期，汉武帝为探究这些神话传说，寻找黄河源头，派遣使者至西域。使者来到于阗，发现山中盛产美玉，便把玉带回来献予汉武帝。汉武帝根据上古图书的记载，钦定黄河发源地在于阗南面的昆仑山。从此，华夏、昆仑、黄河发源地与和田紧密相连。

虽然大家现在都知道地理上黄河的发源另有其地，但上文所述是中国历史上最早由官方确定"昆仑山"的举措，既是当时中原王朝主权的宣示，也反映了祖国山水相连的观念。昆仑神话蕴含着鲜明的中华文化符号，凝聚着中华民族不同历史阶段的和谐精神。因此，和田在中国历史和中华文明的发展进程中占有特别重要的位置。

让我们再次倒转年轮，穿越至远古时代，进入第二单元，探寻和田的远古之谜。

不要小瞧展厅里的这些其貌不扬的小石块，它们可是和田远古先民的文化使者。正是它们告诉我们和田的历史是从一群使用石头工具的人开始的，缺失的和田远古历史篇章才得以重写。

在昆仑山的山前地带，考古学家在和田、民丰、洛浦等地发现了多处出土打制石器的遗址，包括尼雅河上游的恰克塔遗址、克里雅河中上游的巴什康苏勒克遗址等。这些石头工具的主人是 10000 年前的"和田人"，其中比较粗糙的工具可以用来砍砸或切割东西；细小的石核和石叶可以用来制作复合工具，比如锋利的石叶安装在木柄上就成了那个时候的"刀"。考古学家研究发现，这些细石器和华北地区的细石叶很相似，而与西亚、欧洲地区的几何形细石器不同。大家看看展柜中出自和田的这些打制石器是不是跟展板上图片中的河南安阳小南海遗址出土的石器很相似？考古学家对这些打制石器的制作技术等进行研究分析，认为在远古时期，和田与华北地区就已产生了文化上的联系，尽管这种联系可能不是直接的。

不过关于这些最早的"和田人"，有着太多的谜题：他们是什么人？为什么生活在山前地带？以什么为食？会用火吗？以何种方式与遥远的华北地区产生联系？等等。这些都是我们未来需要努力探索、解答的问题。

转眼 6000 年已过去，我们来到第三单元"文明曙光"。

距今约 4000 年至 2200 年，和田历经青铜时代和早期铁器时代。金属工具的出现使人们挣脱大自然的枷锁，获得更大的生存空间。和田居民逐渐学会建造有木骨墙壁的房屋以遮风避雨，不再过穴居生活，有些人陆续迁入和田地区的克里雅河和尼雅河下游河谷绿洲，留下了克里雅河北方墓地、克里雅河下游青铜时代居址、圆沙古城北青铜时代遗址、尼雅北青铜时代遗址、流水墓地等考古遗存。这里播放了由新疆维吾尔自治区文物考古研究所前所长伊弟利斯·阿不都热苏勒研究员主讲的"专家讲展览"短片《克里雅河的故事》。影片中，伊弟利斯所长以自己的亲身考察经历，带领大家走进和田地区第二大河克里雅河流域，穿越探访青铜时代至唐代的居民。

展出的这些石镰、石刀、石磨盘、石磨棒、石杵等收割、加工农作物的工具表明，青铜时代的和田居民发展了农业。残留在草编篓中的黍饼证明原产于我国华北地区的黍在青铜时代已经向西传入和田地区，成为当地居民主要的食物（图 2-5、图 2-6）。青铜刀、动物纹青铜饰、马具等，显示和田地区除了有从事农业的人口外，还有养

图2-5　草编篓（上）
图2-6　黍饼（下）

殖羊、牛、马等家畜的牧人，牛肉、羊肉也是当地居民的食物来源。农牧并举的生业传统此时逐渐形成。

由于食物来源的扩充，人口增加，居民开始对死亡有了思考与规划，墓葬出现，原始宗教得到发展，人们的社会地位出现明显的等级差别。考古出土文物表明，当地已有制陶、青铜器和铁器冶铸、玉石开采、毛纺织、制毡、木器加工等手工业。陶器装饰、岩画艺术，以及妆容服饰等反映出当时人们的艺术表达和审美情趣。

展厅中的这组石质权杖头和玉芯权杖制作得非常精细，从"权杖"之命名可知它们与权力有关。权杖是古代贵族或掌权者用以标识自身权力及地位的一种长棍形器物，起源于西方，目前已知最早的石质权杖头的使用年代与地点为公元前9500年至前8800年间的安纳托利亚高原，权杖相关文物在埃及地区也多有发现，最著名的是埃及第一王朝时期的纳尔迈调色板。纳尔迈是埃及第一王朝的开国之王，他统一了埃及，开启了埃及历史上法老统治的辉煌时代。纳尔迈调色板约创作于公元前3000年，现藏于埃及博物馆，两面浮雕展示着法老纳尔迈统治的画面（图2-7）。调色板正面浮雕刻画了头戴白色上埃及王冠的法老纳尔迈挥动权杖正欲击打跪在地上的敌酋的形象，背面的法老纳尔迈头戴红色下埃及王冠，手中也持有权杖。除了埃及和两河流域以外，在欧亚草原各地区的青铜时代至早期铁器时代的遗存中，也多有发现权杖头，在我国的新疆、甘肃和北方长城地带也有零星发现。学者认为，权杖起源于西方，沿近东—中亚—新疆—甘青—长城沿线的路径向东传播，是古代丝绸之路早期文化交流的重要见证。

这里展出的是克里雅河北方墓地出土的文物，克里雅河北方墓地与罗布泊地区小河墓地具有一致的文化面貌和内涵。展厅中精美的包金青铜冠饰的所有者可能是当地首领，圆沙墓地也出土有类似的青铜冠饰。有学者认为，位于今克里雅河下游的圆沙古城可能是《史记》《汉书》等古代文献中所记载的"西域三十六国"之扜弥国国都扜弥城。在城中及周围墓葬中还发现了诸如线刻鹿纹木盘、狼纹透雕青铜牌饰（图2-8）以及尖帽等充满草原游牧民族气息的文物遗存，扜弥国很有可能是原

图2-7 纳尔迈调色板线图（上）

图2-8 狼纹透雕青铜牌饰（下）

图2-9　人物纹木雕柱

生活在伊犁草原的塞人南下所建立的政权。展厅中的动态影像视频展现的是旁边展出的木雕柱上的纹样。木柱采集于克里雅河北的沙漠中，属于建筑构件，表面错落有致地雕刻着犀牛、鹿、藏羚羊、大角羊、狼、骆驼、豹、马头和人，展现了一幅生动的人与动物和谐相处的画面。其中的大角羊和骆驼是新疆地区岩画艺术中常见的题材，鹿、狼以及雪豹的形象则是草原动物纹的常见题材，它们形象地反映了草原文化在和田地区的传播。旁边的人物纹木雕柱，以夸张的手法在原木上雕刻两立一躺的三个裸体人物，上方左侧是一位女性，右侧男性头上还戴有尖帽，两人脚下是一位躺着的男性（图2-9）。他们巨大的手掌向外张开，每人都雕刻有夸张而明显的生殖器。突出生殖器的人物刻画应是生殖崇拜的表现，头戴尖帽的人物可能是塞人。这两件木雕柱展现了战国至西汉时期和田地区畜牧人群的艺术审美和娴熟的雕刻技法。

图2-10　陕西历史博物馆藏"皇后之玺"玉玺

　　大量的考古发现证明了和田地区早期人群的多源性和文化的多样性，当时不同地域的人群存在着迁徙和文化的交流与互动。到了早期铁器时代后期，和田地区与域外的联系更加密切，圆沙古城的出现，预示着和田绿洲城郭诸国时代的大幕即将拉开。

　　眼前这块巨大的和田玉料告诉我们已经来到了第四单元"玉石之路"。

　　考古资料表明，出自昆仑山的和田美玉在商周时期已开始输入中原地区。以和田为起点，向东经河西走廊等地进入中原，这条将大量和田玉输送到中原内地的道路就被称为"玉石之路"。从此，和田玉成为连接中原与西域的重要媒介，也是于阗向中原王朝进贡的重要方物，不仅是中原地区统治阶层家居陈设和装饰用玉的首选，还进入中原王朝礼制的核心。出土于汉高祖与吕后长陵附近的"皇后之玺"玉玺就是以和田白玉雕琢而成的（图2-10）。此后中国历代帝后宝玺主要以和田玉琢制，皇后的佩玉也多来自和田。和田玉成为中华文明独特内涵的重要载体。

　　亲爱的读者，我们已经在和田历史的长河中穿越了七八千年的时光，历史时期和田的大门即将向我们敞开。接下来我们进入展览的第二部分，探访曾在和田地区生活的人们。

三、和合各族舞蹁跹——历史上和田生活着哪些民族？

　　在人类历史的长河中，各地人群构成都是在不断的迁移融合中变迁的。中华民族的形成与发展是中原各族及其文化同周边诸族及其文化连续不断交往、交流、交融的历史过程。和田各族是中华民族大家庭的成员。旧石器时代和田地区的远古先民是谁，至今还是个谜。青铜时代至早期铁器时代，和田地区的人群具有明显的东西混合属性。请大家看看克里雅河北方墓地的男性干尸和女性头部，试着在大脑中迅速勾画一下他们活着时的面相吧。

　　公元前 3 世纪左右，于阗建国，和田地区开始进入城郭诸国时期，自东向西曾经存在着精绝、戎卢、扜弥、渠勒、于阗、皮山等 6 个小国。西汉时期，六国的总人口不足 5 万人，其中扜弥最盛，人口也就 2 万人有余，如表 2-1 所示。考古发掘出土的干尸、壁画、文书等帮助我们认识了扜弥人、于阗人和精绝人，但至于皮山人、渠勒人和戎卢人是什么样子的，我们暂时还无法得知。不过我们从文献记载中获得一个信息，公元 4 世纪时，于阗发展壮大，逐渐吞并了周边诸国，被兼并诸国的人民最后融入了于阗人。

表2-1　和田地区西汉时期六国民户、人口、兵士统计表

国别	民户	人口	兵士
扜弥	3340	20040	3540
于阗	3300	19300	2400
皮山	500	3500	500
精绝	480	3360	500
渠勒	310	2170	300
戎卢	240	1610	300
合计	8170	49980	7540

注：据《汉书》卷九十六上《西域传》整理。

　　大家不禁要问，和田历史上就只有这些人吗？回答必然是否定的。在和田历史舞台上出现过许许多多的人群，他们中的绝大多数在不同的时间登场，又在某个时间退出，只有一个很特别的人群，自西汉至今，持续不断地在和田生活。大家是不是很想知道这些曾经书写和田历史的人都是谁呢？

　　那就请做好准备，我们继续穿越之旅，看看途中都能遇到什么人。

　　大家小心！前面过来了一队彪悍的草原骑兵，这好像就是令我大汉朝非常头疼的匈奴人！匈奴人于公元前2世纪早期开始控制西域，设置"僮仆都尉"，对西域诸国"取赋给焉"。面对强大的匈奴帝国，西域诸小国只有屈服。这群匈奴骑兵是过来催索赋税的吧？到了公元前129年，汉武帝终止与匈奴的和亲政策，开始攻打匈奴，并积极与匈奴展开在西域的较量。汉朝经过对匈奴持续数十年艰苦卓绝的征战，使匈奴由盛转衰，公元前60年，匈奴罢"僮仆都尉"，退出西域，西域被纳入西汉王朝的管辖。但匈奴人并未死心，趁新莽末年中原

图2-11　圆沙古城遗址

混乱之际，再次控制西域。东汉建立后，班超以于阗为根据地挫败匈奴，重建汉朝在西域的统治。时光荏苒，匈奴人之后，又有柔然、吐谷浑、突厥、契丹、蒙古等草原族群相继控制于阗。

　　我们暂时告别草原族群，来到圆沙古城，进去拜访一下扜弥人吧。这位深目高鼻的女性，属欧罗巴人种高加索类型，有棕色长发，她的脸颊涂有彩绘，从下颌至头顶系有一条毛绳，头裹毛毡，戴有青铜三角形饰，以饰菱格纹的红色毛布覆面，身着毛布衣，外罩皮衣。从她头戴的冠饰和衣着推测，这位扜弥女性应拥有比较高的社会地位。圆沙古城内存留的牲畜粪便堆积，出土的黍、麦等谷物以及古城周围发现的纵横成网的灌溉渠道告诉我们，扜弥人从事灌溉农业兼畜牧业（图2-11）。

　　离开圆沙古城，我们来到约特干故城，学者认为这里是于阗的国都。对，毛泽东主席著名诗句"万方乐奏有于阗"就是说的这个于阗。

　　公元前 3 世纪左右，于阗在今和田河绿洲地区建国，至公元 1006 年被信奉伊斯兰教的喀喇汗王朝灭亡，于阗国存在了长达 1000 余年的时间。于阗人的祖先被认为是操于阗塞语的塞人，后来融合了多个族群。于阗普通民众以毛布为衣，上层贵族衣着华丽的丝绸，人们多穿半袖或长袖的圆领窄袖袍，男性头戴毛布帽，脑后梳有辫子。他们不崇尚武力，笃信佛教，虔诚供佛，修建了众多的佛寺，为后世留下了丰厚的佛教文化遗产（图 2-12）。展览也是通过墓葬出土的于阗人干尸、佛寺遗址内的壁画以及相关的文书记载来勾勒于阗人形象的。

　　于阗人除了使用汉字外，后来还创造了自己的文字于阗文。我们展出的这些于阗文木牍是名副其实的于阗人档案资料，内容涉及人口买卖、房地产买卖等，一般拥有固定的术语，是家庭保存的重要法律文件。8 世纪以后，于阗文木牍逐渐被纸文书代替。透过这些于阗文木牍和纸文书，我们得知于阗是一个以契约法律进行治理的国度。特别提示大家，这些以封泥签封的木牍可是吸收和借鉴自东汉木牍的（图 2-13）。

　　大家快来看这几件木牍，它们会向我们讲述于阗人的什么故事呢？

　　"清福买奴"木牍现藏于新疆维吾尔自治区博物馆，是为数不多的确知撰于唐朝初年的于阗语文献，写有 2 件关于人口买卖的于阗语契约，较晚者是涂抹遮盖较早者之后写上的。较早的契约记录了于阗王尉迟信诃在位第 38 年，于阗人维杰里花 2500 穆立（于阗货币单位）向盼福里购买了一名叫泉儿的女子。较晚的契约记录了于阗男子清福向拔伽地区的百姓遮加勒以 1400 穆立购买名为炫彩的女子及其儿子阿尤勒。另一件木牍也是关于于阗人口买卖的契约文书，记载的是于阗王尉迟信诃执政第 4 年 2 月 5 日，一位于阗人将自己的侄儿以 2000 穆立的价格卖给他人。

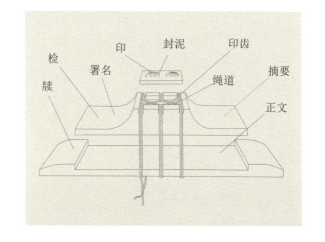

图2-12　布盖乌依里克佛寺遗址中的于阗供养
　　　　人像壁画（上）
图2-13　于阗文木牍结构示意（根据湖南长沙
　　　　五一广场出土的东汉木牍结构绘制）（下）

图2-14　于阗公主供养像

　　"舅卖甥女"木牍记录了在萨波（官职名称）维萨李的见证下，于阗人帕甘搦以 2100 穆立的价格把自己的外甥女明媚卖给裴捺为妻。这位于阗人裴捺，非常与众不同，他就是旁边这件"裴捺卖庄园"木牍的主人公。结合瑞典人斯文·赫定和英国人斯坦因等从和田地区盗掘带走的木牍文书，可以大致把裴捺的人生给勾勒出来：裴捺居住在于阗国的拔伽地区，曾是于阗"国王的仆人，马主之子"，购买别人的外甥女做妻子。后来，他被称作王族裴捺，在于阗王伏阇璥执政第 14 年曾奇迹般地变出大量的小麦，一掷千金地解决了两个地区的债务纠纷（据大英图书馆藏编号 Or. 12637/14.1 文书）。之后，他又成为"Ṣau"（据 Hedin 33 号于阗语征税文书）。Ṣau 是于阗国高官，位列国王之下，可以拥有自己的执政纪年。此时的裴捺可谓是处于人生的巅峰。但好景不长，在于阗王尉迟曜执政第 11 年（777），裴捺和儿子耶摩赐以 600 穆立的低价把庄园贱卖给了勃罗南迪和思略，他的人生盛极而衰。最后，裴捺临死前将儿子托付给堂兄嫂 [据大英图书馆藏 Or. 9268（B）文书]。至此，于阗人裴捺走完了他跌宕起伏而又极富传奇的一生。

　　拜别于阗人裴捺，让我们来了解一下五代至宋初的于阗王族吧。五代，于阗王尉迟僧乌波自称"唐之宗属"，改姓唐朝国姓李，取名李圣天，并与敦煌归义军节度使曹氏政权联姻。于阗公主、王子多生活在敦煌，王族上层从日常穿着到死后的葬具等都深受中原文化的影响。展览展出的这几件五代至宋初的文书、敦煌莫高窟第 61 窟东壁门北所绘于阗公主供养像（临摹品）（图 2-14），以及两具出自和田县布扎克墓地的干尸都充分说明了五代至宋初于阗王室对中原文化的推崇和接受。

　　公元 1006 年，喀喇汗王朝征服于阗国。此后，于阗人的语言、社会风俗和信仰都发生了巨大变化。

　　接下来我要带大家探访生活在古代和田地区的汉人。

　　西汉时期，汉人就已通过驻军和屯田的方式进入包括和田地区在内的西域。尼雅遗址出土的"司禾府印"煤精印证明了东汉政府曾在精绝建立专门的屯田机构。鄯善国治精绝时的佉卢文木简记载有母牛跑到"奥毕没多之汉人处""尼壤之汉人

图2-15　彩绘汉装供养人壁画

处"，证明汉晋时期的精绝绿洲确实有汉人居住。唐朝在于阗有大量驻军，并进行屯田。于阗镇军中有不少携带家眷、常驻于阗的健儿。"健儿"是唐代职业雇佣兵的称谓，在开元二十五年（737）之后开始逐步取代轮番服役的差遣兵募，尤其在西域，长期镇戍的健儿成为唐代后期重要的军事力量。许多健儿不事生产，父死子继，世代为兵。除了驻军外，唐朝还在于阗建立龙兴寺、开元寺、护国寺等汉寺，由汉僧住持，并雇佣汉人工作（图2-15）。元朝时成吉思汗西征军队中有大量汉人流入西域。清代，不仅在西域有驻军和兵屯，还从甘陕等地招募大量的移民入疆屯种，民屯逐渐取代兵屯成为清至民国时期屯垦新疆的主要力量。尤其是在道光时期，汉人大量进入南疆地区进行垦殖。新疆置省后，设置和阗直隶州，任用汉人担任和阗知州，其治下诸县的县令也多为汉人。这一时期，大量汉族商贾居住在和阗城内。

　　自西汉至今，汉人在和田这片土地上生产生活、繁衍生息了 2000 余年，是和田历史上各民族中存续时间最长，也是唯一未曾中断的人群。来自中原内地的汉人为和田当地带来先进的生产技术和文化知识，与当地居民共同谱写了和田历史发展的灿烂篇章。

　　大家都知道《鬼吹灯》中的精绝古城吧？虽然小说中的精绝古城是虚构的，但现在，我们要去探访历史上真实存在的精绝人。

　　精绝是"西域三十六国"之一，东汉时期曾被鄯善兼并。有关精绝的记载，在《汉书·西域传》中仅有短短的 81 个字："精绝国，王治精绝城，去长安八千八百二十里。户四百八十，口三千三百六十，胜兵五百人。精绝都尉、左右将、译长各一人。北至都护治所二千七百二十三里，南至戎卢国四日行，地阨狭，西通扜弥四百六十里。"大约公元 4 世纪后期，精绝经历了一场我们未知的事变，曾经的绿洲家园被废弃，沦为废墟，精绝人的去向成为不解之谜。直到 20 世纪初，斯坦因四次深入尼雅遗址，人们才明白原来位于民丰县的尼雅遗址即是汉代精绝国及鄯善国统治时期的"凯度多州"（精绝州）。

　　尤其是 1995 年中日联合考察队在尼雅遗址的考古发现震惊世界，再一次让世人的目光转向精绝。尼雅遗址被誉为"东方庞贝"，考古学家对尼雅遗址出土文物的解码，激活了精绝尘封千余年的历史过往，为世人展现了精绝人多彩的生活画卷。

　　汉晋时期，精绝归属于西域都护府，受汉晋王朝管辖。汉晋中央政府修建烽燧成堡等以保障精绝的社会安定，设置"司禾府"管理这里的屯田事务，中原内地的文化和先进的犁耕技术、养蚕缫丝技术等传入这里，极大地丰富了精绝人的物质世界，促进了精绝社会经济和文化的发展。

　　汉文和佉卢文是精绝人使用的主要语言文字，王室上层流行汉文，精绝贵族学习汉语的字书《仓颉篇》以及书写的隶书表文。来自内地的五铢钱、铜量、弩机、茶叶、筷子、鸡鸣枕等，充分展现了汉晋王朝对精绝的管理以及中原文化和习俗对精绝的影响（图 2-16）。数量众多的佉卢文木牍记载了精绝人的土地（包括田地和葡萄园）

图2-16　尼雅遗址出土的茶叶

制度、实物税收制度、水源管理、农事与农田管理、日常生活以及与邻国的关系等。

　　精绝人凭着勤劳和智慧充分利用自然资源，沿尼雅河而居，高耸的佛塔居于中心地带，郁郁葱葱的树林掩映着一座座由住屋、庭院、果园、畜圈等组成的宅院，宅院之间有林荫道或小径相连。人们巧妙运用木作技艺和中原内地的斗拱技术，以杨树、胡杨树建造木骨泥墙的房屋，在三角洲纵横的河道上架设木桥以利通行（图2-17、图2-18）。木匠们用木头旋制出各式各样精美的生活器具，在木柱、檐板、窗框和家具上精雕细琢出各种令人惊叹的纹样。除了木工，精绝人还擅长用各种石、骨、铁和青铜制作器具，尼雅遗址中发现的冶炼作坊、窑炉以及出土遗物展现了精绝繁荣的手工业。同时，为了保护脆弱的自然生态，精绝人制定了严格的法律，规范人们对土地、树木、水等资源的利用。

图2-17　尼雅遗址的佛塔（上）
图2-18　尼雅遗址的古桥（下）

那时，精绝地区胡杨、白杨、红柳、桑树等郁郁葱葱，大麦、小麦、黍等农作物在田地中随风翻涌，骆驼、马、羊、牛等家畜成群地在草场上追逐觅食，满树的桃、杏、石榴、葡萄、梨等水果令人垂涎欲滴。人们有的在采摘棉花，有的在植桑养蚕，有的在扬鞭放牧，有的在葡萄架下奏乐歌舞，有的在酿制葡萄美酒，有的在用胡椒、姜、小豆蔻等调制美食，馕坑中的烤肉散发着诱人的香味，旷野处的猎人正忙着追逐猎物……贵族们身穿来自中原内地的各种名贵丝绸做成的衣物，贵妇们以玛瑙、玉石、玻璃、珊瑚、海贝等为饰物，对着铜镜梳妆打扮，普通人则着毛布和棉布服装。快看鄯善大力王子有多奢侈！集市上的粟特人和秦人（汉人）在努力地兜售着自己的商品，包括两名沙弥在内的一群人正在记账赊酒，詹毗罗和妻子五爱因为灾荒闹了离婚，一桩鄯善和于阗的跨国人口买卖纠纷案正在开庭……

当然，最精彩的故事要数展厅中的4件佉卢文木牍记录的主人公萨迦牟云的故事了。萨迦牟云生活于公元3世纪左右，家住耶婆乡，是鄯善国精绝州人。他曾与一名叫妙可的寡妇情投意合，两人于是私奔到邻国龟兹，并在那里购置了房产，生育有一儿一女，名为妙意与萨尔布。在鄯善马伊利王执政第6年（289年前后），因鄯善王的仁慈恩准，萨迦牟云在出逃6年后携家人返回鄯善，按照国王的旨意居住在老家耶婆乡。此后，萨迦牟云接连惹上了3起诉讼：第一起是妙可的部族认为妙可与萨迦牟云是私奔成亲，希望能够收回妙可及其子女；第二起是有人认为萨迦牟云杀害了当时与他一同逃亡的伙伴；第三起则是妙可的父亲希望萨迦牟云支付男方应付给女方的钱财。但在国王的支持下，萨迦牟云都得以胜诉。萨迦牟云曾担任库吏一职，主要负责在精绝筹备鄯善王国祭礼所用之物。起初，他直接服务于国王，马伊利王执政第13年后，他服务于王子功德力。王子功德力还送给了他一处房屋及葡萄园，但后来其因办事不力，遭到王子功德力非常严厉的斥责，还被骂"缺德小人"。

萨迦牟云相当精明，他熟谙本地的习俗和法律规定，通过服务鄯善王保全

图2-19 尼雅遗址N29居址

了自己。相关的文书均出自尼雅遗址 N29 居址，这处带庭院的房屋应当是萨迦牟云与妙可的家园，现已被沙包掩埋（图2-19）。

精绝故事如此精彩，令人流连忘返。恋恋不舍地离开精绝，我们要去认识以善贾而闻名于世的粟特人。

粟特人在我国史籍中被称为昭武九姓、九姓胡、杂种胡、粟特胡等，原本生活在中亚阿姆河与锡尔河之间的泽拉夫尚河流域，即古典文献中所说的粟特地区，主要范围在今乌兹别克斯坦境内。出于经商和战争的原因，粟特人在汉唐之际沿着丝绸之路大批向东移居至中国，在我国塔里木盆地、北方地区，以及蒙古高原都有他们的移民聚落。他们经商、善战、信奉祆教，对中国古代的政治、宗教、音乐、美术以及物质文化传播都产生了深刻的影响。和田地区出土的文书中多次出现粟特人名称，文书内容多是他们交纳丝织物或政府向他们征税的记录，其中有些是向商人征收的商业税，如"市息"等。和田地区确实曾经建有粟特人的聚落，他们甚至成为于阗国的编户。善于经商的粟特人在于阗的活动，侧面证明了汉唐时期丝绸之路南道贸易活动的兴盛。在这里，我们可以观看英国伦敦大学辛威廉院士（Nicholas Sims-Williams）主讲的"专家讲展览"，深入了解和田地区发现的粟特语文献和于阗的粟特人。

跟粟特人说完再见，我们要探访和田地区的吐蕃人了。

吐蕃人是生活在我国青藏高原的一个古代民族（即古藏族）。公元 633 年，松赞干布迁都逻些（今拉萨），建立西藏历史上第一个有明确史料记载的地方政权——吐蕃王朝。吐蕃与唐朝在西域反复争夺，曾占据于阗，最终于公元866 年因内乱退出西域。吐蕃占据于阗期间，采用羁縻制度，既保留于阗王族的政权，又在当地使用吐蕃的职官系统，此外，吐蕃在于阗推行了自身的军事和行政管理体制，并派驻大量驻军，于阗文和吐蕃文是被共同使用的官方文字。《于阗国授记》记载吐蕃还在于阗建有寺院。吐蕃势力退出于阗之后，大量未撤走的吐蕃驻军以及陆续进入南疆放牧的吐蕃人与当地于阗人杂处融合，成为于阗人不可或缺的一部分。

在和田历史上出现的人群很多，我们不能一一探访了。最后要拜访的是维吾尔人。

维吾尔族是经过长期迁徙、民族融合形成的。维吾尔族先民的主体是隋唐时期的回纥人，活动在蒙古高原。公元 744 年，回纥首领骨力裴罗统一各部，以鄂尔浑河流域为中心建立回纥汗国，被唐朝册封为"怀仁可汗"。公元 788 年，回纥统治者上书唐朝，自请改为"回鹘"。公元 840 年，回鹘汗国被黠戛斯攻破，回鹘人的一支迁往帕米尔以西，分布在中亚至今喀什地区一带，与葛逻禄、样磨等部族一起建立了喀喇汗王朝，并相继融合了吐鲁番盆地的汉人以及塔里木盆地的焉耆人、龟兹人、于阗人、疏勒人等，构成近代维吾尔族的主体。元代，维吾尔族先民在汉语中又称"畏兀尔"。元明时期，新疆各民族进一步融合，蒙古人尤其是察合台汗国的蒙古人基本和畏兀尔人融为一体，为畏兀尔补充了新鲜血液。1934 年，新疆省发布政府令，决定统一使用维吾尔作为汉文规范称谓，意为维护你我团结，首次精确表达了 Uyghur 名称的本意，维吾尔人成为和田地区的主体人群，至今与其他 20 多个民族共同生活在和田大地上。

经过数千年的探访，我想大家一定会有一个共同的认识：和田自古以来就是多民族共同生活的家园，来自四面八方的人们会聚在和田，交流融合，你中有我，我中有你，共同构成"和田人"。

在此，我还想再向读者介绍几位和田历史上的著名人物：扜弥太子赖丹被汉昭帝委任为校尉将军，是最早由中原王朝中央政府任命为官的西域人；于阗公主于仙姬嫁北魏文成帝拓跋濬为妃，开启于阗与中央王朝联姻的先河；唐朝安西副都护、突厥人哥舒道元娶于阗王女，生唐朝名将哥舒翰；于阗国王尉迟胜在安史之乱时抛却王位，万里勤王，娶李唐宗室女为妻，终老长安；于阗国王李圣天娶沙州归义军节度使曹议金次女为王后，李圣天的第三女嫁给曹议金的孙子曹延禄……这一幕又一幕的动人故事，展现了跨越时空的民族大融合。你方唱罢我登场，和合各族舞蹁跹。和田人以实际行动诠释了自己是与中华民族大家庭血脉相连的成员。

岁月悠悠，往日不再，无数人卸去主角身份，化作历史的一抹记忆。其中能与我们相遇者，寥若晨星，但愈发闪耀！让我们致敬先民，因有他们，我们发现了自己，找到了归家之路。

亲爱的读者，我们马上就要进入展览的第三部分。历史上和田各民族都靠什么生活呢？赶快跟我进入时光隧道去一探究竟吧（图 2-20 ）。

图2-20　第三部分展厅局部

四、金玉之乡兴农桑——历史上和田各民族都是怎么生产劳作的?

　　无论我们身处何地,都会面临"如何活下去"的问题。和田先民靠什么生活呢?

　　在尚未学会种植粮食与饲养牲畜之前,远古和田人只能依靠大自然的馈赠为生,渔猎与采集成为主要的谋生手段。人们不得不去与野生动物较量从而获得肉食与保暖的毛皮,四处奔走采摘可供食用的野果,还要频繁更换居住地,避免周围自然资源枯竭而终日无获。在长期的狩猎、捕鱼和采集过程中,和田

图2-21　和田生业展示

先民的智慧得到不断启迪和开发，他们尝试使用工具来获取食物和防范危险，可抛掷的石球与用于长距离攻击的弓箭应运而生。特别是弓箭的发明，大大延伸了人们的攻击距离，使狩猎的危险系数大幅度降低。由于狩猎采集经济的产品具有独特性与收获的便捷性，即便是在生产力更先进的农耕时代，狩猎采集经济仍持续存在，并占据重要的一席之地。

数千年时光如流星划过，和田地区的生产力缓慢地向前发展。在距今 4000 年左右的青铜时代，和田地区的人们开始种植农作物、养殖牲畜，以扩大食物来源。和田地区农牧并举的生业模式初步形成（图 2-21）。

我们先来了解一下和田地区的农业吧。

自从我国华北地区的黍传入和田，当地居民开始以黍饼为食。相对于古代和田生产力的缓慢发展，中原地区在距今 10000 年前就开始栽培农作物，稳定地产出粮食，经济模式从攫取性经济转向了生产性经济，居住方式从流动转向定居。汉晋时期，农业已成为和田绿洲的主要生业，存留至今的灌溉渠道网络遗迹显示，当时已发展出灌溉农业，农作物包括黍、小麦、青稞等粮食作物，棉花等经济作物，还有蔓菁、桃、杏、葡萄、梨、酸梅、葫芦等蔬菜和水果。公元前101 年，西汉王朝开始在西域屯田，东汉政府在精绝设有专门负责屯田的管理机构。历代中原王朝都大力在包括和田在内的西域发展屯田，为当地带来了犁耕等先进的农耕技术与铁犁铧等农具，极大地促进了当地农业的发展。汉代，和田地区的人口迅速增加，以于阗国为例，西汉时期有 3300 户，到东汉时期猛增至 32000 户。

请大家注意观察展柜里展出的这组木犁和木锨。从汉代到民国，这些农具是不是几乎没有什么变化？尤其是木犁，民国时期的木犁与唐代木犁在形制上几乎保持一致，均为传统的直辕犁，说明本地在农业生产中虽然在汉代就已引入中原地区的犁耕技术，但长期以来改进并不大。一方面说明古代和田地区的生产力发展比较缓慢，另一方面也告诉我们这里的生产劳作具有很强的传统承继性。

再往前走就是虚拟牧场和牲畜标本展区了。今天，来到和田的外地游客一定是要去品尝玉龙喀什的烤包子和馕坑烤肉的。大家知道吗，这两种令人垂涎欲滴的美食的主要原料就是羊肉。我马上就带领大家游览壮美的昆仑牧场，领略和田历史悠久的畜牧养殖业。

人们在长期狩猎过程中积累了有关野生动物的丰富经验，开始选择和驯化动物，饲养家畜。和田地区出土的大量古代动物遗骸表明，羊、牛、马、骆驼、驴、牦牛等是当地的主要牲畜品种，家禽主要有鸡、鸭、鸽子等，与今天和田地区的牧业基本相同。尼雅遗址至今仍存有数量众多的畜圈，出土的佉卢文文书也有不少关于牲畜买卖等活动的记载。精绝还有官办畜牧业和国家专门设置

图2-22 大英博物馆藏骑花
马和骆驼神祇木板画

的处理畜牧业事务的官员。于阗良马还是于阗向中原王朝进贡的主要方物呢！北宋
画家李公麟的名作《五马图》描绘了西域进贡的五匹良马，其中至少有凤头骢与满
川花两匹马来自于阗。请仔细观察一下图中的满川花，它毛色斑驳，很可能就是著
名的于阗花马。花马在和田地区的佛寺壁画及出土木板画中频繁出现（图2-22），
极具特色。

牲畜与和田人密切相伴，它们不仅是日常交通工具和役使畜力，还是人们肉食的来源。和田先民去往生命的彼岸时也常常以牲肉随葬。今天，牛、羊肉依然是和田居民餐桌上不可或缺的美味佳肴。

走出牧区，我继续带领大家考察和田的手工业。

手工业最初作为农耕经济的副产品，是伴随人们利用农耕闲暇时间制作生活所需物品而产生的。随着社会生产的发展，手工业得到独立，并逐渐专业化。和田的人们充分利用当地丰富的资源，发展出多种手工业门类。汉代，和田地区的手工业以家庭生产为主，一些手工业出现了较为细致的分工，产生了具有一定技能的专业工匠。汉代以后，在长期的历史发展过程中，和田手工业日渐专业化，从业者发挥他们的匠心和技能，不断改进工艺，和田的纺织、木器制作、皮革加工、陶器烧制、造纸、金属冶铸等手工业都取得了不小的成就。琳琅满目的手工业产品不仅是和田先民智慧的结晶，更是和田灿烂文化的物质载体，其中艾德莱斯绸、栽绒毯和桑皮纸成为和田三大特产，闻名中外。

我们先来领略久负盛名的和田纺织业吧。

和田纺织业主要有毛织业、棉织业、丝织业和织毯业四个大类。

牧业为和田先民提供了丰富的羊毛资源，所以，毛织业是和田地区纺织业中历史最悠久的门类。距今 4000 年左右的克里雅河北方墓地出土有不少毛织物。汉晋时期，和田纺织业仍以毛织业为主，也是毛织业高度繁荣的时期，尼雅遗址和山普拉墓地出土了大量的毛织品和纺车构件。当时和田已经将纺车作为纺织工具。纺车是比纺轮更为先进的纺织工具，具有效率高、织线均匀的优势。中原地区在商代便已出现纺车的雏形，西汉时期的帛画中描绘了其成熟的形态。随着汉代西域与中原交往的日益频繁，纺车可能随之传入。尼雅遗址出土的纺车组件佐证了纺车的传入可能是西域地区毛纺织业在汉代出现重大进步和技术突破的重要原因之一。

汉晋时期，和田居民在织毛过程中基本掌握了染色、提花、刺绣等技艺，

图2-23　尼雅遗址出土的印花棉布

织法既有平纹、斜纹的，也有通经回纬的缂毛；产品种类繁多，有褐、斜褐、毾、毛罗、缂毛织品等。毛布多带彩，红、黄、绿、棕、蓝、黑各色具备，色泽艳丽；织出的花纹有方格纹、树纹、菱格纹等，图案组合富于韵律。人们用毛织物制作帽、衣、裙、袜、鞋靴、囊包等，还有专门用以丧葬的覆面、裹尸布、铺盖物等。南北朝时期，毛织业被迅速发展的丝织业和棉织业取代。

　　和田地区棉织业起步比毛织业要晚。尼雅遗址有棉铃，说明精绝人在汉晋时期曾种植棉花。尼雅遗址出土的带有丰收女神像的印花棉布、镶绢边棉布男裤等，展现了精绝人纺棉织布的水平（图2-23）。南北朝时期，于阗普遍种植棉花，喀拉墩遗址墓葬出土的"裆裤布"和蓝白印花棉布等，展现了于阗棉纺织业与印染业的兴盛。棉织业种类、花色齐全：既有纯棉布，也有丝棉交织品；既有纯色白布，也有以蜡染、印花等工艺上色的彩色棉。明朝以前，中原地区几乎不生产棉布，棉布是西域进贡中原王朝的特产。唐代以后，于阗向中原王朝进贡棉布的记载频繁出现。元代，斡端（今和田地区）的贡品"玉荷花蕊裳"深受元朝宫廷王妃们的青睐。清代，和阗（今和田地区）是新疆最主要的棉花和棉布产区，棉布进入千家万户，和阗棉布因洁白绵密，宽广合度，名冠新疆。

与毛织业和棉织业相比，和田的丝织业更精彩。尼雅遗址的桑树和出土的蚕茧证明，至迟在公元3世纪，中原地区的养蚕缫丝技术传入和田地区。关于养蚕缫丝技术的传入，有一个美丽传说被玄奘载于《大唐西域记》。书中说东国公主把蚕茧藏于自己的帽絮之中，将蚕种带入于阗。丹丹乌里克遗址还出土有表现这一题材的木板画呢。

于阗统一今和田地区之后，蚕桑业不断发展，丝织业日渐繁荣。《新唐书·西域传》称于阗"俗机巧，工纺绩"。出土的唐代汉语、于阗语文书表明，唐代于阗既产丝，又织绸，所辖各地经常将丝织品作为贡赋。五代时期，于阗丝织业繁盛，所产绵绫畅销沙州（今甘肃敦煌）等地。创作于公元9世纪末10世纪初的沙州民谣《谒金门·开于阗》唱诵的是公元901年沙州归义军打通与于阗交通之事，首句便是"开于阗，绵绫家家总满"。元朝中央政府专门在斡端设立"染织局"，生产"捻金番缎"，专供大都宫廷所用。清朝收复新疆后，在新疆大力推广种桑养蚕，首任巡抚刘锦棠还发布了鼓励民间植桑养蚕的公告。光绪三十三年（1907），新疆布政使王树枬派遣懂养蚕缫丝的流放官员赵贵华到和阗复兴蚕桑业。统计数据显示，1911年，和阗直隶州共有桑树200万株，生丝占全疆出产35万公斤的一半，远销英俄等国13.5万公斤。和田地区"比户业蚕，桑荫遍野"，织绸机户达1200余家，艾德莱斯绸闻名遐迩，进贡清廷。清代萧雄写有记和阗桑事的《蚕桑》诗："彩帕蒙头手挈筐，河源两岸采柔桑。此中应有支机石，织出天孙云锦裳。"

今天，艾德莱斯绸仍是著名的和田特产、当地人们制作衣服的主要面料，被列入国家级非物质文化遗产名录。

图2-24　人物纹栽绒毯

五彩斑斓的丝绸着实令人着迷，但我们更不能错过和田的栽绒毯。

在和田地区，至今流传着"地毯之神"纳克西湾试验织制地毯和羊毛染色的传说。纳克西湾是什么时代的人？地毯是何时被发明的？目前已无法考证。汉晋时期的山普拉墓地和尼雅遗址都出土了非常完整的地毯，展现了成熟的制毯工艺，其中就有栽绒毯。栽绒毯由固定毛绒的地组织与栽织毛绒的绒组织组成，由于和田地毯弹性大、保暖性好，坚固耐磨，装饰技艺高超，图案丰富多彩，始终受到当地、草原地区和高寒地区人们的喜爱。比孜力佛寺遗址出土的栽绒毯纹样复杂，色彩丰富，背面织有很长的毛绒，充分展现了隋代于阗人高超的织毯工艺（图2-24）。公元644年，玄奘从印度取经归来，途经于阗时还记录了于阗地毯的生产盛况。明代，兀端（今和田）成为新疆三大织毯中心之一。清代，随着蚕桑产业的发展，和阗织毯业得到进一步发展，除了生产羊毛拴结作绒头的栽绒毯外，还有丝线作绒头的丝毯及丝、毛作绒头的丝毛交织毯。清宫所使用的地毯中，新疆所产地毯数量最多、织造工艺最好，其中就有很多和阗地毯。

和田地毯的装饰图案多以植物（花果、枝叶）、动物纹样为基本造型，加以夸张变形，并辅以富于变化的几何纹理，主要图案和组合形式有开立肯（浪花四溅式）、阿娜古丽（石榴花式）、拜西其且克古丽（五枝花式）、恰其曼（散花式）、伊朗努斯卡（伊朗式）、着克努斯卡（博古式）、乃玛孜努斯卡（拜垫式）等7种。地毯毛纱的染色也很有讲究。在化学染料未普及之前，和田人就地取材，采当地植物的根、皮、叶、壳及某些矿物，对毛纱进行染色。比如：用石榴皮、桑树皮、桑树根染黄色；用青核桃皮、青草染黄绿色；用红花、茜草染红色和绯色。这些染料均须用白矾、绿矾等作媒介方可着色于毛纱，再通过控制热处理的时间长短和温度染出不同色阶的同类色，染出的色彩不漂不浮，不褪色，不变色。和田地毯历经2000多年的发展，借鉴融合东西方文化因素，培育了自身独特的传统。

和田各族人民不仅在纺织业领域展现了高超的技艺和特别的审美，他们还是卓越的木匠。

相信大家都领略过沙漠胡杨的美景。和田绿洲地带盛产胡杨、柽柳等。关于胡杨还有一个美丽的传说：胡杨生而1000年不死，死而1000年不倒，倒而1000年不朽。事实可能并非如此，但尼雅遗址附近确实有大片枯死的胡杨林，在历经千余年后依然屹立在大漠之中（图2-25）。

或许是受制于生态环境的脆弱，和田人非常注重因地制宜，善于利用当地木材资源，使用木头来构建房屋居所、制作生活用具，发展出制作水平高、产品种类丰富、用途广泛的木器加工业。和田木器多使用旋轮与刮刀制作，大量木器使用原木直接制作而成，其中木质家具造型独特、曲线优美（图2-26）。日常生活用器种类丰富，有碗、杯、盘、盆，以及梳妆用具等。以山普拉于阗人墓地为例，木器是这里出土数量最多的器物种类，材质主要以胡杨木为主，还

图2-25 不朽的胡杨（上）

图2-26 大英博物馆藏尼雅遗址出土的木雕桌子（下）

有沙枣木及柳木。手工制作木器主要使用砍、削、锯、抠、刮、打磨等方法加工，多用于大型器具和截面非圆形器物的制作；旋制木器用旋转车床进行加工，器物规整，截面多呈圆形。汉晋时期，精绝和于阗的木器生产技术与现在和田民间木器加工水平大体相似。今天，各种精美的木器仍深受和田游客青睐。

除了木匠，和田地区还有很多的陶工。

陶器与人类的生活息息相关，因而制陶业是古代最早出现的手工业门类之一。我国在1万多年前就开始制作陶器。和田地区陶器制作始于距今4000年左右，当时的陶器均为手工制作。进入历史时期，陶器大多使用慢轮制作，种类繁多、造型优美，陶质多夹细砂，部分有简单纹饰，器型有碗、罐、壶、瓮等，分别对应于不同的使用场合。尼雅遗址等发现有陶窑遗址，出土的第621号佉卢文文书显示，精绝社会中可能已经出现专门制陶的陶工，并且制陶技艺还具有家族传承性。汉晋时期和田地区的制陶业已经从家庭生产阶段发展出了独立的专门生产部门。唐代，和田制陶水平得到很大提升，陶器生产进一步创新发展，绿釉等彩釉在陶器生产中已经普遍使用。

说到和田的手工业，我们不能不提和田的采玉、琢玉业。

众所周知，和田美玉是和田地区最著名的特产，也是和田进贡中原王朝的主要方物。历代中原王朝都重视对和田玉的开采。汉唐中央政府对和田玉开采进行管控，从唐末五代开始，和田玉成为一种贵重商品，允许民间买卖。元朝特别设置"忽丹八里局"，主要负责从和田一带购置玉石。早期和田玉多取自河床，明代开始使用黑火药开采山料，《天工开物》对玉石的开采进行了详细记载：河中捞玉要在洪水退却的秋季月明之夜，沿河辨认水中石块和玉料。乾隆二十四年（1759），清朝在和田地区设置办事大臣，开始在新疆采玉，主要采用"官督民采"的方式。嘉庆四年（1799），清政府解除乾隆时期禁止民间贩玉的禁令，过去的禁采区全部开放，稽查玉石的哨所全部撤销，民间采玉恢复生机。

图2-27　唐代玉猴

　　相比采玉业，和田琢玉业欠发达。唐以前，于阗进贡的均为玉石原料。公元541年，于阗才进贡过一件"外国刻玉佛"。唐代，于阗出现玉雕业（图2-27）。唐德宗曾让朱如玉到和田地区求玉，朱如玉在于阗除了收集到未曾加工的玉玦外，还同时得到其他的各式玉器[2]，说明和田地区的玉雕工艺已经达到了一定的水平。明代，和田玉雕业有很大发展。公元15世纪初，西班牙公使克拉维约在其著作《克拉维约东使记》中称赞"和阗之琢玉镶嵌之工匠，手艺精巧，为世界任何地方所不能及"。克拉维约可能没有看过内地玉工和中西亚"痕都斯坦"玉器的佳作，对和阗玉工的手艺形容难免有夸大的成分。清代，清政府在和阗设置劝工所、艺徒学堂，玉雕业一时颇兴，但生产技术仍比较低下，主要是生产一些工艺简单的戒指、文具、杯盘、印环、手镯之类，大宗良玉仍送往内地加工。

　　提起造纸术，世人均知是我国的伟大发明。汉晋时期，中原王朝设置西域都护府管治西域，中原地区的造纸术也传入包括和田地区在内的西域。尼雅遗址出土有东汉纸，但由于纸张珍贵，当地人还是普遍采用木头作为主要的书写材料。唐代，于阗开始大量使用纸张，建有造纸坊，供应西域用纸。麻扎塔格遗址出土的文书表明，当时的纸主要用于书写文书、糊补灯笼等。受中原造纸术的影响和启发，当地开始制造桑皮纸。桑皮纸是以桑树韧皮纤维为主要原料制作而成的，在工艺上较为原始，但纸张厚实不易破损，使用之前必须使用石头压磨。清代，和阗所产的桑皮纸成为官府、民间书写的主要材料。现在，和田桑皮纸制作技艺已成为珍贵的非物质文化遗产。

和田地区有历史悠久而发达的葡萄种植业，为和田地区酿酒业的发展提供了得天独厚的条件。汉晋时期的尼雅遗址至今留有大面积的葡萄园遗迹，园内还埋有大陶缸，推测缸里原来应盛有精绝人酿制的葡萄美酒。唐代，酿酒及饮酒在和田地区十分普遍，饮酒也并非富贵人家的特权。于阗文文书常有关于饮酒和酿酒的记载，当时的寺院也大量购酒。除了葡萄酒，还有用粮食酿制的酒。清政府大力推广种桑养蚕，人们开始取桑葚酿酒，桑葚酒和葡萄酒等成为和田人美好生活的组成部分。

和田金属冶铸历史也十分悠久。夏商时期，和田地区青铜冶铸已有明显发展，出土了大量青铜兵器、工具和装饰物品。公元前一千纪早中期的流水墓地出土有铁器，当时的人们可能已经掌握了铁器冶炼技术。汉晋时期，铁器在和田人生活中占有重要的地位。尼雅遗址出土了如铁镰刀、铁针、铁镞、铁剑等武器和工具，佉卢文文书也证实了当时精绝已经出现了专门从事冶炼的工匠"铁工"。考古工作者在尼雅遗址和洛浦县的阿其克山发现了汉唐时期冶铁铸造遗址，特别是阿其克山矿冶遗址具有从采矿到冶炼的完整工序链，并使用了鼓风装置，说明当时和田人已经具备了较高的冶铁技术。《梁书》记载于阗"国人善铸铜器"。唐代，中原内地人仍然认为于阗人"善铸铜器"。展览展出的这件鎏金青铜饰底座呈八边形束腰鼓状，座上立四个人像，每两人共用四肢，人物头戴圆帽，上身赤裸，下身着短裤，双手托举透雕片状饰，工艺复杂，造型生动，充分展现了唐代于阗工匠高超的青铜冶铸技术（图2-28）。宋代，于阗进贡的刀深受宋廷珍视。南宋周密撰《武林旧事》记载，宋朝仪仗左右有玉把于阗刀、玛瑙于阗刀、水晶于阗刀、通犀于阗刀和角靶于阗刀。清代，和田地区的铜铁冶铸技术进一步发展，生产出大量精美的日常生活用容器和装饰物品。至今，铜制品仍然是和田的传统手工品门类，人们以制作精良的巨大铜壶装点和田的团城。

　　和田手工业让我们大饱眼福，接下来我们就要去逛和田的集市了。

　　最初，和田的人们以物易物，换取生活用品。汉晋时期，随着丝绸之路的开通与发展，作为丝路南道的交通枢纽，和田商业得到长足发展，在以物易物的同时，货币开始成为商品交换的媒介。五铢钱币、王莽货泉在和田地区都有所发现。受中原货币的影响，公元1世纪左右，于阗铸造了书写有汉文与佉卢文两种文字的汉佉二体钱（图2-29），成为目前已知新疆地区最早制造和发行货币的地区之一。人们可以用各种货币在市场上购买各种布料、陶器、木器、麻糖、盐巴、茶叶、瓜果，甚至牲畜，等等。

　　为了管理和供给各地商旅，汉晋中央政府和当地官府维护了一个复杂的交通体系，设置了查验的关口以及提供食宿与通信的驿站、馆所等设施。开元七年（719），唐朝下诏向焉耆、龟兹、疏勒、于阗等地的西域商人征收赋税，和田地区商业更加繁荣；五代到宋末，和田地区与中原王朝之间的朝贡贸易盛行；元朝免征商税，给商人签发通行证，为和田地区商业的发展创造了条件；清朝鼓励内地商人前往新疆贸易，积极发展官营商业。

　　清代，和阗特产丰富，商业兴隆。社会的安定与国家的统一，为振兴和阗商业提供了有利的条件。据各州县乡土志记载，清末，和阗直隶州有商人1824名，外国商人贩进的多为百货日用品；内地商人所携多为茶叶、瓷器、布匹等；本地外销的多为牛、马、羊、骆驼、棉布、丝绸、皮货、毡毯、干果、玉石、桑皮纸等土特产。展览展出了一组秤，它们的形体尺寸区别比较大，分别用于称量重物、丝绸、

图2-28 鎏金青铜饰

图2-29　汉佉二体钱

贵重宝石等。1930年，新疆省银行成立，1938年更名为新疆商业银行，标志着包括和田在内的新疆地区商业发展迈上新台阶。

　　和田经济发展史表明，地方割据和战乱是和田经济凋敝的根源。在大一统中原王朝管治时期，和田社会稳定，经济发展繁荣。和田的农业、畜牧业和手工业在传承中发展，历经数千年的岁月，培育了独特的和田传统。

图2-30　第四部分标题墙

　　我们伟大祖国幅员辽阔，山川壮美，地理环境千差万别。各地生活的人们在承继中华传统的同时，也因不同的生态环境而创造了具有地方特色的生活。"一方水土养一方人"，在和田这方极具特色的热土上生活的人们，曾经过着怎样的生活呢？

　　让我们继续穿越，进入展览的第四部分（图2-30）。

五、绚烂多姿溢华彩——历史上和田各民族过着什么样的生活？

　　和田，南依巍巍昆仑山，北傍塔克拉玛干大沙漠。昆仑山的壮美摄人心魄，塔克拉玛干沙漠的浩瀚令人生畏。这里，绿洲是沙漠的点缀，荒芜与生机交缠，脆弱托举着坚韧。在和田这块如此特别的土地上，人们是如何生活的呢？

　　为了缓解观展的疲乏，让我们先进行一次沉浸式互动体验吧。

　　这个模拟圆沙古城城门的沉浸式体验空间以和田数千年居住空间的传承发展为主线，以各时期和田历史文化内涵为暗线，在突出展现和田历史文化特色的同时，彰显历代中央王朝对和田及西域的管治。这是一个观者可以自主开启且置身其中的穿越体验场，也是展览的第二大高潮点。轻按掌印，让我们尽情享受和田万年的时光穿越吧。

　　穿越完毕，我们继续探秘和田人的生活。

　　和田特殊的地理环境决定了人们沿河而居的生活模式。本部分展览将从聚落城址、家用器物、妆容服饰、餐饮食具、丧葬习俗五个方面展现和田民众的多彩生活。

　　远古时期的和田先民多在山麓地带的河岸台地上生活，他们居无定所，过着渔猎与采集的生活。青铜时代的和田地区已经出现了木骨泥墙的房屋建筑和聚落，随着社会的发展和生产力的进步，在公元前 5 世纪至公元前 3 世纪的战国时代，和田地区开始出现大型聚落和城市。

　　城市是文明的重要标志之一。学者在和田地区的各个绿洲发现了数量不一的自战国至清代的城址或大型聚落，这些城址建造在绿洲平原或是交通要道上，用坚固的土筑城垣环绕。城内分布着官衙、民居、集市、寺院等，城郊则分布有果园、手工业作坊和农田。城的形制因建造者和用途的差异，都不尽相同，有的是中原特色的方形城，有些则是本土传统的不规则圆形城，城墙多用土坯垒砌。

古代和田居民擅长使用富有特色的木骨泥墙建筑技术建造房屋和寺庙。人们就地取材，使用和田十分常见的胡杨木、柽柳等木材搭建框架，再在外侧堆砌或涂抹泥土以构成墙壁。尤其是寺庙建筑用的粗大木柱，旋刻精美，虽然残断，我们依然能从中清晰地感知佛寺昔日的庄严与雄伟。汉晋时期的精绝人开始采用中原特色的建筑构件斗拱，至今，斗拱已经成为和田民居不可或缺的建筑构件。

沿河分布的尼雅遗址向我们展现了汉晋时期精绝人的美丽家园。人们在和田这片土地上倾尽智慧与财富，因地制宜，吸收中原内地的建筑技法，培育了具有和田特色的建筑传统。2000 年前的房屋建筑技法、民居布局等延续至今，今天的"阿以旺"式民居、房屋与果园毗邻的布局以及木骨泥墙的建筑方法都源自那遥远的时代。

无法倒流的时光积淀了人类的历史，决定着人类已经消逝的生活不可重来。古代和田居民的家是什么样子的？虽然我们无法让古代和田人的生活重现，但浩瀚黄沙保存的古代物品，通过考古学家的解码，使我们了解当时和田人生活的某些片段成为可能。

考古学家对尼雅、丹丹乌里克等遗址的发掘，揭示了当时人们家宅居室的模样。出土的各种器物展现了古代和田家居生活的情形：古代和田的人们用钻木取火器或火石取火，点着各式精美油灯度过寒冬与长夜；不仅用木头制作桌椅板凳等家具，还在家具上进行镂空装饰，雕刻出带有丰富想象力的人面动物蹄足形象等（图 2-31）；在葫芦上雕刻花纹做成家居装饰物；制作扇子来减轻酷暑的炎热……他们具有开放包容的胸襟，把其他文化因素融进自己的传统，家居用器也不例外。人们所用的器物有中原民俗中的"福寿三多"长命锁、象征着富贵团圆的蟾蜍铜饰、用于装饰居室的中原产精美瓷器，也有来自西洋的黄铜烟斗、因追求洁净而家家必备的洗手盆和水壶……不同的习惯和文化因素在这里融合汇聚，一同融入寻常百姓的家居生活。

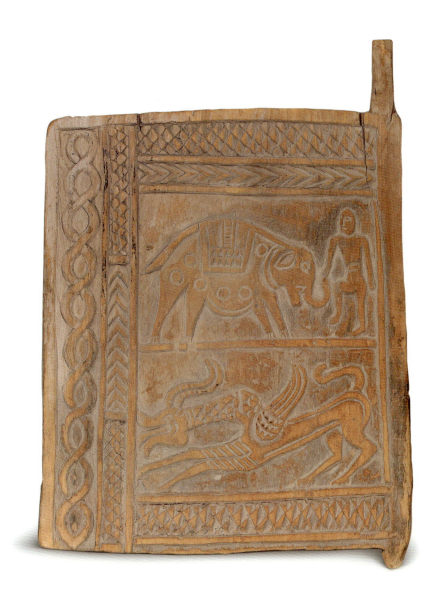

图2-31　尼雅遗址出土的雕花木柜门

　　走出和田居民的家，请大家先跟我一起来看一场跨越数千年的时尚走秀。

　　最先出场的是距今4000年左右青铜时代的和田居民，他们来自克里雅河北方墓地，男士们头戴毛布帽，身披毛布斗篷，脚蹬装饰羽翎的手工皮靴；女士头戴装饰羽翎和伶鼬的毡帽，系着腰衣，手里还提着时尚的草编篓。紧随克里雅河北方墓地居民的是稍晚的和田居民，他们开始佩戴项链、耳环，通过描眉、刺青等进行面部化妆，审美意识明显增强。

　　快看，汉晋时期的于阗人走来了，他们来自山普拉墓地，男士有的头戴系带毛布平顶帽（图2-32），有的戴圆顶毡帽，有的身着宽大的红色对襟毛布衣，有的身着原白色套头毛布长衣，腰间扎着各色毛布绦带，上衣领口、肩部、袖口、衣襟等以其他颜色布带装饰，形成很明显的色差，有的还背着弓箭。女士穿着缀饰各种纹样毛绦的大摆毛布裙，挎着毡袋，有的手拿毛布扇，非常靓丽。有一位女士手牵着一个身穿百褶毛布裙、脚蹬皮鞋的小女孩。

　　精绝王和王妃带领一众贵族向我们走来。他们身着华丽的中原丝绸。手挽王妃的精绝王头戴系带锦帽，身穿黄蓝方格纹左衽窄袖锦袍，锦袍内为高领禅衣，领部飘着7条丝带，下裳为锦裤，脚穿包皮绣花锦鞋，真是既奢华又时尚的装扮（图2-33、图2-34）。队伍里最引人注目的要数这位尼雅遗址1号墓地M5的墓主了，她年轻貌美，头戴凤头红绢帽，深棕色的8条发辫垂于胸前，前额的小辫与6串绿松石串珠合股捆连，串珠从两颊坠下绕于颈下，双耳戴有耳饰，颈部系白色料珠项链；身穿土黄色丝绸长袍，腰系毛编织带，内穿套头的翻领绢质单衣，下身外着红色绢裙，足蹬皮底晕裥短勒靴。这位女士走起路来，翩若惊鸿，不禁让人赞叹：此人只应天上有！

　　接着出场的是五代的于阗王族。走在最前面的是国王李圣天，他头戴装饰北斗七星的冕旒，身穿饰有日、月、龙等图案的衮服，与汉家天子几无二致。走在李圣天身后的女子身穿红色交领高腰连身绢裙，外套白色圆领长袍，脚穿白色棉袜及红色绮绣花卉纹锦鞋。她身边的女孩头梳双抓髻，身穿圆领长袖连

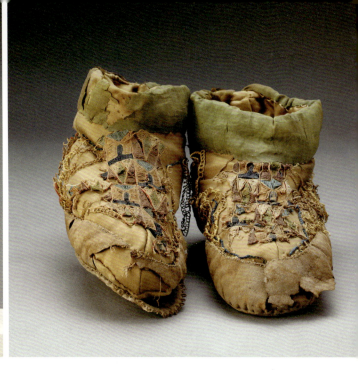

图2-32　山普拉墓地出土的毛布帽（上左）

图2-33　尼雅遗址1号墓地M3墓主的包皮绣花锦
鞋（上右）

图2-34　尼雅遗址1号墓地M3墓主的禅衣（下）

身高腰褶裥裙，脚穿白色棉袜、棕黄色几何纹锦鞋。女孩的裙子曾是唐代非常流行的样式。

看完这场跨越时空的时尚走秀，想必大家对和田民众的妆容服饰有了深刻的印象。数千年来，人们的衣饰在不断变化，但对美的追求却是永恒的。和田地区人们的妆容服饰也正是在与中原及周边地区的交流互鉴中不断传承与发展。

观赏完和田居民的妆容服饰，接着我们来通过餐饮食具了解一下他们的日常饮食。

来自不同地域的人们会聚和田，共同书写了和田的万年历史。无论人群如何变化，来此生活的人们最终都会融入和田地区的生活传统。和田绿洲农业和畜牧业并重，决定着人们的饮食结构。这里的粮食作物以粟、黍、青稞、小麦等为主，可制成馕、粥、面条、抓饭等食用。畜牧业为人们提供肉食，羊肉是人们食用最多的肉类。距今 2000 年左右的精绝人已开始使用馕坑（图 2-35）、制作果仁麻糖，至今，馕坑还是和田居民烤制馕和羊肉的主要设施，麻糖仍是和田的特色甜食。除米面食物与肉类食物之外，石榴、葡萄、杏、桃、梅子等水果也是和田居民每日的食物。美酒亦是和田人日常饮食的重要伴侣。和田地区出土的佉卢文文书中保留了大量当时居民储藏、买卖、饮用酒的记载。馕、羊肉、瓜果，辅以美酒，形成和田千余年的饮食传统。受中原饮食文化的影响，汉晋时期，饮茶已进入精绝人的生活，此后的岁月中，中原地区的粽子、月饼、馓子等食物也逐渐成为和田居民日常的美食。美食需配盛器，和田人制作了形制各异的各类陶、木和金属饮食器具，中原生产的各种瓷器也成为和田地区人们的餐具。各式各样的生活器皿和炊事设施向人们诉说着和田各民族生活的往事，承载着和田饮食文化的传统、发展以及文化的交融。和田饮食是博大精深的中华饮食文化的组成部分。

和田先民的生活真可谓是五彩缤纷，他们又是如何看待死亡的呢？

图2-35　尼雅遗址的馕坑（左）和1995年考古发掘时用的馕坑（右）

　　"事死如事生"是中国人对待死亡的悠久传统，人们希望能把生前的美好生活在阴间无限延续，因而尽可能地把生活所用都埋进墓里。得益于沙漠干燥的气候，和田地区古代墓葬遗迹保存较好，逝者尸骨、所使用的葬具、随葬物品等保存至今，使我们得以了解古代和田居民的丧葬习俗。

　　克里雅河北方墓地、流水墓地等在墓葬形制、死者葬式和随葬器物方面存在较明显的区别，表明和田地区史前时期生活着不同的人群。汉晋至五代，随着经济的发展，人们更加注重对逝者的安葬。尼雅遗址1号墓地、山普拉墓地、布扎克墓地等的考古发掘表明，这里流行用布带托住下颌系于死者头顶的葬俗，王室贵族在下葬时身着华丽的服饰，以纺织物覆面，佩戴各种饰物，随葬有生前使用的陶器、木器、弓箭、纺织器具等，有些木器中还盛着羊头、羊腿等肉食。除个别多人合葬墓外，大多是夫妇合葬或单人葬。葬具以胡杨木板制作的棺和独木棺为主，等级最高的墓葬使用木板制作的棺，地位稍低者多使用独木棺。在展厅中可以观看由中央民族大学肖小勇教授、和田地区博物馆的买提卡斯木·吐米尔与居麦尼亚孜·图尔荪尼亚孜共同带来的"专家讲展览"《中国新疆山普拉》，深入了解山普拉墓地的发掘过程及于阗人的生活。

汉晋以来，中原地区的埋葬礼仪和葬俗对和田当地的丧葬也产生了明显的影响，鸡鸣枕、中原形制的木棺、木棺上绘制四神图案……在佛教、祆教等宗教影响下，和田地区出现火葬，葬具采用骨灰罐。伊斯兰教传入之后，和田地区的丧葬习俗变化明显。

数千年来，和田居民以绿洲为根，与黄沙抗衡，建设了瓜果飘香、花海荡漾的美丽家园。他们深知环保的意义，发掘因地制宜的秘籍，与环境和谐共处，用心呵护着本地脆弱的生态，培育和塑造了特别的和田传统。青铜时代以来，和田的生业、建筑、手工业、饮食在传承中发展，积淀出悠久的传统。

和田传统如此厚重有力，可以不受岁月的变迁、人群的更迭，乃至文化信仰的嬗变的影响。

辉煌灿烂的中华文化是我国各民族共同创造的。中华文化兼收并蓄的包容特性保证了各族文化在中华文化的沃土里枝繁叶茂、交相辉映，为中华文化的精彩纷呈、博大精深奠定了基础，为中华文化的历久弥新提供了源源不断的活力，使中华文明历经数千年沧桑巨变而延续不断。历经 2000 余年中原王朝的管治与经营，和田不仅参与了中国大历史的书写，也为中华文化的丰富多彩做出了重要贡献。

历史上和田各民族都创造了什么样的文化呢? 让我们进入展览的第五部分。

六、万方乐奏有于阗——历史上和田各民族创造了什么样的文化？

　　和田地处丝绸之路的交通要道，是多民族汇聚之地，也是不同文化的荟萃之地。各种文化要素在这里互动交融，形成和田文化兼容并蓄的特性。历史上在和田地区生活的人群多样，出土文物显示古代和田地区的语言文字也相当的纷繁复杂。

　　和田地区最早使用的文字是汉文。自元狩四年（前119）张骞率使团出使西域，开启了于阗、精绝等西域绿洲城邦与中原王朝关系的新纪元。神爵二年（前60），西汉设立西域都护府，于阗、精绝等正式纳入中央政府的管辖。汉文在西域流行，成为当地最早使用的文字。民丰县的尼雅遗址出土大量西汉末至西晋时期的汉文简牍，包括精绝王室的往来书信和汉代字书《仓颉篇》，证明汉字是当时的官方文字（图2-36）。唐朝在于阗实行汉语－于阗语双语文书体制，汉语为于阗各层人民所习用。麻扎塔格遗址发现的大量的唐代汉文公私文书和《兰亭序》《尚想黄绮帖》等的习字残片，是这一时期于阗流行汉文化的历史见证。公元9世纪中期，吐蕃势力退出于阗，于

图2-36　《仓颉篇》木简

阗恢复独立,于阗王受中原王朝册封,与沙州归义军政权联姻,交往非常密切,汉语在于阗高层得到使用。清代收复新疆,汉文再度成为官方文字,汉语在和田地区流行,直至今天。在展厅内可以观看由北京大学中国古代史研究中心荣新江教授主讲的"专家讲展览",深入了解中原文化对于阗的影响。

魏晋时期,佉卢文逐渐在精绝、于阗等国流行,成为当地与汉文同时使用的文字。佉卢文又称驴唇文,是中古印度的一种方言俗语,是南亚次大陆曾经使用的文字之一,曾流行于贵霜王朝的中心区域,即现巴基斯坦吉尔吉特到塔克西拉一带。公元 3 世纪时贵霜帝国灭亡,佉卢文在那里不再流行,反倒在我国新疆地区的一些地方流行起来。佉卢文文字由音节字母组成,书写方式是由右向左横书。目前,和田地区发现的佉卢文文书包括两类:一类是佛经,如和田地区发现的写在桦树皮上的佉卢文犍陀罗语《法句经》,数量不多;另一类是佉卢文世俗文书,它们绝大部分属于鄯善国的遗存,也有少量的文书属于龟兹、于阗国。佉卢文文书主要书写于简牍之上,也有少量写在皮革和纸、帛上。已出土的佉卢文文书数量达 1000 余件,其中绝大多数出土于尼雅遗址,少部分出土于楼兰遗址及安迪尔遗址。这些佉卢文文书的年代大约在公元 3 世纪中期至 4 世纪中期,内容包括国王谕令、籍账、契约、判决书、信函、文学作品等,整体反映了魏晋时期鄯善(统治精绝)、楼兰王国的社会和文化面貌。

由于佛教的兴盛,梵文曾在于阗流行,留存了大量的梵文佛典,于阗梵本佛经是汉地译经的重要来源。这些梵语写本的年代跨度很大,大致在公元 3—10 世纪,是研究佛教史和语言学的重要材料。

公元 6 世纪以前,于阗通行的文字为汉文、佉卢文和梵文。公元 6 世纪,于阗人开始借用印度婆罗米字母书写于阗语。从此,汉语和于阗语并行,于阗语一直延续使用至 11 世纪初于阗国灭亡。于阗语属于印欧语系东伊朗语的一支,也被称为"和田塞语"。于阗文文献的主要发现地点为和田地区和敦煌藏经洞。和田地区发现的于阗文文书写于纸和木简、木牍上,大型木牍上主要书写的是契约，数量近 20 件；纸文书和木简主要是杰谢、六城和神山等地的牒状、纳粮账、契约、军事文书、书信等公私文书和佛典等，总数达 2000 多件。这些文书反映了唐朝与吐蕃占领时期于阗的社会与历史状况。敦煌发现的于阗文文献均为纸文书，约有 120 件，包括佛典、行记、使臣报告、外交信函等，多是出自在敦煌活动的于阗太子和使臣之手，是公元 10 世纪于阗与敦煌交往的珍贵历史资料。

公元 8 世纪末至 9 世纪 40 年代吐蕃统治于阗时期，又留下了一批吐蕃文文书和木简。另外，粟特语和犹太 - 波斯语文献也在和田被发现，反映出粟特和犹太商人于阗的活跃。11 世纪之后，采用阿拉伯字母拼写的喀喇汗王朝语言在信奉伊斯兰教的于阗流行。和田地区还发现了一些契丹文的印章，应是公元 12 世纪西辽统治时期的遗物。

元明清时期，和田地区流行察合台文。察合台语是察合台汗国时期至清代新疆地区流行的一种语言，其文字为察合台文。察合台文采用阿拉伯文的 28 个字母和其他一些辅助符号，又从波斯文借用 4 个字母，一共由 32 个字母组成。察合台文在明清时期广为流行，成为与波斯文、阿拉伯文并称的中亚、西亚三大穆斯林语言之一，现代使用突厥语的诸民族的文字，如现代维吾尔文、哈萨克文和柯尔克孜文等都是察合台文的延续。清代，汉文和察合台文是新疆的官方文字，察合台文一直使用到 20 世纪初，维吾尔文是在察合台文的基础上创制的，1935—1983 年间总共修订了 4 次。现行维吾尔文有 8 个元音字母和 24 个辅音字母，各个字母有单独使用和出现在词的不同位置时的几种形式，自右向左横写。

和田地区出土的语言文献资料丰富多样，仅次于敦煌与吐鲁番，是古代丝绸之路文化的宝库。

和田地区的文学也有着悠久的传统，尼雅遗址出土的佉卢文文书中就有若干诗篇。和田和敦煌莫高窟"藏经洞"出土文献中还有不少于阗语文学作品，诸如罗摩的故事、阿育王的神话、迦腻色伽的传说、佛教诗篇，以及一些抒情诗等。这些抒情诗有四行一个诗节的，也有韵体诗；既有旅行僧人的诗、在沙州的于阗公主的思亲诗，也有主角为凡夫俗子与贵臣之女的爱情故事诗，充分展现了于阗人的多情与浪漫。这些文学作品对于研究于阗文学以及音韵学都是宝贵的资料。喀喇汗王朝时期，玉素甫·哈斯·哈吉甫于公元 1069—1070 年创作了《福乐智慧》，表现了祖国中原汉文化与回鹘传统文化的有机融合。《福乐智慧》与马赫穆德·喀什噶里的《突厥语大词典》都是中华文化宝库中的珍品。

古代和田地区的绘画雕塑、音乐舞蹈的艺术造诣不仅驰名当时，也对后世的中国艺术产生了深远的影响。

中古时期于阗国信奉佛教，佛寺的绘画与雕塑是中古佛教艺术的杰作。于阗早期的佛像明显带有犍陀罗佛教艺术风格。除了佛教雕塑外，还有不少世俗雕塑，约特干遗址曾出土许多泥质红陶雕塑，题材丰富，有人像、牛、马、羊、猴等，还有大量的贴塑人物、动物像等，这些雕塑形体虽小，但极其生动，展现了于阗工匠高超的陶塑技艺。透过这些雕塑，我们也看到希腊、印度、中亚等文化因素对于阗文化的影响（图 2-37）。

于阗佛教绘画主要有壁画与木板画两种，壁画基本上与寺院结构相应，寺院顶部及墙壁绘制千佛，壁面绘制佛陀尊像，壁面下部绘制供养人像，较为常见的形象有毗卢遮那佛、毗沙门天、骑马人物、地神、供养人、多臂神灵等，还有大型说法图。木板画分为横式与竖式两种，横式主要为故事图，竖式主要为单身尊像，也有神灵与骑马人物的组合，通常双面绘制不同的神祇。这些佛教绘画不仅反映了和田地区佛教艺术的高超水平，也让我们得以窥见古代和田地区的社会与精神世界。

亲爱的读者，你们知道吗？在中国绘画史上，于阗画家具有特别重要的地位。以隋唐时期入居长安的尉迟跋质那、尉迟乙僧为代表人物，画风独树一帜，与阎立本、吴道子等一流画家并称，学者称其为"于阗画派"。尉迟父子"善画外国及佛像"，"小则用笔紧，如屈铁盘丝；大则洒落而有气概"。画史文献用"身若出壁"形容尉迟乙僧作品的精妙。于阗画派的特殊技法有屈铁盘丝法与凹凸

图2-37　石膏坐佛范

晕染法，屈铁盘丝法又称"铁线描"，即用线力度均匀而有弹性如铁线；凹凸晕染法指画面着色浓厚，有立体感（图2-38）。他们的绘画艺术为唐代及以后的中国画坛带来了新风，许多画家开始以凹凸晕染法绘人物和山水，突破了唐以前惯用的线描画法。于阗画派可谓是丝绸之路东西方文化交流的产物，其影响又超出西域与中原，远及吐蕃、日本、高丽等地。尉迟父子的画作今已不存，我们却能从和田佛寺遗址发现的佛教绘画与雕塑窥见于阗画派的艺术成就。

于阗乐舞在中古时期也非常著名，《大唐西域记》记载于阗"国尚乐音，人好歌舞"。于阗乐很早就传入中原，东晋葛洪编的《西京杂记》记载汉高祖时期戚夫

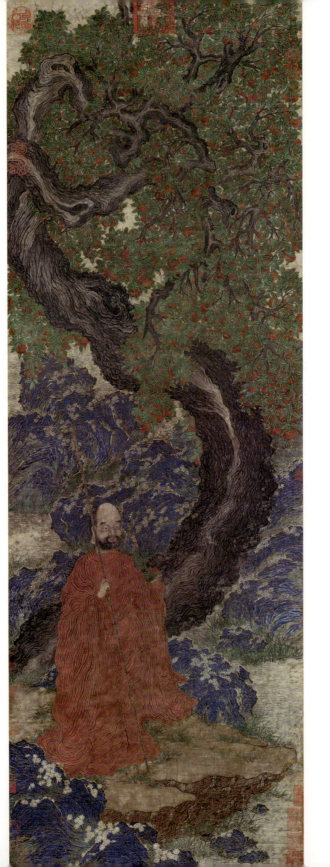

图2-38 美国波士顿美术馆藏
陈用志《仿尉迟乙僧释迦出山
图》轴

人曾与刘邦临长安百子池，"作于阗乐"。这一记载的准确性虽然存疑，但至少在张骞出使西域后，于阗乐就传入中原地区。于阗乐作为丝绸之路南道上的代表性音乐，与丝路北道的高昌乐、丝路中道的龟兹乐，共同组成丝路胡乐的三大系统。南北朝时，融合了佛教元素的于阗乐舞在河西广为流传，并进入中原朝廷。唐代于阗乐虽没有列入"十部伎"，但有不少于阗音乐家活跃于长安，为时人所称道。约特干遗址出土的陶制伎乐俑，演奏者包括猴子、乐师和天人，演奏的乐器包括弦乐（琵琶）、吹奏乐（排箫、竖笛、埙）、打击乐（大鼓），还有猴子跳舞的形象。和田地区博物馆收藏的一批汉唐时期的精绝和于阗的箜篌、琵琶、陶埙等乐器实物，与以上陶制伎乐俑相互印证，为于阗音乐的研究提供了宝贵的素材。清代至民国，和田地区的乐器种类更加丰富，驰名中外的维吾尔族古典乐曲"十二木卡姆"是维吾尔族音乐舞蹈完美结合的艺术瑰宝，在和田流行并形成和田特色（图 2-39）。

　　领略了古代和田的绘画雕塑，欣赏过和田民众的音乐舞蹈，我们即将开启和田古代文化之旅的最后一站，探游和田先民的精神世界。

　　与世界其他地区相似，和田地区最初流行的是原始宗教。公元前 1 世纪左右，佛教传入和田地区。汉代，和田地区的 6 个绿洲小国均信仰佛教。佉卢文《法句经》是目前所见较早的于阗佛教遗物。于阗兼并其他五国后，佛教得到进一步发展。公元 5 世纪是于阗佛教最为盛行的时期，举国上下皆奉佛法，佛寺林立，僧众多达数万人，佛教活动如行像、讲经等都很盛行。

　　下面，让我们追寻东晋高僧法显的足迹，一起穿越回公元 5 世纪的于阗吧。

　　北朝时期，于阗大规模的佛寺多达 14 座，普通民众家门前也都建有礼拜小塔。在"佛法汇聚之地"的达玛沟聚集了众多的寺庙，回字形的布局方便礼拜，佛寺的墙壁上满绘佛像壁画和供养人像。在达玛沟托普鲁克墩，修建有世界上规模最小的佛寺，由于空间太小，人们无法绕佛礼拜，但中央的坐佛庄重威严，墙面的壁画美得令人窒息（图 2-40）。《法显传》记载，法显到达于阗后，特地停留了"三月日"，

图2-39 "十二木卡姆"互动展示

就是为了观看行像仪式。我们赶紧跟上队伍，观览于阗行像的盛景[3]。行像即将开始，全城居民洒扫道路，忙得不亦乐乎。于阗王夫妇和采女住进城门楼上装饰富丽堂皇的帷幕中，等待行像。从 4 月 1 日开始，由国王敬重的瞿摩帝伽蓝（寺院）的僧人最先行像，一辆装饰极其豪华、宛若行殿般金碧辉煌的四轮大车载着立佛、菩萨等像从城外走来。在距离城门百步之处，于阗王脱去天冠、换上新衣，赤脚捧花，出城迎像。佛像入城时，于阗王夫人和采女在城门楼上如天女散花般撒下大量的鲜花。于阗十四大寺院的行像车各不相同，但都极尽装饰。这样每天一个寺院，连续行像 14 天。行像完毕，于阗王夫妇和采女等起驾回宫。

一年一度的盛大行像无疑是于阗最庄严隆重的仪式，凝聚着于阗的千年荣耀。

图2-40　托普鲁克墩1号佛寺遗址

　　于阗回字形佛寺布局等对新疆其他地区的佛教建筑、石窟等都产生了一定的影响。唐朝在于阗建有龙兴寺、开元寺和护国寺，这些汉寺的僧人还向驻守于阗的唐官兵借贷钱谷。于阗佛教艺术中盛行的瑞像影响了敦煌地区的佛教艺术，敦煌石窟壁画中出现不少于阗瑞像。于阗佛教在千余年的发展过程中，创造了卓越的佛教艺术和文化。公元10世纪中叶开始，信奉伊斯兰教的喀喇汗王朝对于阗佛国发动了长达40余年的战争，灭掉了于阗，和田地区的佛教急剧衰落，最终被伊斯兰教所取代。

　　汉唐至五代时期的和田地区并非只有佛教，道教、袄教、摩尼教都曾在和田地区传布。

　　道教是中国古代的本土宗教，东汉末期形成，魏晋南北朝时期发展成熟，唐代视老子为祖先，将道教奉为国教。虽然在于阗国没有发现道观，但于阗也与道教具有联系。中古时期盛行的道教伪经《老子化胡经》云"老子入夷狄为浮屠"，南北朝时期一般认为老子化胡的地点是在罽宾或者天竺。公元 632 年，于阗首次遣使朝贡，称于阗国毗摩城的寺院是老子化胡之所，从此产生了新的"于阗化胡说"，这一说法广为流传，成为以后《化胡经》衍变的基础。老子化胡之说虽然纯属虚构，但反映出于阗人对道教并不陌生。麻扎塔格遗址出土的《刘子》残卷，应是由唐代镇守军携至神山堡的。这一旁征博引的杂家著作包含了许多道家思想的内容，是道家思想在于阗流传的例证。

于阗虽然是佛教国家，但也有民众信奉祆教。《新唐书·于阗传》载于阗"喜事天神、浮屠法"，《旧唐书》载于阗"好事祆神，崇佛教"。于阗语佛教文献词汇中有来自祆教的词语。和田发现的木板画上也发现了祆教的踪迹，最为知名的是丹丹乌里克遗址出土的祆教三神木板画，从左到右依次为祆教主神阿胡拉·马兹达、娜娜女神和风神维施帕卡，背面为佛教菩萨像（图 2-41）。还有其他的一些木板画上的形象，被认为是祆教娜娜女神和风神。另外，在丹丹乌里克佛寺遗址壁画中发现有祆教因素，是宗教混同的实物证据。

麻扎塔格遗址出土的一件粟特语残片中含有摩尼教的词汇，粟特语专家辛维廉据此断定这是一件摩尼教文献。公元 10 世纪末于阗向宋朝派遣的使者曾进贡本国摩尼师的贡品，这些证据显示了摩尼教在于阗的存在。

公元 10 世纪中叶开始，信奉伊斯兰教的喀喇汗王朝向于阗发动了长达数十年的战争，公元 1006 年，于阗被灭亡。伊斯兰教逐渐成为和田地区的主要宗教，虽然中间经过公元 1216—1218 年屈出律对于阗伊斯兰教徒的镇压，但始终没有改变伊斯兰教的地位。与其他宗教先传入西域再传入中原地区不同，伊斯兰教在西域的传播晚于中原地区。伊斯兰教传入西域之后，经历了本土化的过程。元明清时期，虽然伊斯兰教是和田地区主要宗教，但同时这里也有景教和佛教。今天，和田地区仍以伊斯兰教为主，多宗教并存。

和田地区的宗教变迁表明，这里是多种宗教并存的地区，在伊斯兰教流行

图2-41 大英博物馆藏祆教三神木板画

之前，佛教已经在和田地区繁荣兴盛了 1000 余年。至今，和田境内尚存有 30 多
处佛教遗迹。

　　和田历史上人群多样，文化多元，这与和田悠久的生业、建筑、生活饮食传统
形成鲜明的对比。和田文化兼收并蓄，根植于中华文化的沃土，又为中华文化做出
自己独特的贡献。历史上，和田的社会进步、经济发展和文化繁荣，都离不开历代
中原王朝的经营与管治。历代中原王朝是如何经营、管治和田的呢？请大家跟我一
起进入展览的第六部分吧。

七、中华一家有和田——中原王朝是怎样管理这里的？

亲爱的读者，为了让我们在观展中收获更多，我先带大家到东周至西汉早期的亚洲东部，一观那里的时局。

随着周平王东迁，迁都洛邑（今洛阳），中国历史的车轮隆隆进入东周时期，此时以蒙古高原为中心的欧亚草原东部也步入了早期铁器时代。春秋时期，周王室走向衰亡，各诸侯国开启了争霸战争，产生了历史上著名的春秋五霸：齐桓公、晋文公、宋襄公、秦穆公和楚庄王。各诸侯国不断向外开疆拓土，秦国、晋国和燕国逐渐征服了周边与之通婚的戎、狄部族。战国早期，西起关中及周边地区，向东经陕北、山西北部、河北中部和北部地区，至现今的北京地区被纳入华夏的势力范围。此后，"战国七雄"中的秦、赵、燕三国继续展开北拓疆土的运动，终于在战国晚期把戎、胡族群生活居住的长城地带纳入自己的疆土，华夏正式与草原游牧人群为邻。与此同时，欧亚草原东部石板墓文化的人群在经历了数百年繁衍发展后，为草原第一帝国的诞生奠定了强有力的基础。

公元前 221 年，秦始皇帝以赫赫之师，剪灭六国，统一中国，建立了中国历史上第一个统一的多民族中央集权国家。在秦帝国大厦将倾之际，生活于我国阴山地区的匈奴开始登上历史舞台。冒顿以鸣镝射杀父亲头曼单于自立，于公元前 209 年创建了草原第一帝国。历经楚汉战争，在秦朝废墟上建立的西汉王朝疲敝而孱弱。匈奴却在单于冒顿的带领下把帝国的疆域扩大至整个欧亚草原东部，常常袭扰南邻西汉。汉高祖刘邦御驾亲征匈奴，被围困在白登山七天七夜，后经厚遗单于阏氏，阏氏劝说冒顿，刘邦才幸运逃生，这就是著名的"白登之围"。之后，汉高祖刘邦听取刘敬的建议，与匈奴"和亲"，开启汉朝与匈奴以"和亲"换和平的历史。

　　西汉文帝时，匈奴又征服了西域诸国，匈奴帝国控制着西至葱岭、南达长城、东至大兴安岭、北抵贝加尔湖的辽阔疆域。匈奴在西域设置"僮仆都尉"，向西域诸国收取赋税，"取赋给焉"。西域丰富的物产为匈奴提供了源源不断的补给，一定程度上，西域堪称匈奴帝国的大后方。强大的匈奴帝国是最令西汉王朝头疼的邻居。"和亲"换来的和平总是短暂而脆弱的，匈奴对西汉北部边境的袭扰依旧。这种情况一直持续至汉武帝时期。西汉王朝经过数十年的休养生息，经济发展迅速，综合国力大大增强，此时的汉武帝再也无法忍受匈奴无休止的袭扰，决定终止"和亲"政策，一边派张骞出使西域，"断匈奴右臂"，一边发动大军攻打匈奴。汉匈从此展开了在西域的全方位较量。在展厅内，请大家驻足观看中国人民大学王子今教授的"专家讲展览"，讲述秦汉大一统国家的缔造和西域都护府的设置。

　　接下来，让我们继续观展之路。

　　第六部分跨越了2000多年的中国王朝历史，分置"西域都护府和西域长史府""郡县初行与护西域校尉""安西都护府和毗沙都督府""大宝于阗王和桃花石汗""斡端宣慰司都元帅府""哈密卫的设立与兀端朝贡""伊犁将军府与新疆省"等七个单元，阐释历代中原王朝对包括和田地区在内的西域的经营与管治。

（一）西域都护府和西域长史府

　　自汉武帝开始攻打匈奴，汉朝和匈奴经过数十年战争，匈奴势力最终退出西域。神爵二年（前60），西汉设置西域都护府，任命郑吉为首任西域都护，管辖西域诸国，护卫西域通道，西域正式纳入中央政府的管辖。读者可以通过表2-2了解汉朝管理西域机构的变化，认识历任西域都护和长史。此后，和田地区的于阗、扜弥、精绝等国在内的西域各国官吏均由汉朝中央政府任命，"皆佩汉印绶"，他们仿照中原王朝建立起自己的统治机构，官吏名称有侯、将、骑君、都尉等。展览中的一组

表 2-2　汉代历任西域都护与西域长史表

西域都护府 （前 60 年设立） （西汉时期）	西域都护的前身	使者校尉（前 101 年设立） 都护西域使者校尉（前 68 年设立）
	西域都护 （属官有： 副校尉，又称副都护， 秩比二千石； 丞一人，掌文书； 司马二人； 千人二人）	1. 郑吉（前 60—前 48） 2. 韩宣（前 48—前 45） 3. 佚名（前 45—前 42） 4. 佚名（前 42—前 39） 5. 佚名（前 39—前 36） 6. 甘延寿（前 36—前 33） 7. 段会宗（前 33—前 30） 8. 廉褒（前 30—前 27） 9. 佚名（前 27—前 24） 10. 韩立（前 24—前 21） 11. 段会宗（前 21—前 18） 12. 佚名（前 18—前 15） 13. 郭舜（前 15—前 12） 14. 孙建（前 12—前 9） 15. 佚名（前 9—前 6） 16. 佚名（前 6—前 3） 17. 佚名（前 3—1） 18. 但钦（1—13） 19. 李崇（16—23）
西域都护府 （东汉时期）	西域都护	1. 陈睦（74—75） 2. 班超（91—102） 3. 任尚（102—106） 4. 段禧（106—107）
西域长史府 （东汉时期）	西域长史 （秩六百石）	1. 班勇（123—127） 2. 赵评（？—151） 3. 王敬（152） 4. 张晏（至迟 170 年在任）

注：依据《汉书》《后汉书》整理而成。

图2-42 "元和元年"锦囊

敦煌悬泉置遗址出土的汉简向我们展现了于阗、渠勒、精绝、扜弥、皮山等国向汉朝遣使朝贡的情景，当时朝贡汉朝的西域各国使团到敦煌后住在悬泉置之中，出使汉朝的使团数量众多、规模庞大，如于阗国曾派遣一个千余人的庞大使团出使汉朝。

这件出自尼雅遗址的"元和元年"锦囊是目前发现唯一有汉代纪年的织锦，是和田地区博物馆的"镇馆之宝"（图2-42）。"元和元年"是东汉章帝的年号，即公元84年，此时班超正在今天的和田地区。锦囊为我们了解班超以于阗为根据地击败匈奴，重建东汉在西域的统治提供了文物证据。延光二年（123），东汉朝廷将西域都护府改为西域长史府，成为中央政府管理西域事务的最高行政机构。阳嘉元年（132），西域长史府由吐鲁番盆地的柳中城移驻于阗。东汉在精绝设置"司禾府"专门管理屯田。

曹魏政权继承汉制，在西域设置戊己校尉。西晋在西域设置西域长史和戊己校尉管治西域，基本接管了东汉在新疆的屯田机构。自东汉安帝时起，敦煌即设置西域副校尉，自此之后，对西域的军事行动也由敦煌太守主持，敦煌太守负有抚宁西域、保护丝路的职责。从尼雅遗址出土的晋简可知，直至西晋时期，敦煌仍然是控制西域的军政中心。尼雅遗址 N5 居址出土的过所木简证实在西晋的管治下，西域诸国曾实行与中原内地相同的文书行政系统。

随着汉晋中央政府的一系列政策的施行和汉人官吏、士兵和商贾的涌入，与当地人杂居融合，汉文化以前所未有的速度影响着于阗、精绝等国的文化，汉文成为官方文字之一，中原的度量衡制度、礼仪制度、城市规制、生产工具、生活用具以及丧葬习俗等都对当地产生明显的影响。

（二）郡县初行与护西域校尉

十六国至南北朝时期（304—589），包括和田地区在内的西域仍与内地保持着密切关系。前凉在高昌地区建立郡、县、乡三级地方行政机构，首次将郡县制度完整地推行到西域。十六国时期（304—439），于阗向后赵、前秦、西凉遣使朝贡。公元 435 年，北魏开始经营西域，遣使往来。公元 445 年后，北魏逐渐征服了鄯善、焉耆和龟兹，先后设置鄯善镇和焉耆镇，取代柔然，控制西域南北道诸国，以交趾公韩拔为假节、征西将军，领护西戎校尉、鄯善王，镇鄯善，赋役其民，比之郡县。后又设护西域校尉。北魏与西域诸国往来不断，于阗国遣使至北魏，护送公主于仙姬嫁文成帝拓跋濬（452—465 年在位）为妃，开创于阗与中原王朝皇室联姻的先河。南北朝时期，于阗不断向内地遣使朝贡。公元 510—540 年，于阗四次遣使南朝梁，贡献“波罗婆步鄣”、琉璃罂和外国刻玉佛。建德三年（574），北周文献中仍有于阗向中原遣使献名马的记载。

图2-43 "烽燧戍堡"多媒体辅助展项

（三）安西都护府和毗沙都督府

唐朝是中国历史发展的高峰，疆域空前辽阔，包括和田地区在内的西域都处于大唐王朝的疆域内。唐朝在西域建立起郡县制、羁縻州府制与军府制的管理体系，建立了完善的交通体系，有效地行使中央政府对包括和田地区在内的西域的管辖权。

在这里，展览将向大家隆重介绍历代中原王朝经营西域留下的铁证——烽燧戍堡。这个多媒体辅助展示项目占据了展厅的很大空间，我们首次将新疆地区现存的380多处烽燧戍堡以虚拟手段搬进展厅，下部以微缩景观加虚拟投影模拟烽燧戍堡工作原理，展现四季变化和戍边艰辛；上部为播放短片的大屏幕，介绍历代中原王朝经营西域的光辉历程，展现古代戍边将士"黄沙百战穿金甲，不破楼兰终不还"的英雄气概和浓郁的家国情怀（图2-43）！

贞观十四年（640），唐朝设立安西都护府管辖天山以南地区。贞观二十二年（648），唐朝将安西都护府移至龟兹，下设龟兹、于阗、焉耆、疏勒四镇。安西节度副使驻扎于阗，于阗成为丝路南道最重要的唐朝军政统治中心。上元二年（675），唐朝以于阗为毗沙都督府，任命于阗王尉迟伏阇雄为都督，下辖十个羁縻州。如意元年（692），唐将王孝杰率军收复安西四镇，唐朝征发三万汉兵镇守四镇地区，

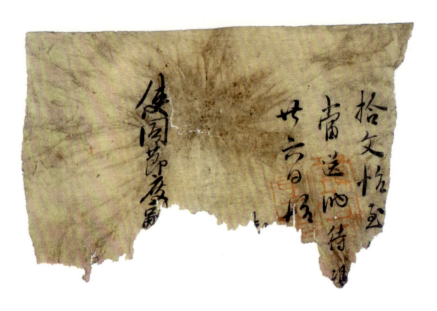

图2-44　《于阗镇守军帖》纸文书

汉军由镇守使统领，大大提高了对抗外敌的能力，使唐朝有效地控制了西域地区。于阗军及其下属的兰城、坎城、胡弩、固城、吉良、皮山、杰谢等镇，构成完整的军事镇防体系，使于阗成为唐朝在塔里木盆地南沿的一个坚固堡垒。

　　安史之乱后，于阗存在节度副使一职，于阗王子或代理国王曾兼任这一职务，"四镇节度副使右金吾大将军杨公神道碑"所载杨和也曾担任四镇节度副使。国家图书馆藏于阗出土文书《唐于阗镇守军勘历印》显示，于阗镇守军对于军务问题直接请示经略使（即节度使的一个头衔），于阗的节度副使不管军务。于阗在军事系统上由安西节度使管理四镇镇守使，而安西都护是羁縻府州的上级，在分工上偏重行政。为了保障在于阗驻扎的大量汉兵的后勤，需要毗沙都督府（民政）和镇守军（军事）的协同合作（图2-44）。

　　随着羁縻府州的设立，唐朝的律令制度对于阗的官制、行政和文书制度等方面都产生深刻影响。展厅内有中国人民大学国学院孟宪实教授主讲的"专家讲展览"短视频，大家可以观看视频，深入了解唐朝在西域的军镇设置与管理。唐朝还在于阗兴建龙兴寺、开元寺、护国寺等汉寺，把唐朝寺院管理体制带入于阗。表 2-3 表明，唐朝在于阗推行里坊制度，在于阗设有补仁里、政声坊、安仁坊、善政坊等。于阗与唐朝的关系空前密切。安史之乱时，于阗王尉迟胜率五千精兵勤王，奔赴长安平叛。自尉迟曜以后，历代于阗王皆领安西节度副使名号，镇守于阗。唐朝在于阗的有效治理，极大促进了和田地区社会经济和文化的发展。

表 2-3　和田出土汉文文书所见乡村里坊

	名称	文书编号	文书名称	出处
乡	勃宁野乡	M.T.b.009	开元年间某寺支出簿	《中国古代籍帐研究》[1] 第 349 页
村	厥弥拱村	M.T.b.009	开元年间某寺支出簿	《中国古代籍帐研究》第 349 页
	薛拉村	M.T.b.003	唐某寺役簿	Chavannes 1913[2], p.203
	桑拱野村	M.T.0627	残文书	Maspero 1953[3], p.191
里	补仁里	M.T.b.006	学郎题记	Chavannes 1913, p.204
坊	政声坊	M.T.b.009	开元年间某寺支出簿	《中国古代籍帐研究》第 349 页
	安仁坊	M.T.b.009	开元年间某寺支出簿	《中国古代籍帐研究》第 349 页
	镇海坊	M.T.b.009	开元年间某寺支出簿	《中国古代籍帐研究》第 349 页
	善政坊	M.T.0634	贞元六年百姓纳租抄	Maspero 1953, p.187
	□货坊	M.T.0634	贞元六年百姓纳租抄	Maspero 1953, p.187

注：1. ［日］池田温 . 中国古代籍帐研究 . 龚泽铣，译 . 北京：中华书局，2007.

　　　2. Chavannes, É. Les documents chinois découverts par Aurel Stein dans les sables du Turkestan oriental. Oxford: Imprimerie de l'Université, 1913.

　　　3. Maspero, H. Les documents chinois de la troisième expédition de Sir Aurel Stein en Asie Centrale. London: Trustees of the British Museum, 1953.

（四）大宝于阗王和桃花石汗

五代时期（907—960），于阗王尉迟僧乌波心向中原，自称唐朝宗属，改姓唐朝皇族李姓，取名李圣天，采用中原王朝的年号制度，并被其后世继承人继承。于阗国与沙州归义军曹氏政权建立密切的政治姻亲关系，李圣天娶沙州归义军节度使曹议金的女儿为王后，曹议金的孙子曹延禄迎娶于阗公主李氏。这一时期于阗国的太子、公主等常住敦煌，受汉文化影响颇深，大批的于阗使团往来敦煌。后晋天福三年（938），晋高祖石敬瑭册封于阗国王李圣天为大宝于阗国王，当时的册封使高居诲称："圣天衣冠如中国，其殿皆东向，曰金册殿。"敦煌莫高窟第98窟的李圣天与王后像即是在后晋册封之后所绘。李圣天头戴冕旒，身穿衮服，与汉家天子的冠服制度大体相同，反映其对汉家帝王冕服的认同（图2-45）。广顺元年（951），后周建国。次年即派遣高阶使者右领军卫将军侯延超前往河西及于阗宣慰，充分说明了于阗与中原王朝之间的紧密关系。我们可以在此观看荣新江教授主讲的"专家讲展览"《公元10世纪的于阗与敦煌》，了解公元10世纪沙州归义军政权和于阗的交往。

景德三年（1006），信奉伊斯兰教的喀喇汗王朝攻灭于阗国，标志着"佛国于阗"的终结。但于阗与中原的关系并未受到影响。喀喇汗王朝与宋朝保持良好的关系，多次派使臣向宋朝朝贡。喀喇汗王朝的可汗因向慕中原文化而号称"桃花石汗"，意即"中国之汗"。嘉祐八年（1063），北宋册封于阗黑韩王"归忠保顺砳鳞黑韩王"。元丰四年（1081），于阗黑韩王遣使上表，称宋神宗为"东方日出处大世界田地主汉家阿舅大官家"。

图2-45 敦煌莫高窟第98窟李圣天夫妇供养像壁画

（五）斡端宣慰司都元帅府

公元 13 世纪，元朝统辖西域，设北庭都元帅府、宣慰司等管理军政事务，加强对西域的管辖。淳祐十一年（1251），在西域实行行省制。于阗属成吉思汗次子察合台的封地，汉文史籍称为"忽炭""斡端"。至元十六年（1279），元朝在天山南麓置斡端宣慰司都元帅府，专理该地驻戍屯垦事宜。宣慰司都元帅府是元朝设置的地方官署名，是设立于沿海及边疆地区的军政机关，承行中书省或宣政院之命统辖区军民之务。斡端宣慰司都元帅府是当时蒙古军镇守西域驻军的最高管理机构，表明元朝将斡端直接纳入中央管辖之下。此后，元朝在这里实施了一系列交通建设：设立驿站，保护丝路的畅通；设立水驿，便于运输；实行屯田，增加粮食产量。至元三年（1266），元朝设置"忽丹八里局"，主要负责从和田一带购置玉石。至元十一年（1274），意大利人马可·波罗到达斡端，记录下当时"百物丰饶，产棉甚富，居民植有葡萄园及林园，而不尚武"，呈现出一派祥和兴旺的局面。

（六）哈密卫的设立与兀端朝贡

洪武元年（1368），明朝建立。明朝中央政权在哈密设立哈密卫作为管理西域事务的机构，并在嘉峪关和哈密之间先后建立安定、阿端、曲先、罕东、赤斤蒙古、沙州 6 个卫，以此支持管理西域事务。和田在明代称"兀端"，统治兀端的地方政权东察合台汗国与明王朝一直保持着朝贡关系。《明史》记载，兀端分别于永乐四年（1406）贡方物、永乐六年（1408）贡玉璞、永乐十八年（1420）贡马、永乐二十年（1422）贡美玉、永乐二十二年（1424）贡马及方物。

明朝所设四夷馆编译的回鹘文与汉文对照公文集《高昌馆课》收录有 4 件兀端向明朝中央政府朝贡的公文，公文中记载了兀端使团的使者、贡品以及皇帝批复，可以与正史记载相互印证。

（七）伊犁将军府与新疆省

崇德二年（1637），作为当时四卫拉特之首的和硕特部顾实汗遣使向清朝朝贡，此后厄鲁特各部首领"附名以达"，"奉表入贡"。公元 17 世纪上半叶，准噶尔部逐渐成为我国西北地区强大的地方割据势力，控制了我国西北边疆包括巴尔喀什湖、楚河流域、伊犁河流域、伊塞克湖和帕米尔在内的广大地区。其少数头领对清朝中央政府时叛时服，先后几次发动了大规模的武装叛乱，从康熙、雍正年间一直延续到乾隆时期。乾隆皇帝为了解决准噶尔问题，决定兴兵进讨，平定准噶尔，统一新疆，完成康熙、雍正两朝未竟之志。乾隆二十年（1755）二月，清政府进军伊犁，厄鲁特各部纷纷闻风归附，达瓦齐仓皇西遁，最终被擒。在乾隆平定西域的和阗之战中，巴图济尔噶尔、齐凌扎布、噶布舒、鄂对、福禄、瑚尔起、阿什默特、巴岱立下战功，后被列入平定西域紫光阁五十功臣和次五十功臣之中。清朝政府平定准噶尔叛乱，中国西北国界得以确定。之后又平定大小和卓及张格尔的叛乱，对新疆实行了更加系统的治理政策（图 2-46）。

乾隆二十七年（1762），清政府设立伊犁将军，伊犁将军驻节伊犁惠远城（今霍城县惠远镇），实行军政合一的军府体制。次年，清政府在伊犁将军下设喀什噶尔参赞大臣，全权总理包括和阗办事大臣（或领队大臣）在内的南八城军政事务。和阗办事大臣为清朝派驻和阗的最高官员，历时百年，有 60 多任次，基本为满蒙官员，有数位为皇族成员。光绪十年（1884），新疆置省，省会设在迪化（今乌鲁

图2-46　故宫博物院藏《平定回疆战图七·收复和阗之战》

木齐市），由巡抚统辖全疆。

　　清朝平定新疆后，修建烽燧戍堡和驿站，驻军屯田，并从甘陕地区动员移民到新疆进行屯垦，开发新疆。道光二十五年（1845），林则徐实地勘察南疆，在和阗勘地 10 万亩。左宗棠在和阗设蚕桑局，首任新疆巡抚刘锦棠发布全疆各城种桑养蚕的公告，动员各地种桑养蚕，和阗民间织绸机户有 1200 多家，"比户业蚕，桑荫遍野"。光绪末年，和阗州县城乡普遍开设各类公办汉语学校，如官立初等小学堂、官立汉语学堂、官立艺徒学堂、官立农业学堂等，由政府拨付专款，修建学堂，充实教习，资助和鼓励当地儿童学习汉文化，大力培养少数民族人才。他们中的大多数都为加强民族团结、维护祖国统一做出了很大的贡献。大家可以在此观看新疆社会科学院苗普生研究员主讲的"专家讲展览"短片《清朝对西域的治理与开发》。

　　1912 年，新疆积极响应辛亥革命，同全国一起推翻帝制。中华民国建立后，和田地区先后建立和阗县、和阗道、和阗行政长官公署，并逐渐形成下辖皮山、墨玉、和阗、洛浦、策勒、于阗和民丰七县的格局，基本与全国同步，不断完善行政建制。1937 年抗战时期，和田民众在中共党人的带领下，积极捐献、运送物资，支援抗战，筑起一道红色交通线。我们可以在此观看新疆维吾尔自治区党史研究室刘向晖研究员主讲的"专家讲展览"短片《民国新疆风云》，了解民国时期中共党人在新疆与和田的工作、抗日援华红色交通线的形成。

　　2000 多年来，历代都致力于对包括和田地区在内的西域的开发与经营，通过修建烽燧戍堡，驻兵屯田，设立官方邮驿、传置等手段保障西域的安全和丝绸之路的畅通。丝绸之路的发展与繁荣，也成就了和田丝路重镇的地位。现在，我将带领大家开启第七部分的观展之旅，重走丝绸之路，探寻和田文化融东汇西的根源。

八、古道通衢贯中西——和田为何被称作"丝路明珠"？

　　在观展之前，我们仍然要先追溯观览公元前 4 世纪晚期至前 2 世纪末的欧亚大陆。

　　公元前 4 世纪晚期，中国正处于群雄逐鹿、烽烟四起的战国晚期，秦、赵、燕三国忙于北扩疆土。欧洲意大利半岛的罗马共和国灭掉伊特鲁里亚王朝，成为意大利中部的强国，正在为地中海霸权的争夺谋篇布局。在希腊北部的马其顿，年仅 20 岁的亚历山大即位。自公元前 334 年开始，年轻的他亲率庞大的帝国军团攻打奴役自己的波斯帝国,于公元前330年杀死波斯末代国王大流士,灭掉波斯帝国,并继续东征。亚历山大持续10年的东征,使马其顿亚历山大帝国的疆域向东扩至印度河流域,东北抵达葱岭(今帕米尔地区)。公元前323年,亚历山大去世,帝国分裂,中亚地区开始希腊化时代。亚历山大东征,打通了欧洲通往东亚的道路。出身地中海塞浦路斯岛北岸城市索利的哲学家克里楚斯(Clearchus of Soli,约公元前350年出生)也是一位旅行家,他曾从塞浦路斯岛到中亚阿姆河流域的阿伊-哈努姆(希腊化城市),穿越直线达3000公里的距离,行经亚历山大大帝和塞琉古王朝君主建立的一座座希腊化城市,旅行期间只需要会说希腊语就能够畅行无阻。

时光流逝,近200年过去了,亚洲东部的西汉王朝步入盛期,雄才大略的汉武帝为"断匈奴右臂",于建元三年(前138)派张骞出使西域。张骞出长安入河西,即被匈奴捉住带到龙城,历经10年的草原生活后,张骞逃出匈奴继续持节西行,终抵西域。虽然结果是"竟不能得月氏要领",没能完成联合月氏攻打匈奴的战略目标,但打通了中原通往西域的道路。从此,欧亚大陆全线贯通。中国人第一次摆脱"普天之下莫非王土"的思维,开始了解外部世界,古代中国第一次打开国门走向世界,汉文文献开始为异域立传。史书把这次壮举称作"凿空",标志着丝绸之路在官方意义上的开通。这是丝绸之路史上的里程碑事件,人类文化的交流由之前的自发交流转变为在中原王朝主导经营下的自觉交流,张骞也因凿空之功绩为后世景仰(图2-47)。从此,在欧亚大陆形成了一条商贸和文化交流之路。因货物的主角是来自中国的丝绸,而被称作"丝绸之路"。今天,这条以长安、洛阳为起点,经河西走廊、塔里木盆地,到达中亚与西亚地区,并连接地中海各国的路网又被称作绿洲丝绸之路或沙漠丝绸之路。

汉朝在西域"……设戊己之官,分任其事;建都护之帅,总领其权……立屯田于膏腴之野,列邮置于要害之路。驰命走驿,不绝于时月;商胡贩客,日

图2-47　敦煌莫高窟第23窟张骞出使西域图壁画

款于塞下"。汉代以降，历代中原王朝都十分重视对丝绸之路的经营和维护，尤其是唐王朝在西域设置安西都护府和北庭都护府，直接经营和管理丝路贸易，东西往来畅通无阻，各国商旅相望于道，绿洲丝路交通达到鼎盛。

在历代中原王朝的管治和经营下，和田地区以其特殊的地理位置成为绿洲丝绸之路南道上的一颗明珠，在东西方文化交流中发挥着重要的桥梁作用。特别是在汉

图2-48　尼雅遗址的桑树

代，为避免匈奴的侵扰，往来丝路的人员多选择南道而行，和田地区是必经之地。大量的商队、求法僧人、使团等经过这里，各种文化在这里汇聚交融，为和田文化注入新鲜血液的同时，也形成了和田文化兼容并蓄、融汇东西的特质。

　　丝绸是丝路贸易中最靓丽也最具传奇性的商品。中国的织锦、绫、罗、绢、纱、绮等通过丝路商队运往西域，转销至巴克特里亚、粟特、贵霜王朝以及更遥远的罗马帝国，并对西方世界产生了深远的影响。约公元 3 世纪，中原的养蚕缫丝技术传入西域，又经西域传入波斯，西方开始生产新式的西域锦、波斯锦等。当时，和田地区的于阗、精绝等国已开始植桑养蚕，生产本地丝绸。精绝故地尼雅遗址发现了不少桑树，在洛浦县热瓦克遗址北，出土有关于桑树租赁的于阗文契约文书，策勒县丹丹乌里克遗址出土有传丝公主木板画，这些都表明古代和田是西域地区的丝绸之乡，在中国养蚕缫丝技术向世界传播的过程

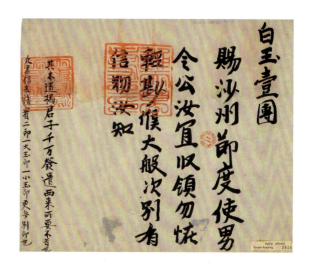

图2-49　法国国家图书馆藏《于阗王致沙州令公书》文书

中起着非常重要的作用（图2-48）。和田地区出土的大量丝绸携载千年丝路的过往，向人们讲述着中国发明对人类的贡献，以及昔日丝路的繁荣与沙漠驼队的喧嚣。

　　展览中我们多次讲到和田美玉。当然，丝绸之路的精彩剧目也少不了和田玉的角色。和田玉是于阗向历代中原王朝进贡的方物。宋初，于阗王尉迟输罗送给沙州节度使曹元忠的礼品清单中包含有不同产地的和田玉三团和玉鞦辔一副，于阗王尉迟达磨曾送给沙州节度使曹延禄白玉一团作为礼物（图2-49）。公元14世纪开始，和田玉不仅东传，还向西输出。受元明时期中原琢玉技术的影响，成吉思汗的子孙建立的中亚帖木儿帝国、西亚奥斯曼帝国、南亚莫卧儿王朝流行以和田美玉为载体的玉雕艺术。公元19世纪，大量制作精美的玉器由西亚、中亚和南亚地区沿着丝绸之路进入清廷，受到乾隆皇帝的激赏，被其考证并命名为"痕都斯坦玉"。与此同时，清朝平定新疆后，和田玉大量输入内地，由清廷内务府和苏州玉工加工成巧夺天工的器物。它们与"痕都斯坦玉"争奇斗艳，在清廷大放异彩。乾隆皇帝一生

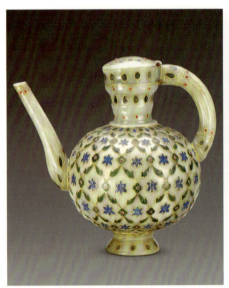

图2-50　故宫博物院藏镶金嵌玉执壶（左）
图2-51　故宫博物院藏玉莨苕叶纹烛台（右）

为其赋诗多达830余首，咏歌和田美玉。由于乾隆皇帝对"痕都斯坦玉"的偏爱，激发了汉地玉工争相仿制"痕都斯坦玉"，不同文化体系的琢玉工艺进行交流碰撞，创作出中西合璧的器物，是丝路文化交流与交融的历史见证。这里，我们特地从故宫博物院和台北故宫博物院甄选了数十件清代宫廷玉器的多角度高清图片，以连屏滚动播放的形式，全视域展现每件器物。大家可以驻足欣赏，充分领略文化交流互鉴的魅力（图2-50、图2-51）。

　　以长安、洛阳为起点，以罗马为终点的这条绿洲丝绸之路将汉朝与域外紧密联系起来。当时与汉朝通好的国家除了周边诸国外，还有遥远的条支和大秦。2000余年中，无数的使团、商队、求法僧和传法僧、旅行家等越高山、渡流沙，穿行于这条绵延万里的追梦之路。作为丝路南道的重镇，和田既是精绝王、扜弥王、于阗王等朝贡中原王朝的出发地，也是无数丝路追梦人的经停地。这些丝路追梦人不仅为中西方文化交流做出了卓越贡献，也为和田文化注入了新鲜血液。就让我们进入虚拟互动空间，去拜访那些往来于丝绸之路并经过和田或与和田有关的代表人物吧。

在这个特设的虚拟互动空间内，我们首先遇到的是各国使团：于阗王、精绝王带领的朝贡汉朝的使团；扜弥、于阗、精绝、皮山、渠勒等国遣子入侍汉朝的使团；护送于阗公主仙姬嫁北魏文成皇帝拓跋濬的使团；向南朝贡献玉石的使团；向大唐王朝朝贡的于阗使团；迎娶沙州节度使曹议金女为于阗王后的使团；后晋册封于阗国国王李圣天的使团；喀喇汗王朝向宋朝朝贡的使团。时光越千年，和田地区与内地的联系始终不断。接下来出场的是汉晋时期往来丝路经商的"秦人"和唐代粟特商队。"无数铃声遥过碛，应驮白练到安西"，这些越高山、涉流沙的商队，在绿洲丝绸之路上跋涉千余年。驼铃声声的商队走进历史深处，我们又看到了艰难跋涉的求法僧人，分别是三国时期的汉人高僧朱士行、东晋高僧法显、北魏僧统宋云、大唐三藏法师玄奘和名僧悟空、唐代于阗僧人提云般若和实叉难陀、新罗僧人慧超、北宋于阗僧人吉祥。他们用双脚丈量大地，以信仰融通中西，为中国佛教的发展做出了卓越的贡献。后面还有两位著名的人物，要去大唐长安的于阗画派的代表尉迟乙僧和意大利旅行家马可·波罗。最后一队是守卫边疆、保障丝路通畅的汉代、唐代和清代官兵。他们是家国忠良，笑看茌苒时光，构筑大一统中国2000年的辉煌。

在绵亘万里的丝绸之路上，无数追梦人东来西往，沟通了中国与世界，谱写着中外交流的繁华乐章，也为和田文化提供了丰厚的滋养。

随着丝绸之路的开通，来自中亚、西亚和欧亚草原等地的文化也陆续传入和田，使和田逐渐成为一个文化荟萃之地。世界各地丰富多彩的物产、风俗、文字、艺术、宗教等在和田绿洲上汇聚，并被吸收后加以创新（图2-52、图2-53）。古老的和田成为人类文化的宝库。来自中原地区的宝贵丝绸历经千年岁月依然鲜艳如初，从中亚

图2-52　山普拉墓地出土的马人武士灯笼裤残片（左）

图2-53　比孜力佛寺遗址出土的绛地人物纹栽绒毯（右）

传来的佉卢文诉说着消逝了的绿洲生活。和田在传承文明的同时也创造文明，在这里可以看到多种语言文字的书简、编织了神奇传说的毛布和壁毯、描绘亚洲各地神像的寺庙壁画、琳琅满目的生活用品……它们深深涵化在和田文化中，使和田文化成为中华文化的一朵奇葩。在展厅内可以观看荣新江教授为我们带来的"专家讲展览"《和田出土文物反映的丝绸之路文化交流》，进一步了解融东汇西的和田文化。

欧亚大陆上飞驰的班列从我们身边呼啸而过。亲爱的读者，时光穿梭机即将关闭通道，我们回到今天，观展之旅即将结束。

九、结束厅：望见和田明天

昆仑山下的和田，宛若一颗耀眼的宝石镶嵌在 960 多万平方公里的中华大地上。这里，发源于昆仑山的滚滚河流孕育了绿洲家园。2000 多年来，和田民众与中原你来我往、频繁互动，与其他各民族共同开拓了我们伟大祖国的辽阔疆域。和田与内地血脉相连、文脉相通，共同缔造了多元一体的中华民族大家庭。和田各民族以开放包容的胸襟创造了融汇东西的多元文化，用智慧和勤劳书写了自己的历史，最终汇入中国历史的长河。在结束厅，可以观看时长 1 分钟的视频，放眼世界，无限放大想象的空间，直到望见和田最美的明天！

注　释

〔1〕习近平. 在全国民族团结进步表彰大会上的讲话 // 中共中央党史和文献研究院. 十九大以来重要文献选编（中）. 北京：中央文献出版社，2021：215.

〔2〕[宋] 欧阳修，宋祁. 新唐书. 北京：中华书局，1975：6236.

卷二二一上《西域上》载："初，德宗即位，遣内给事朱如玉之安西，求玉于于阗，得圭一，珂佩五，枕一，带胯三百，簪四十，奁三十，钏十，杵三，瑟瑟百斤，并它宝等。及还，诈言假道回纥为所夺。久之事泄，得所市，流死恩州。"

〔3〕关于于阗行像盛况，参见：[东晋] 法显. 法显传校注. 北京：中华书局，2008：11-12.

于闐回響

The Echo of
Khotan

距离展览开幕，转眼已过三载。

谈起策展，展览幕后工作的画面如放电影般一帧帧浮现眼前，初踏和田之地的兴奋，瞻拜昆仑山的震撼，望见热瓦克佛塔的激动，置身尼雅遗址的陶醉，登上赛图拉哨卡遗址远眺的感动，品尝玉龙喀什烤包子的满足……万千感慨如巨浪涌来，我被记忆淹没，感觉有写不完的东西，却又瞬间失语。

我很喜欢"手铲释天书"这个对考古工作的概括语，一直铭记"考古学家艰巨的任务就是：让干涸的泉源恢复喷涌，让被人忘却的东西为人理解，让死去的转世还魂，让历史的长河重新流淌"[1]，努力在考古中追逐和享受着诗和远方。有人说"考古是探索文明的一盏灯，考古者是持灯的人"[2]。我也常问自己：在中国，博物馆策展人又该扮演什么样的角色呢？现在，有很多关于策展的理论和理念，而我更愿意结合中国博物馆展览的实际与特点，从展览的实操性出发去思考策展，定位策展人。作为策展人，需要仰望星空时的无限遐想，更需要怀揣对祖先的敬畏，脚踏实地，充分利用考古成果，把考古人释读的天书、各领域学者的研究成果有效地展示并传达给观众，搭建起今人与古人展开对话的桥梁。与考古学家一样，策展人也要努力解除时间对人类过往的封印，激活历史的记忆，让观众通过展览徜徉于川流不息的历史长河，并得到启迪和指引。

在展览中，策展人身兼导演与编剧两职，又有些像先秦时期与祖先、神灵沟通的巫觋。通过策展人，古今对话得以实现。

　　在我心里，策展是无法容忍重复的创造，策展是一种信仰。

　　回到和田历史文化陈列的策展，就其使命而言，这是一项巨大的挑战，策展人必然如履薄冰，诚惶诚恐！"文化润疆"四个字在我脑海中盘踞，我需要找到做好展览的那把金钥匙。我想，"文化润疆"不应是一副严肃而冰冷的面孔，不应是刻板的说教，更不是空洞地喊口号。"文化润疆"的展览应该以学术为基础，以物证史，让文物说话，让本地民众透过文物观澜历史，主动追本溯源，找到归家之路，从容地面对未来。人类曾经的过往是真实的存在，而最能打动人的就是这存在的真实。我选择在展览中寻找"润"的真谛，努力把和田万年的历史文化谱写成一首美妙的和田长歌，献给和田人民，献给亲爱的观众，献给我深爱的这片 960 多万平方公里的土地！

一、为何强调"量身定做"展览？

　　人类创造的文明灿若星河，为博物馆展览提供了无尽的文化宝藏，策展人遨游于浩瀚的知识海洋，可以策划出千变万化的展览。展览天生具有独一无二的特质。即使是依据相同的文物，不同的策展人也会策划出完全不同的展览；甚至同一个策展人用相同的文物，也可以通过不同的解读视角策划出不同的展览。策展，于策展人而言，就如同厨艺大师烹饪美味。同样的食材，经过不同厨艺大师之手，创造出色、香、味各异的佳肴。这些风味各异的佳肴可以满足不同口味的食客。我们都有在饭店吃饭的经历，吃饭前都会精心挑选每一道菜肴。策展，亦如此。

之所以强调"量身定做"展览，原因有二：其一，是为了策展时能够抓住展览独一无二的特质，在展览中强调和彰显这些特质，培育展览的高辨识度。其二，策展人必须围绕展览的诉求和目标策划展览，保证做出的展览符合既定的诉求，实现既定的目标。

我与和田结缘，要感谢中央民族大学的肖小勇老师。一天晚上，我突然接到肖老师的电话，说想了解有关策展方面的事情。肖老师不停地问，我不停地回答，电话就这样持续了将近两个小时。肖老师开玩笑说："你看这次电话聊了这么多策展，要是能录个音就好了。"第二天上午，肖老师再次打电话给我，说起了和田展览的事情，大意是数十位专家学者为和田展览大纲工作好几个月了，但展览方案没能得到和田方面的认可。肖老师跟他们建议，这个展览必须要有策展人。我才明白昨天肖老师原来是在面试考察我呢。

众所周知，专家学者通常在某一领域长期深耕，具有深厚的造诣，但他们毕竟不是熟谙展览操作的策展人。当然，合格的策展人必须具备充分的历史文化知识储备和很强的研究能力，熟谙展览策划的专家学者是最理想的策展人。展览必须根植于深厚的学术研究，才有可能对所要解读的历史文化进行精彩的阐释和呈现。毫无疑问，高水平的展览离不开专家学者的学术指导和支持。但是，策展和学术研究在思维逻辑和语言表达上都存在显著的区别。学术研究、撰写学术论文和展览内容设计是两种完全不同的思维模式和构建体系。让从未涉足展览领域的专家学者策划展览，这确实不近情理。

其实，肖老师找我是受人之托。当时，我实在无法接受肖老师的邀请。由于策划"秦汉文明"展，过度透支身体，我曾一度住进血液病病房。住院期间，我每天看到有病友绝望地住进来，离开病房就意味着去了生命的彼岸。我不得不暂停任务繁重的策展工作，下定决心好好保养身体。肖老师提议让我跟他们一起去和田看看文物，我若不答应，他就没有挂电话的意思。肖老师是我的学长，面对他的严谨和执着，我无法拒绝跟他们一起去和田看文物。

　　就这样，我第一次走进和田。原本只是过去看看和田文物藏品的，但没有看到文物，却有幸结识了数位知识渊博的专家，其中就有令人尊敬的学长刘文锁教授。大家每天聚集在会议室中热烈讨论展览内容。几天过去了，还是难以达成一致意见。当时，虽然置身于会议室内，但我确实仅仅是一个局外的旁听者。和田地委委员非常准确而清晰地说出了对展览的要求、目标和诉求："希望和田历史文化陈列在彰显和田文化特色的同时，强化展览的引导性，要让和田民众看得懂、听得进、记得住、讲得出，了解真正的和田历史，通过观展产生强烈的归属感，激发大家自觉学习的愿望，实现无讲解情况下，观众能够通过看展受到教育，不管观众是盲人还是聋人。"委员的语言简洁而直接，乍一听感觉还有些不近情理，但却说出了博物馆展览追求的终极目标！

　　这一展览目标深深震撼了我，我不禁开始认真思考起"策展"来。

　　连续几天，我认真倾听专家们的讨论。读硕士时，我选择了中西交通作为研究方向；读博士期间，我专攻以匈奴为代表的欧亚草原游牧文化。于阗对我而言并不陌生，甚至还有些熟悉，因为于阗是丝绸之路南道的重要节点，也是匈奴曾经控制过的地方。我知道解读和阐释和田历史文化需要多大的知识积累量和怎样的视野。展览的独特性、和田历史文化陈列的诉求与目标都在提醒我，要想做好和田历史文化陈列，需要跳出通史陈列的惯常思维，真正读懂和田，量身定做和田的通史陈列。此时，我明白了自己被邀来和田的原因所在，努力帮助搭建展览框架。结合和田历史文化的特点与和田地区博物馆文物收藏情况，我提出放弃按王朝历史分段设计通史陈列的惯常模式，先分主题区块，然后在每一个主题区块下进行历时性的解读与展示，以避免受和田历史文化在不同时段发展的不均衡性限制，量身打造和田历史文化陈列。

　　我的提议得到与会专家的赞同，初步确定展览的框架结构由"序厅""横空出世莽昆仑——早期文化""中华一家有和田——中央政权的管治""金玉之乡兴农桑——社会经济与生活""精绝回响绕瀚海——尼雅遗址""万方乐奏有于阗——

文化艺术""古道通衢贯中西——丝路明珠""结束厅"八部分组成。

帮忙的任务完成后，我和肖小勇老师乘飞机回京，当时的负责人向和田地委汇报展览框架构思，很遗憾没有产生理想效果。我再次被劝到和田，是需要我出面向和田地委汇报策展思路。专家老师们是我最尊重的人，我当时只想帮助老师们通过展览方案的汇报。于是从蒙古国出差回来后，我就连忙奔赴和田，在和田南湖宾馆，连续熬了十多个夜晚赶汇报稿子，感觉已经熬到了身体的极限。这次，我进一步丰富展览内容，修改词句，对展览构思进行了比较全面的阐述，做出了近百页的汇报 PPT。

2019 年 4 月 15 日是向和田地委领导班子成员汇报的日子。这一天，或许只有我这个帮忙者心情比较轻松，其他人员已历经数月的熬煎，若久旱干裂的大地等待降雨般期待这次汇报能够成功。至今，汇报现场的记忆依然鲜活：16 位地委委员参会，足以说明和田地委对此展的重视。我从做什么、为何做、怎么做三个方面对策展思路进行汇报，原本打算半小时结束的汇报延长到一个多小时。展览方案顺利通过，大家激动万分，如释重负。地委书记说给我一头牛滋补身体，让我继续做展。我只当是书记的幽默。有老师开玩笑说我已经"上了船"，当时我不信。没想到，我真的成了和田历史文化陈列的策展人，一年半的中年待业时光基本上在和田度过。

我接下和田历史文化陈列策展人一职之后，事情一波三折，新疆维吾尔自治区文物局领导对展览的巨大支持让我重拾信心。既然这是我命中注定与和田的缘分，那就风雨兼程、倾尽全力去尝试着读懂和田，做好展览。

本着"量身定做"的原则，我不断完善策展思路，对展览框架结构进行大刀阔斧的调整，让展览着力展示和田这方水土和这里曾经生活的人们，在"润"上用功，努力让展览更接地气，更具亲和力，节奏更合理。最终确定"今—古—今"的展览叙事，围绕和田历史文化这个主题，采用明线和暗线交织的双主线，以物证史，多维度呈现和田波澜壮阔的万年画卷，突出和田传统及其与中原内地久远而密切的联系，彰显历代对和田的经营与管治。整个展览为和田量身打造，由序厅、七大主题部分和结束厅构成（图3-1），即是今天展览的样子，详参本书"导览"一章。

二、如何规避博物馆潜在风险？

　　和田爱国主义教育基地位于新疆维吾尔自治区和田地区和田市昆仑路8号，属于ΛΛΛΛ级景区。爱国主义教育基地的建筑群由A、B、C、D四座不同造型的建筑组成。A座是和田地区图书馆，B座是和田地区博物馆，C座是和田地区文化馆，D座是新玉歌舞团，歌舞团的名称还是周恩来总理给起的（图3-2）。这四座建筑均是北京援建的"交钥匙"工程，每栋建筑上都有北京援建的标识，图书馆大楼和新玉歌舞团大楼外面装饰有艾德莱斯绸纹样，远远望去，特别醒目，也为建筑增添了几分地方风情。和田地区博物馆位于图书馆和文化馆之间，是一栋外形简约、正面内弧的建筑。博物馆建筑正面的内弧大概是为了保持中心广场的圆形完整吧，整栋楼却因此多了些灵动。在教育基地这组建筑群中，博物馆显然居于"C位"，正对着和田地委大楼。地委大楼、广场中心矗立的毛主席像和博物馆在一条直线上。这样的位置安排使和田地区博物馆成为和田爱国主义教育基地的主角。

　　看过很多地方造型各异的博物馆建筑，也考察过许多博物馆展厅，我始终觉得造型简约庄重、展厅空间方正的博物馆是最实用、最吸引人的。和田地区博物馆建筑稳重的色调和简约的造型倒是耐看。作为策展人，多年来我养成了一种习惯，就

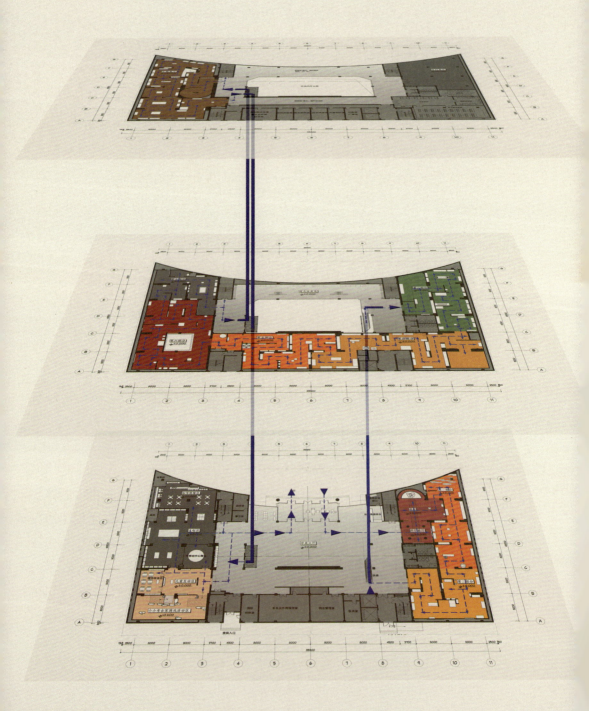

图3-1 展厅平面分布

图3-2　和田爱国主义教育基地

是要先查勘博物馆建筑，拿到博物馆展厅的设计图纸，弄明白展厅布局，然后才会根据展厅空间进行展览内容的构思和展线的设置。通常，我在完成展览内容大纲的设计时，也基本完成了展厅空间的划分。这样做可以保证展览大纲内容与展厅空间充分匹配。在查勘和田地区博物馆建筑时，我们发现博物馆的功能设计存在一定的不足，如果不进行改造，不仅存在安全隐患，也严重影响展线的设置。其他的问题相对好处理，观众通道问题的解决着实费了一番周折。

　　和田地区博物馆总共三层，只有位于中央大厅一侧的两部直梯可以供观众上下，无法满足大流量参观的需求，只能把作为安全通道的步行梯开放成观众通道。这样的设置也决定了基本陈列的展线只能呈逆时针设计。安全通道顾名思义是为了保障博物馆安全而设置的，通常情况下，安全通道与观众活动空间是隔离的，安全通道的门常闭，只有在突发情况下才会打开用以疏散人流等。安全通道作为观众通道是博物馆的大忌，更何况博物馆安全无小事。策展人必须说服业主对现有大厅设置进行改造，排除和田地区博物馆的潜在风险。

　　我们需要提供解决问题的方案，征得地委领导的同意。我和展览公司的相关负

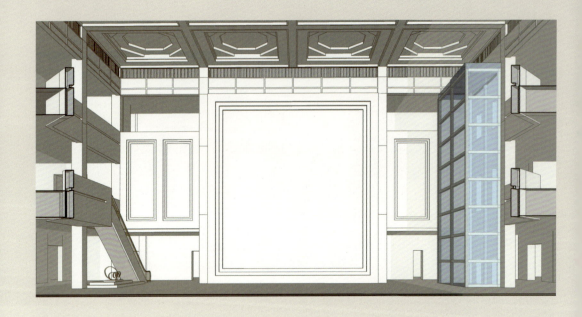

图3-3 大厅改造方案

责人员讨论多次,列出数种解决方案,最后决定还是在中央大厅一侧加装一部扶梯,这是最简单有效的解决方案,既能满足大流量观众上下的需求,也能保证基本陈列有顺时针的展线(图3-3)。领导担心加装扶梯会破坏中央大厅现在的效果,改造方案迟迟得不到通过。"为业主负责"这五个字说起来容易,做起来真的非常有难度。说服工作需要继续展开,我的执着被激发:无论如何要让业主理解和认同博物馆安全是第一位的,场馆必须进行改造,不能把安全通道变成观众参观通道,常闭门一定不能变成敞开门。为此,我不厌其烦地强调博物馆安全无小事。虽然设计师做出多种效果图供选择,但令人沮丧的是,还是没能让领导放下疑虑。

虽然我国博物馆事业发展迅速,但是国民对博物馆的认识仍是非常有限的,观展远没有成为人们生活的必需,这种情况在各区县表现得尤为明显。在脱贫攻坚任务完成之前,和田地区属于"三区三州"地区,博物馆事业发展缓慢。

这次和田地区博物馆新馆提升项目，各界都非常重视，也因此更加小心翼翼。久居内地，我们很少能想到边疆地区干部的日常。在和田，一年 365 天都是工作日，这里工作节奏快得惊人，社会治安成效显著，我时常在凌晨非常安心地从博物馆独自走回南湖宾馆。正因如此，也更清楚自己肩负的使命，尽全力做好展览。

展览工期相当紧迫，必须争分夺秒。我意识到，只有让事实说话才能打消领导心中的疑虑，于是决定搭建一部可以供真人上下的扶梯模型（图 3-4、图 3-5）。展览公司的总经理相当给力，也很爽快，不惜成本，说搭就搭，扶梯模型很快搭建完毕。大家纷纷走上去体验，对大厅的视觉效果进行评估。我瞬间踌躇满志起来：增加扶梯确实是保证观众通道和安全通道分离的最佳途径，不仅不会破坏大厅的效果，反而可以与另一侧的直梯遥相呼应，让整个大厅不再"一头沉"。领导们踩着模型扶梯走上二楼，看完后同意加装扶梯。功夫不负有心人，这道难题终于得到圆满解决。加装扶梯之后的大厅平衡感很好，现代感也明显增加。

解决完通道安全问题，就开始进行大门的改造。原来的两道大门低矮、内凹，间距过小，只能横着放一台安检机，安检非常不方便，更无法满足人流量较大时的安检需求。考虑到和田当地风沙大的特点，我们尝试搭建遮挡罩和遮阳棚。为了节省开支和保持原来的建筑外观，最后采取加大两道门之间距离和增加大门高度与宽度的处理方法，可以并排放置多台安检机，保障人流高峰时的安检。

经过一系列改造，和田地区博物馆建筑功能上的缺陷得到弥补，消除了潜在的安全隐患，也让展览的规划布置更合理，观展路线更科学（图 3-6）。对他人负责也是对自己负责，我想这应当是策展人在策展过程中必须坚守的理念。虽然会遇到各种各样的难题，策展人在正确预判的基础上，可以凭借执着、坚持与不懈的努力把障碍清除，把"为业主负责"落到实处，最终使自己的理念得以实现。

图3-4　扶梯模型（上）

图3-5　扶梯模型（下）

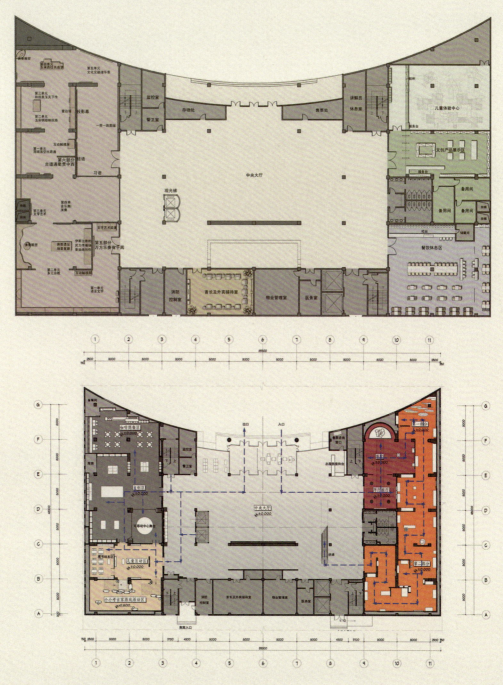

图3-6 博物馆一层改造前（上）、后（下）的平面图

三、怎样读懂和田？

我们需要立足现在，了解曾经的过往，才能从容地面对未来。这大概也是博物馆存在的意义，亦是和田历史文化陈列举办的原因。

在每一个展览前期策划时，策展人都要经过朝圣般的苦旅，途中充满迷雾。因为尚未找到明确的策展方向，感到十分煎熬。策展人仿佛在暗夜中游走，前行的路上只剩下一连串的难题：

如何"让文物说话，让历史说话，让文化说话"？

如何通过展览以物证史，让和田万年的历史鲜活起来？

如何让和田民众通过观展找到归属？

如何以展览谱写自己想要的和田长歌呢？

漫长的暗黑过后，前进的方向才能逐渐明晰。是的，要策划好和田历史文化陈列，首先要对和田的过往与当下形成深刻的认识，发现和田独特的传统，揭示和田与内地久远而密切的联系。总而言之，读懂和田是策展的基石。

我深知读懂和田不是说说而已的大工程，我需要在相当短的时间内完成这项艰巨的任务，挑战性不言而喻。与内地博物馆机构设置齐全、部门分工清晰不同，和田地区博物馆人力资源匮乏，只有5名维吾尔族员工是博物馆正式员工，博物馆甚至没有基本的部门设置。面对这种情况，我只能把自己当作和田地区博物馆的"员工"，尽最大的努力去做一切自己可以做的工作。

对于策展人来说，关于展览的任何事情都不能说不，哪怕是一无所有，也要像魔术师一样做到"无中生有"。

我能做的就是整理出可以了解和田的各种途径，抓紧时间展开学习，尽力去读懂和田，读懂和田的古与今。

图3-7 流水墓地

（一）爬梳、消化考古发掘材料和研究成果

19世纪末20世纪初，一些所谓的西方"探险队"纷纷进入和田地区考察[3]，这些"探险家"包括法国的格伦纳、瑞典的斯文·赫定、英国的斯坦因、德国的特灵克勒、日本的大谷光瑞、美国的克罗斯比和亨廷顿、芬兰的曼纳海姆、俄国的奥登堡等人。他们深入沙漠腹地，从尼雅遗址、热瓦克佛寺遗址、丹丹乌里克遗址、约特干遗址等，盗掘了大量精美的文物。新中国成立后，我国一代又一代的考古学家经过艰苦卓绝的努力，深入号称"死亡之海"的塔克拉玛干沙漠，对尼雅遗址、流水墓地（图3-7）、圆沙古城遗址、山普拉墓地、达玛沟佛寺遗址、布扎克墓地等

进行探查和科学发掘，获得了丰硕的成果。其中 1995 年中日联合考古队在尼雅遗址 1 号墓地的考古发掘被评为当年"全国十大考古新发现"。百余年的考古考察与发掘积累了丰富的考古材料，有关和田历史文化的研究可谓硕果累累，搜集和查找资料也是一项不小的工程。

为了以最短的时间完成对和田地区考古发掘材料和相关研究成果的收集，我邀请北京大学考古文博学院、中国人民大学历史学院和中山大学人类学系的在校博士生、硕士生加入策展团队，要求他们根据不同主题方向的分工，按照论文写作需要穷尽资料的原则进行资料收集，请他们对相关研究文章做摘要性的概述，随时把整理的资料发给我进行消化吸收。每一位学生的工作都很高效，用了很短的时间就完成了资料收集。根据大家提供的材料，我们最终整理了 20 多页的和田历史文化陈列参考文献目录。

虽然有专家顾问提供相关的智力支持，但我始终认为每一个展览，策展人充分占有和消化材料是做好展览的基础，策展完成时，策展人一定要成为该领域的专家。大家搜集的资料汇集到我这里后，我必须精读考古简报和发掘报告，好弄清楚和田文物的出土情况及收藏单位。对于相关研究成果，我先看学生提供的摘要文字，然后采取浏览阅读原文的方式，确保自己真正理解了作者的研究思路和成果，弄清楚了相关问题的不同观点，掌握了和田历史文化研究的前沿。

对于《古代和田》《于阗史丛考》等重点著作，也必须精读，且不止一遍地读，标注重点内容。荣新江老师的大作《于阗史丛考》现在已很难买到，由于当时急用，我就先向荣老师借阅，同时在旧书网上进行淘买。《于阗史丛考》这本书，荣老师也只有一本，书上还有他做的批注，一般情况下作者是不会轻易借给别人的。拿到这本书时，我既激动又有压力，一方面这是荣老师对我的信任；另一方面，我也深知这是荣老师对于阗的深情，他希望能够通过展览把他一直深耕的于阗史和研究成果很好地展示给观众。我特地给书包了皮子，一遍又一遍地翻看，书上被我贴了密密麻麻的便签，整本书俨然成了一只五颜六色的刺猬。等收到高价淘买的《于阗史丛考》后，我又把在荣老师藏书上贴的便签逐一转移到新购的书上。这些五颜六色的便签贴条，现在竟成了策展过程片段的记录，每次看到它们，都会勾起我诸多的回忆。

在看完考古发掘简报和报告，精读几遍《于阗史丛考》《古代和田》等书后，我对于阗、精绝有了较为深刻的认识。然后，我继续顺藤摸瓜，阅读其他学者的文章和著作，在掌握和田历史文化学术研究成果的同时，根据相关研究文章的研究对象，追寻那些非考古发掘出土文物的下落，评估其价值，为展览展品的选择打基础。面对久远的历史和灿烂的文化，我只能怀揣敬畏之心，在知识的海洋中奋力前行。在大致完成对考古发掘材料和代表性研究成果的爬梳与消化之后，我进一步对和田历史文化进行融汇理解，尝试着构建和田历史文化的时空框架，努力找到和田历史文化的特质与传统。终于，我积累了足够与专家展开对话的资本和勇气，可以开始拜访、请教专家了！

（二）组建专家顾问团队，请教专家

接下来我要根据展览的实际情况，组建专家顾问团队，为展览提供多领域的智力保障，确保展览的学术严谨与价值导向正确。

在实际工作中，策展人需要策划的展览内容会远远超出自己的专业方向。学术是无边际、无止境的，一个人绝无可能穷尽所有学问。因此，根据展览主题为展览邀约合适的专家顾问是完成高质量策展的必需。我在爬梳和消化有关和田历史文化的研究成果时就开始留意哪些学者可以被选为展览的学术专家顾问，初步列出备选名单。再根据和田历史文化陈列的框架构想进一步筛选展览专家顾问，然后再结合展览各部分内容的需要，最终确定整个展览的学术专家和某一领域的学术专家。博物馆展览的专家顾问团队中除了学术专家之外，还需要有行业专家和政府层面的专家。尤其是和田历史文化陈列，其肩负的使命与一般内地博物馆通史陈列有所不同，该展览更强调以物证史和价值导向正确。和田历史文化陈列的专家顾问团队中还必须有熟谙博物馆展陈的行业专家和保障展览价值导向正确的专家。

经过全面斟酌和考量，我们从世界范围内遴选出20余位专家作为展览顾问。他们中的大多数是于阗学或相关领域的领军学者，有的是常年在新疆考古发掘的考古学家，有的是博物馆界的资深专家，有的是政府层面的政策专家。对专家的年龄层次也有很好的兼顾，既有王炳华、孟凡人这样年事已高的老先生，也有王子今、荣新江、齐东方、林梅村、赵丰等年富力强的学术精英，还有刘文锁、王一丹、肖小勇、孟宪实、张小刚等中青年学者，荣新江老师还帮助邀请了英国伦敦大学的辛威廉院士作为展览顾问专家。此外，展览顾问中还有安来顺、陈成军、刘超英等精通博物馆展陈的行业专家。新疆维吾尔自治区宣传部副部长作为展览顾问为展览提供政策、策略、标准等方面的指导。这支专家顾问团队相当豪华，具有顶级、多领域、国际化等特点，有他们为展览保驾护航，策展人就不必再为展览的学术严谨和价值导向正确担心。

搭建好展览顾问专家团队之后，我马不停蹄地拜访专家，争取在最短的时间内最大限度地读懂和田。

策展人拜访和请教专家并不是被动地听专家讲其研究成果和心得体会，这一过程应该是策展人与专家之间的学术互动与探讨。策展人需要在与专家的交谈中迅速捕捉自己尚未掌握的重要信息，在认真倾听的同时，找恰当的时机提出相关问题请专家予以解惑。在拜访请教专家的过程中，策展人应当起主导作用，始终围绕展览所需展开问题的交流和讨论，这样才能让拜访更有收获。此外，我们还常会遇到学界尚未达成一致意见的问题，此时策展人更需要以严谨的态

图3-8 拜访孟凡人先生

度，中肯地评价各家观点，并在展览中予以客观呈现，供观众了解和做出自己的选择。因此，拜访专家之前，我都会针对拜访对象的研究领域、学术观点、拟请教探讨的问题、希望专家为展览提供哪方面的学术支撑等，进行细致的规划和设计，以最大限度地获取提升展览水平的学术信息。

　　每位专家都是学富五车的学者，要向他们求取关于和田历史文化的真知，我必须充满虔诚，心怀敬畏。

　　拜访孟凡人先生是在他的家里。我打电话跟孟先生预约拜访他的时间，孟先生很热情，没有任何迟疑地接受了我的请求。当我踏过他家门槛的那一刻，眼前的景象令我心颤，孟先生坐在吸氧机前正在吸氧，他的身体状况不佳，我立即意识到这样打扰他一定是残忍的。孟先生简单解释了一下身体情况，就开始滔滔不绝地跟我讲西域、和田、精绝，等等。他认为此展很难做，特别提醒我要注意的问题。尽管我多次提议让他休息一下再说，但他一直说今天他很高兴，不觉得累。在孟先生这里，我深深体味到学术对于学者的含义。转眼就是一个半小时，尽管我十分想继续听孟先生的高见，但实在不忍心让他太累了，只能起身拜别。走出总布胡同，我感慨万千（图3-8）。

　　拜访王炳华先生是在北京大学东门附近，那时，他在北京大学人文社会科学研究院驻访。80 多岁的王炳华先生声音洪亮，对新疆考古如数家珍，也有很多思考，他多次提起自己年事已高，还有很多事情想做，有很多问题需要解决，可惜自己不能再亲自踏查那些沙漠深处的考古遗存。王炳华先生对尼雅遗址考古有更多的思考，举出很多的考古证据证明汉朝对精绝的经营管治是非常有效的，他认为尼雅遗址是精绝人留给我们的文化遗产，精绝人如何维持当地脆弱的生态等都为今天的我们如何治理生态环境提供了很好的借鉴。他告诉我有机会要实地去看，把这些有价值的文化内涵发掘出来，在展览中呈现出来。王炳华先生让我深刻体会了考古人对本职工作的热爱，我深受感染。

　　北京大学中国古代史研究中心是一处僻静的美丽小院，荣新江老师的办公室就在这个院子里。读书时，我曾在这里上过一学期的课，聆听荣老师的教诲。但第一次走进荣老师的办公室还是因为办和田历史文化展览需要请教荣老师。荣老师的办公室里全是书，他的办公桌上也堆满了书，只有一条很窄的小道从门口通向办公桌。荣老师的勤奋是众所周知的，他每次出国都会挤出时间去图书馆查找资料，他曾是北京大学历史系最年轻的博士生导师，成果丰硕得惊人，他对于阗史有深厚的研究。我特地准备了一个 4T 的移动硬盘拷贝荣老师发表的著作。

　　听荣老师滔滔不绝地讲于阗真是一种享受，一晃就到了午饭时间。我们离开荣老师的办公室，前往西门附近的勺园西餐厅边吃边聊，短短几个小时，我对千年佛国于阗以及于阗与中原王朝之间的特殊关系、文化交流等有了较全面的了解。荣老师专注于学术，极少接受电视采访。我非常希望荣老师为展览录制"专家讲展览"的视频，放在展厅播放，为的是能让观众更好地了解于阗历史与文化。当我向荣老师说出我的想法时，他爽快地答应了。于是我就很"贪婪"地给他分配了三个主题的"专家讲展览"任务。荣老师的学术追求和治学态度令我敬佩，他对展览的慷慨支持成为我努力做好展览的动力。

从事策展多年，我深知智慧对展览的意义。一个人的思维和视角难免会有局限性，多请教、多学习、多借鉴，才能对展览大有裨益。安来顺老师提醒我做展览要接地气，要有温度，要讲好和田这方水土，以及生活在这方水土上的人们的故事，让展览润物无声。安老师所说与我的展览框架不谋而合，这更增强了我策划和田历史文化陈列的自信。陈成军馆长是我曾经的领导和战友，我们对展览的理解有很多共识。他基于对我个性的了解，针对和田展览的特性，给我提出有助于推进展览的良好建议。刘超英老师在专家讨论会上提醒我在展览策划时，要保证展览主题鲜明，展线清晰。他们提出的诸多建设性意见让我受益匪浅。

拜访和请教专家贯穿于整个展览的筹备过程。于我而言，拜访和请教专家的过程就是文化朝圣之路。每次拜访专家，我都会对"学者"二字加深一次认知，灵魂仿佛被洗涤，深刻理解了"高山仰止，景行行止"的含义。得益于比较充分的提前准备，以及专家们无私的倾囊相授，每次我都收获满满，我只需花一两个小时的时间就大致获得了专家多年甚至是毕生积累的知识，这是我得以在最短的时间内深入理解和田、读懂和田最有效的途径之一。

作为策展人，专家是我的"拐杖"，我必须敬重专家。当然，这并不是提倡策展人要完全服从于专家的意见，策展人要对专家的意见进行科学、严谨的消化和甄别，吸取有利于展览完善的部分。毕竟学术研究和展览策划是区别显著的两个领域，学术专家的某些意见很可能并不利于展览的提升和完善，如果遇到这种情况，策展人必须做出正确的选择，即使要面对很大压力，也要坚持"以展览效果为王"的标准。

在和田历史文化陈列各部分顺序安排上，虽然绝大多数专家都赞同现有的设置，但有的专家建议把第六部分"中华一家有和田——中原王朝是怎样管理这里的？"调至展览第一部分，以彰显中原王朝对和田的经营和管治。但这样调整就会打乱整个展览的逻辑和既定的节奏，有可能会让展览产生明显的说教意味而减弱展览的亲和力，难以实现展览润物无声的目标。综合考量，我认为把第六部分调至第一部分不利于展览完善和既定目标的实现。和田地委领导希望做到万无一失，希望专家意见一致。我就跟提议的专家进行深入沟通，向专家解释展览不能这样调整的原因，但专家很坚持自己的意见。这种情况下，策展人需要找到更多、更有效的依据来维持原有的展览逻辑和节奏设置。

把策展当作信仰，这可以支撑我勇往直前。于是，我直接飞到乌鲁木齐，向新疆维吾尔自治区党委宣传部的负责领导阐释展览的逻辑和思路。由于领导工作任务繁重，我以时刻待命的状态在宾馆等了三天，始终没有等到合适的时间见面，只好再到地窝堡机场飞回和田。当机场广播一遍遍催我登机时，我抱着最后一试的心态拨通电话，终于获得了面谈的机会，只有一个小时的时间。三天的等待让我万分珍惜这一小时的面谈，我立马冲出地窝堡机场，打车到约定地点。幸运的是，面谈很顺利，领导肯定了展览结构的安排，还对展览宗教部分的展示内容提出了建设性的意见，解决了我的另外一个大难题。我立马"满血复活"，巨大的幸福如潮水般涌来，瞬间驱散了之前所有的煎熬。

策展也疯狂，我笃信！

（三）探访今日和田

人们常说：历史是一面镜子，通古可以察今。今天又何尝不是历史未来的样子呢！

和田从远古走来，一路走到今天。我相信：今天的和田一定携带着古代和田的基因。要想真正读懂和田、弄清和田的古与今，需要走进今日和田，进行深入探访与考察。

第一次来和田，在飞机上看到白雪覆盖的天山山脉，我惊喜万分，情不自禁地感叹大自然的鬼斧神工，竟塑造出地球这如此千变万化的地理生态！广阔

图3-9　和田大巴扎上的瓜果

的和田大地，夹在号称"死亡之海"的塔克拉玛干大沙漠和"万山之祖"昆仑山的
山脉之间，属于暖温带极端干旱的荒漠气候，生态环境非常脆弱，大部分地区属于
沙漠、戈壁，只有 3.7% 的区域是适合居住的绿洲，南部昆仑山山麓有成片的牧场。

　　这样的地理环境，赋予和田农牧并举的生业。从青铜时代开始，和田地区就开
始发展农业和畜牧业，农牧并举的生业在和田有着数千年的悠久传统。

　　和田农业为绿洲农业，农作物主要是小麦、玉米、棉花等，也有水稻。小麦和
大米是当地居民的主食原料，用面粉和大米做成的美食——美味的拉条子、烤馕、
手抓饭等，是我们在和田最常吃的餐食。

　　瓜果种植也是和田的特色，包括葡萄、核桃、大枣、桃、杏、梨子、西瓜等。
大巴扎上，各种新鲜的瓜果和干果令人眼花缭乱（图3-9）。

　　在和田，到处都能看到葡萄长廊，上面挂着不计其数的葡萄串，或绿，或紫，
或紫中透红，惹得人垂涎欲滴。新鲜的葡萄是多汁甜美的水果，晒干后就成了美味

图3-10 策展人在和田枣园

的葡萄干。我们在墨玉县其纳农牧林农民专业合作社参观了葡萄干的晾晒和制作过程。这是一处妇女就业基地，里面的工作人员基本都是女性，她们在各道工序上熟练地操作机器，看到来参观的我们，脸上露出羞涩的微笑。

和田有一种非常特别的绿皮桃子，不能用水洗。它的外表看上去怎么都让人提不起兴趣，但吃起来就大不一样了，甜美多汁的桃肉入口即化，那浓郁的桃子味在口腔中弥漫。我想王母娘娘的仙桃可能也没有它美味。

皮山杏也是来和田的人们一定不能错过的。皮山杏虽然没有库车小白杏那样有名，但是它是另外一种味道，非常的甜，晒成杏干用来熬粥也很棒。我每次从和田回京，都要买上几公斤的皮山杏干。

谈及和田瓜果，最令我印象深刻的还是著名的和田大枣。在内地，我见了很多枣树，我以为和田的枣树跟内地差不多，只是结的枣子个头比较大而已。当我来到枣园时，眼前的景象简直令我惊掉了下巴！这些枣树如此低矮瘦小，竟比我矮不少，细细的枝丫上是密密麻麻的大枣（图3-10）！世上怎会有如此乐

图3-11　采花姑娘

于奉献的植物！难道是大自然为了弥补自己无心犯下的错，给了和田太多的沙漠，所以才安排这些枣树如此结果？

　　和田真的是一块可以荡涤灵魂的惊喜之地。这里雨水稀少，蒸发量巨大，大量的土地沦为沙漠戈壁，但昆仑山融化的雪水成为哺育生命的源泉，坚韧的生命得以冲破漫漫黄沙的死寂而灿烂绽放，巨大的反差震撼人心。就连内地人眼中娇柔的玫瑰花，在这里也被锻造出了一种特殊到极致的美。

　　和田有玫瑰园、玫瑰村、玫瑰巴扎。每年春夏之际，和田玫瑰田中万紫千红的花朵在绿叶的海洋中摇曳，香气四溢，置身其间的采花姑娘宛若花仙子（图3-11）。千万不要认为只有姑娘们喜爱玫瑰花，在和田，不管是英俊小伙儿，还是胡子花白的老汉，他们的耳际或帽子上时常插着怒放的玫瑰花。五月是玫瑰花的收获时节，大量的新鲜玫瑰花和花瓣被运往附近的巴扎出售。和田的玫瑰巴扎简直就是花的世

图3-12 玫瑰花交易

界，徜徉于花海的人们都会不约而同地眯起双目，嗅闻鲜花，尽情感受玫瑰铺天盖地的热烈。花农们和买家热烈地讨价还价，进行着交易（图3-12）。在我的脑海中，美丽的鲜花是供人观赏的。但在和田，娇艳的玫瑰却是供人们闻、吃和用的！和田人不仅用玫瑰装点生活，还把玫瑰花做成茶饮、花酱、点心，酿成美酒，制成精油，入药，甚至用来洗浴。我想，玫瑰花不仅是大自然赐给和田的美妙礼物，更是写在和田人骨子里的浪漫。

外出考察的时候，我们时常会碰到羊群和牧人。昆仑山山麓和大片的戈壁草原是天然的牧场，和田畜牧养殖业发达，畜养的牲畜有牛、羊、马、骆驼、驴、牦牛等，其中以羊、牛为主。我曾站在昆仑山山麓放眼远眺，惊奇地发现山坡上全是菱格网状的肌理，询问之后才知道这些菱格网是牛羊群常年觅食留下的杰作！在极端干燥的环境下，土地容易盐碱化，牧草难以丰茂，牲畜常常要大

图3-13 和田麻糖（左上）　　　图3-14 和田粽子（1）（右上）

图3-15 和田粽子（2）（左下）　　图3-16 和田烤馕（右下）

范围走动才能寻觅到满足自身需要的草食。而这恰恰是和田羊肉味道鲜美的秘密。羊肉是和田人日常肉食的主要来源。另外，家禽中的鸡、鹅、鸽子等即是当地人们食用禽肉和蛋的来源。

农业和畜牧业为和田人提供了丰富的食物原料，和田的饮食品种非常丰富。在和田，不仅可以品尝本地特色的食物，还可以吃到有各地风味的饭菜。和田市的中心地带，高楼林立，饭馆众多，川菜、湘菜、福建小吃、火锅涮肉等应有尽有。尤其是火锅，在这里特别流行，老北京铜火锅、潮州牛肉火锅等均有，味道非常不错。

来到和田，怎么能够不去体验一下著名的和田夜市呢！和田新夜市集歌舞美食于一体，人们可以一边享用美食（图3-13至图3-16），一边欣赏和田歌舞，新玉歌舞团的专业演员也会经常来这里表演，这里已经成为展示和田的重要窗口。新夜市的现代与老夜市的传统形成了鲜明的对比。老夜市也有演出，且美食更丰富。听地委领导介绍，老夜市的许多摊位都是免费提供的，目的是让和田民众有经济来源，使他们通过勤劳致富。和田夜市的繁荣确实让人感到由衷的开心，这不仅仅是因为作为外地人的我可以在和田找到享用美食的地方，更重要的是夜市也展现了和田民众的现实生活。夜市上的食物种类实在太丰富，我无法一一记住名字。在这里，我第一次吃到烤鹅蛋，烤熟的鹅蛋口感非常特别，据说营养价值很高。麻糖是和田的特色食物，在夜市一定要尝一尝。更令我惊讶的是，内地主要在端午节吃的粽子居然已成为和田人们日常的食物，不过这里的粽子要浇上蜂蜜，甚至配奶油吃。

本地的传统美食是我最想了解的，于是我尽可能去一些小餐厅用餐。和田的餐馆给我最深的印象就是干净卫生，每家做的各种拉条子味道都很好，用餐的男女老幼少有人吵吵嚷嚷。和田的西红柿特别好吃，咬一口，满口散发着几十年前我熟悉的浓浓的西红柿香味。这里的西红柿不是抹药催红的，都是自然熟，带着太阳的味道。我发现在和田，乃至整个新疆，饭菜的食材非常令人放心，不用像在内地那样担心各种蔬菜是否抹过催熟药、泡过防腐剂。拉条子、馕、烤羊肉串、烤肉、烤包子是本地的特色美食，本地餐厅家家都经营这些品种。来到和田，一定不能错过两家有名且大众化的餐厅：和田市古街玉龙喀什烤包子店和玫瑰花烤肉店。

和田市古街玉龙喀什烤包子店坐落在离玉龙喀什河不远的街边，门脸并不很大，旧名叫玉龙喀什有名爱可德木烤包子。现在的名字比较顺口，但我更喜欢它的旧名，虽然拗口，却很有地方特点，且透着那么一股子可爱。在筹展期间，每次来这家店，我都会先到后厨参观一番，用镜头记录下餐馆人员忙碌备餐的场景。这里的羊肉非常新鲜，没有一点膻味，烤羊肉串根本不放孜然、辣椒面等调料，只在盐水中蘸一下或者淋上鸡蛋面液即可放入馕坑烤制。包包子的师傅们围坐在一起，熟练地把羊肉丁包进面里。烤制现场气氛热烈，馕坑里的炭火散发着逼人的热气，师傅们有的忙着往馕坑里挂羊肉串，有的往坑壁上

图3-17　包包子（左上）　图3-18　入坑烤制（右上）　图3-19　出坑（左下）　图3-20　准备上桌（右下）

贴肉馕和烤包子。他们坐在馕坑边缘，往馕坑壁上贴肉馕或包子，动作娴熟，非常富有节奏感，简直就是一场高水平的艺术舞蹈演出，令人着迷（图3-17至图3-20）。贴完包子，耐心等待，馕坑就像魔术师，坑壁上的包子很快就变得个个金黄，令人垂涎欲滴。玉龙喀什烤包子薄皮大馅、外焦里嫩，非常美味，上过《舌尖上的中国》。它的吃法更有意思，需要先用锉刀把包子底部黏附的馕坑壁碎屑锉掉，再用力沿着底部掰开。享用烤包子时，一定要注意包子里的热油汤，避免被烫到。美味的玉龙喀什烤包子每个10元，一天能卖出数千个！所以到这家店用餐，一定要有耐心等座位，而且要享受与陌生人一起拼桌进餐。来这里用餐的人实在太多了！

　　玫瑰花烤肉店坐落在去和田机场的途中，我每次都是在回京去机场时顺便过来吃饭。这家店的名称透着浪漫，在这里用餐，我总感到玫瑰花的娇艳和热烈增添了烤羊肉的香醇。顾客可以全程观看烤全羊的过程。这里的烤羊肉非常鲜嫩，最外层

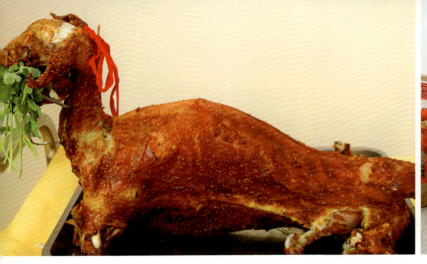

图3-21　烤全羊〔左〕
图3-22　和田馓子〔右〕

的肉金黄香脆，吃起来口感绝佳！"以人为本"在这家店得到很好的贯彻，顾客可以根据自己的需要自主选择想吃的部分，店家切好后给端过来（图3-21）。美味的烤肉一定要配上"皮牙子"（洋葱头）、餐厅自制的酸奶和药茶，大快朵颐才更加酣畅。对了，千万不要忘记吃一碗鸽子拉面。鸽子拉面是和田的传统美食，在内地是吃不到的。每次用完餐，我都会带着饱餐后的满足与幸福，乘坐飞机踏上归家之路。因为享用了美食，原本漫长的旅途也少了疲倦。这家店的生意也是相当的兴隆，旧店已经无法满足经营的需要，开设了规模很大的新店。

　　走出餐馆，来到热闹非凡的玉都国际大巴扎逛一逛。这里的摊位非常多，人头攒动。干果区一眼望不到边，各种干果令人目不暇接。这里跟内地不同，居民购物采用的是公斤制，豪气十足。原本在北京近百元一斤的超级和田大枣，这里却几十元一公斤！这大大激发了我这个"购物狂"的积极性，经常一箱箱地购买地道的和田干果运回北京，除了自己吃，还可以分享给朋友们。麻糖也是和田特产，当然也是大巴扎上不可缺少的主角，麻糖里的干果都是真材实料，非常诱人。堆垛起来的麻糖，令人看着眼晕。要知道，汉晋时期的精绝人就开始制作夹有果仁的美味麻糖了。还有一种食物深深地吸引着我，那就是当地体量巨大的馓子，一盘盘堆叠起来，甚是壮观（图3-22）。馓子曾是中原地区的传

图3-23　春节前的大巴扎（左）
图3-24　玉石巴扎（右）

统食物，和田的馕子跟内地的馕子制作工序和方法应该是相同的，只是造型有区别，大圆盘形状的馕子在内地是看不到的，内地多是"n"字形或长方形的。我忍不住想，为什么这里的馕子要做成巨大的圆形？

　　临近春节，玉都国际大巴扎上许多商家开始展卖春联、灯笼等过春节的物品，一片火红，年味十足（图3-23）。快要过春节了，人们都已经备好了过节的物品，准备欢度春节。大巴扎也因此安静下来，静静等待来年的喧嚣和热闹。

　　和田美玉是中华文明独特内涵的重要载体，中国人对和田玉有着特殊的情感。我决定下到玉龙喀什河滩体验一下河中采玉。当然，历经数千年的开采，现今的玉龙喀什河已是玉石难觅。河滩里聚集着厚厚的卵石层，窄窄的曲流在卵石中穿行，清澈而寒凉。阳光照进河底，道道金光洒在卵石上，随着水波荡漾开来，给卵石披上靓丽的衣装。我静静地蹲在水边，看着水流下面的卵石，脑海中不断浮现古人"秋采河边玉"的场景。除了河中捞玉，还有山中采玉。在古代，玉石开采是非常艰难的，"采玉难，采玉难，难于搬走万重山；千人往，百人返，百人往，十人还"的歌谣，道出了价值连城的和田美玉背后的万千辛酸！冰凉的河水把我从历史深处拉回，我感慨万千，对和田美玉东输中原、走进古代中国中原王朝礼制的核心有了更加深刻的感受。

　　从玉龙喀什河滩走上岸，附近就是著名的和田玉石巴扎（图3-24）。湛蓝的天空下，一个个摊位上摆着各种石头。卖家仔细打量着买家，买家认真地观看着这些形状各异的石头。作为一个外行人，我看不出石头的优劣，但能感受到人们对财富的向往和执着的追求。是的，今天的和田玉甚至比黄金还贵，很小的一块羊脂白玉就能卖数万元，这也是今天大多数人们痴迷于它的主要动因。采玉人是和田人，买玉者往往是外地人。从古至今，和田美玉一直是当地向外输出的方物，世界各机构收藏的中国玉器，绝大部分都是用和田玉雕琢的。

传统手工业也是认识和田必须深入了解的对象。和田的传统手工业主要有地毯织造、艾德莱斯绸织染、桑皮纸制作、铜器铸造、木器加工等种类。栽绒毯、艾德莱斯绸和和田玉被誉为"和田三宝"，地毯织造技艺、艾德莱斯绸织染技艺和桑皮纸制作技艺被列入国家级非物质文化遗产保护名录。

艾德莱斯，维吾尔语称 Atlas，是以扎经染色为技艺的织造锦缎，属染经显花织物。和田艾德莱斯绸织染至少有千余年的历史，和田市吉亚乡是著名的艾德莱斯之乡，这里聚集了众多的艾德莱斯手工编织传承人。清代萧雄把用艾德莱斯绸缝制的衣服比作"天孙云锦裳"。今天，色彩斑斓的艾德莱斯绸依然是维吾尔族妇女最喜爱的衣服布料。在和田团城内，许多商店都销售艾德莱斯绸（图3-25），纹样非常丰富，颜色多种多样，挑选的人们很容易挑花了眼，难以决定购买哪件，很可能最后买了不止一件。

织毯业在和田地区有着更为悠久的历史。汉晋时期的山普拉墓地和尼雅遗址都出土了非常完整的地毯，其中就有栽绒毯。斗转星移，和田的织毯业借鉴融合东西方文化因素，培育了自身独特的传统。今天，以栽绒毯为代表的和田织毯业仍然是和田的特色手工业，和田市设有地毯交易中心，各式各样的地毯琳琅满目（图3-26），既有传统纹样的纯手工织毯，也有很现代的机器织毯，价格多样，可以满足各消费层次顾客的需求。今天，地毯仍是和田人家中不可或缺的物品，随便走进一户人家，最抢眼的仍是室内铺陈的各种地毯。

桑皮纸以桑树韧皮纤维为主要原料，经过剥削、锅煮、发酵、捶捣、过

图3-25　艾德莱斯绸（左）

图3-26　和田地毯（右）

滤、入模、晾晒、粗磨等工序制作而成，制作工艺较为原始，但纸张厚实不易破损
（图3-27）。桑皮纸最早出现在和田地区，是受中原造纸术的影响和启发而出现的，
因历史悠久，被称作造纸业的活化石。墨玉县普恰克其镇素有"桑皮纸之乡"的美
誉，漫步于这里，耳畔传来阵阵木槌捶捣声，仿佛在向人们诉说着桑皮纸的千年传
承。20世纪50年代，桑皮纸逐渐淡出了和田居民的日常生活，但桑皮纸制作一直
持续着。今天，和田桑皮纸制作仍采用家庭小作坊式的生产方式，桑皮纸制作技艺
已成为珍贵的非物质文化遗产。

　　木器加工在和田地区也有着数千年的悠久历史，早在青铜时代，这里的人们就
已开始就地取材，利用丰富的木材资源构建房屋、制作器物。今天和田地区的木器
加工技术与汉晋时期精绝人、于阗人的技术并没有明显的区别。手工制作木器仍然
使用砍、削、锯、抠、刮、打磨等方法加工，旋制木器用旋转车床进行加工。和田

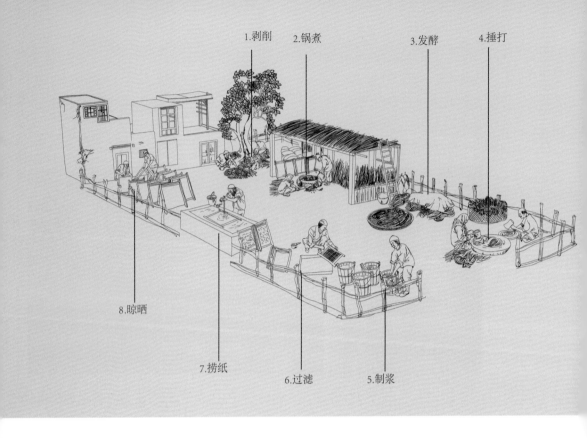

1.剥削　2.锅煮　3.发酵　4.捶打

8.晾晒

7.捞纸　6.过滤　5.制浆

图3-27　和田桑皮纸制作流程

传统民居"阿以旺"建筑上的木雕门窗、柱廊不少是用旋木工艺做出来的。这些造型丰富、纹样多变的木雕让传统和田民居显得富丽堂皇，迸发出独特的魅力（图3-28）。除建筑外，和田居民仍然在用木头制作家具、生活用器等。不少造型流畅、装饰繁复的精美木器成为出售的商品，对游客而言，这些木制品不仅是和田文化的使者，也是大家来和田的见证与纪念。

在团城入口处，摆放有形体硕大的观赏铜壶，向人们展现着和田金属器铸造的高超技艺。金属冶铸在和田也有着数千年的悠久历史。文献记载，于阗人善铸铜器。今天，金属器制造仍然是和田重要的手工业门类。跟过去不同的是，早年的很多铜器属于生活实用器，今天和田匠人制作的精美铜器则多作为售卖的工艺品和旅游商品。

　　和田是我国边疆地区，与克什米尔地区接壤，边界线长达 210 公里，这里有国防军队驻扎。前几年中印关系紧张时，轰鸣的战机就从这里起飞，护卫边防、保家卫国。在去康西瓦前线指挥部旧址的路上，车辆在昆仑山和喀喇昆仑山之间的新藏公路上奔驰，路边是蜿蜒的喀拉喀什河。喀拉喀什，维吾尔语意为"黑石头"，河里产墨玉。车辆向前飞驰，雄浑的山脉似乎在快速地后移。我按下车窗，频频举起相机拍摄两边摄人心魄的美景，突然我看到了喀喇昆仑山上的巨大汉字，它们是守卫边疆的战士们留下的印迹！刹那间，我仿佛听到了守边将士们的呐喊，这雄浑的声音回荡在巍巍昆仑的上空。

　　翻过一个又一个"达坂"（维吾尔语，指高地），终于到达康西瓦烈士陵园。这里是 112 位 1962 年中印自卫反击战中牺牲的各族烈士和 2020 年在中印边界加勒万河谷地区冲突中牺牲的烈士的长眠之地。这些昆仑忠魂、中华英烈，年龄最小的才 18 岁！站在陵园中，远眺对面的康西瓦作战指挥部旧址，看到喀喇昆仑山体上"弘扬喀喇昆仑精神""砺兵天山　亮剑昆仑"的白色大字（图3-29），我不禁热泪盈眶，深深体会了"戍守边疆　保家卫国"这八个字的含义！"沉烽静柝八荒宁！"在和田，自西汉开始，历朝历代的将士们用忠诚和生命书写了 2000 多年苍凉而悲壮的戍边历史。

　　漫步在和田市的街头，走在乡间的小路上，我尽可能全面领略今日和田的风貌，可是，古代和田的许多画面却不断在眼前闪现。和田的古与今渐渐融为一体。和田万年的历史的确称得上悠久，但相对于地球 46 亿年的高龄，又是短暂的。除了沙漠不断往南推进外，今天这里的地理生态跟古代差不多，昆仑山融化的雪水在流沙的包围中孕育出点点生命绿洲，和田农牧并举的生业传统至今未变。今天和田传统民居"阿以旺"的建筑布局与汉晋时期尼雅遗址的房屋建筑一脉相承。尼雅遗址中精绝人用的馕坑跟今天和田的馕坑如出一辙。汉晋时期的精绝人、于阗人等也是以羊肉为主要的肉食，馕坑烤肉的饮食传统至少有 2000 多年的历史。尼雅遗址留存至今的大片葡萄园告诉我们和田地区葡萄种植传统悠久。东晋法显在于阗看到行像

图3-28 和田民居中的木雕装饰

图3-29　康西瓦烈士陵园对面喀喇昆仑山体上的标语

　　过程中于阗王后一众人撒花的场景也提醒我和田居民自古就是爱花人。从西汉开始，在历代中原王朝治下的和田，人们的生活跟今天和田人的生活也非常相似。和田与内地有着久远而紧密的联系……

　　随着对和田了解的加深，我对和田历史文化有了更为清晰的认识。的确，透过今日和田，我逐渐看清了古代和田的轮廓，找到了和田的传统。和田历史文化陈列展览的主线逐渐明晰，内容愈发充实起来。

（四）穿越和田万年

在"读和田"的过程中，我在今天和田与古代和田之间穿越，惊喜伴随着焦虑。惊喜的是，和田万年的久远历史和高速发展的今天，有太多的精彩可供拾获。焦虑的是，时间紧迫，策展无法从容。身为凡人，我不能像书中描写的神仙那样，用法术秒懂和田，只能披星戴月，尽早穷尽读懂和田的路途。

在万年的悠长岁月里，和田先民创造了特色鲜明而又融东汇西的和田文化，留下了众多的文化遗存。这些珍贵的历史文化遗产既是和田历史的载体，也是连接古今的信使，依靠它们，我们才有可能架起与和田先民对话的桥梁。因此，在调查与探访今日和田的同时，作为策展人，我也要以最快的速度熟悉和田的文化遗存，掌握古代和田的发展脉络，全面认识与了解和田。

我列出和田文化遗存的名录，把它们分为居址城址、墓地、宗教遗址和烽燧戍堡遗址四大类，前三类遗存关乎和田地区各时期居民的生、死与信仰，烽燧戍堡遗址则是历代中原王朝管治和田地区的铁证，属于长城资源的组成部分。穿越和田万年，需要走近和田历史文化遗产，途径有两种：纸上阅读和实地考察。两种途径的收获和感受差别显著，毋庸置疑，实地考察的效果最好，但很多时候，囿于各种条件，策展人无法走遍每一个考古遗存。

1.纸上走近克里雅河流域的历史文化遗产

在阅读相关的调查、发掘报告和研究文章时，克里雅河引起了我的关注。我惊喜地发现克里雅河古今河岸地带竟然分布着1万年前至唐代各时期的文化遗存，简直就是一部被黄沙封存的和田万年史书！距今1万年左右的打制石器点多分布在克里雅河上游昆仑山山麓地带。青铜时代以降，各时期的文化遗存沿着这条和田地区的第二大河流由北向南分布。这里的考古遗存清楚地告诉人

图3-30　克里雅河

　　们，仅仅4000年的时间，塔克拉玛干沙漠就向南推进了200多公里，沙进人退，昔日的家园被沙海吞噬，又被岁月撕成片片废墟。毫无疑问，克里雅河流域也是一处反映和田地区气候环境变迁的"活化石"，弥足珍贵。

　　在维吾尔语中，"克里雅"是"漂流不定"的意思。是的，克里雅河是季节性河流，发源于昆仑山脉乌斯腾格山北坡的玉龙冰川西端乌拉因湖，由12条支流汇合而成，全长860公里，长期流水河段长540公里左右，在昆仑山山麓和沙漠之间由南向北纵贯于田县（图3-30）。从发源地乌拉因湖到山前绿洲为克里雅河上游河段，自古为进入西藏的通道。河谷山前绿洲至达里雅布依乡之间为中游，达里雅布依乡以北为下游。河水流经的地方，便孕育出一个又一个的生命绿洲。克里雅的水流深入塔里木盆地 280 公里左右，消失于塔克拉玛干大沙漠中。位于克里雅河中下游的达里雅布依绿洲是唯一深入塔克拉玛干沙漠腹地的天然绿色长廊，缺少河水的克里雅河下游现在已经成为不毛之地，遗有众多古河道作为进入沙漠的通道。

100 多年来，特别是近 30 年以来，中外学者在克里雅河流域相继发现、调查、发掘了乌鲁克湖石器点、小普鲁石器点、巴什康苏勒克石器遗址、克里雅河北方墓地、克里雅河下游居址、克里雅河下游青铜时代居址、流水墓地、圆沙古城、喀拉墩遗址、玛坚勒克遗址、提卡苏力干佛寺遗址、丹丹乌里克古城遗址等众多遗存，时间从旧石器时代晚期一直到唐代（图 3-31）。

对我而言，克里雅河具有一种特殊的魔力，她孕育的多彩文化令我着迷。我必须在展览中充分展现她古今的风姿和内涵。所以，我要深刻认识克里雅河及其两岸的考古遗存，为展览策划做准备。

进入克里雅河流域实地考察很困难，往返需要 10 天左右的时间，危险系数很大，我暂时没有太大可能进行实地考察，于是就展开纸上考察。我顺着年代早晚梳理克里雅河流域的考古遗存，掌握各遗存的特点、文化内涵及其与周边乃至域外的联系。

（1）和田的远古先民

最古老的遗存都分布于高海拔的山前地带，年代距今 10000—8000 年，属于旧石器时代，其中以乌鲁克湖石器点和巴什康苏勒克石器点为代表。乌鲁克湖石器点位于田县阿羌乡普鲁村南直线 57 公里处的乌鲁克湖岸，在这里采集到的 3 件打制石器年代为旧石器时代晚期（距今约 1 万年），乌鲁克湖石器点位于海拔 4600 米以上的构造盆地中，属高原寒漠地区。不远处有三处火山口，地势较平坦，生活有藏羚羊、牦牛等野生动物。这里的环境不适应人类长期生存，采集到的打制石器很有可能是古人打猎时留下的。巴什康苏勒克石器点位于克里雅河上游两河汇合处以北，年代为距今 8000 年前后，石器分布于克里雅河第

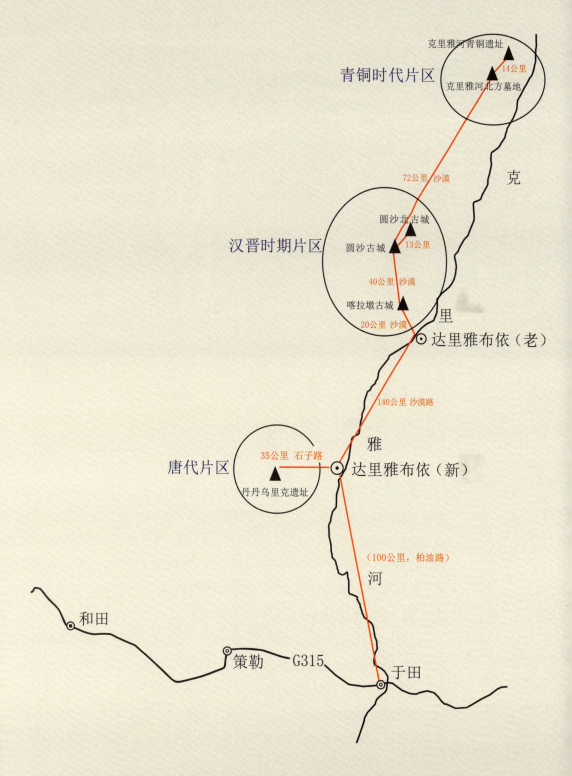

克里雅河青铜遗址

青铜时代片区

14公里

克里雅河北方墓地

克

72公里 沙漠

圆沙北古城

汉晋时期片区

圆沙古城 13公里

40公里 沙漠

喀拉墩古城

20公里 沙漠

里

达里雅布依（老）

140公里 沙漠路

雅

35公里 石子路

唐代片区

达里雅布依（新）

丹丹乌里克遗址

（100公里，柏油路）

河

和田

策勒 G315 于田

图3-31 克里雅河流域文化遗存分布示意

图3-32　流水墓地M7

二、三级阶地堆积物的表面。

　　距今1万年左右，和田先民开始出现在昆仑山山麓地带的原始绿洲，以天然洞穴为居所，过着狩猎、捕鱼和采集的生活，使用的工具是打制石器。这里的石器类型和制作工艺与我国华北和北方地区的打制石器基本相同，属于东方打制石器技艺传统，而与西亚、欧洲地区的几何形细石器不同，说明这些石器的主人与我国华北和北方地区的人群存在着某种联系。

　　（2）昆仑山山麓的早期牧人

　　在巴什康苏勒克石器点东南是流水墓地。该墓地位于于田县阿羌乡喀什塔什村南，地处昆仑山克里雅河上游河道与流水河交汇处的阿克布拉克台地上，共发掘墓葬65座。这里是海拔较高的山麓地带，适宜放牧。

　　流水墓地的墓葬很有特点，地表有石圈或石堆标志，均为竖穴墓室，墓室上层有填石，多为一次葬人骨与多具二次葬人骨共存，死者仰身屈肢（图3-32），

图3-33　流水墓地出土的陶罐

殉牲有山羊、马等家畜，留下了头骨和四蹄，随葬物品有装饰刻划纹的陶罐、铜刀、铜斧、铜矛、铜马衔、骨马镳、玉器、金耳饰等。仰身屈肢葬在年代比流水墓地晚的圆沙古城遗址周边墓葬也有发现。

　　殉牲、马具和各种造型的金属饰物显示，埋葬在该墓地的死者应是居无定所、逐水草而居的牧人，以畜牧为主要生业。流水墓地是新疆地区首次发现的以单纯刻划纹陶器为主要特点的古代遗存，随葬陶器的器型多为罐和钵，还有少量直筒杯，绝大多数为圜底器（图3-33）。

　　与流水墓地文化面貌最相似的考古遗存有尼雅河下游的尼雅北青铜时代遗址和位于克里雅河下游的圆沙古城以北的墓地等。战国至西汉时期的圆沙古城墓地埋葬的扜弥人也采用仰身屈肢葬。流水墓地的陶器纹饰多使用刻划纹和密集短线压印，极富特色，在新疆地区少见，但与俄罗斯南西伯利亚地区的卡拉苏克文化陶器接近，两者之间应当存在某些联系。研究表明，新疆地区史前陶器可能存在着东部的带耳陶器系统和西部的无耳陶器系统。流水墓地出土有一定数量的带耳陶器，可能与新疆东部地区，甚至河西走廊西部地区的史前遗存存在着一定交流。流水墓地所体现的是目前所知的昆仑山北麓较有代表性的青铜时代文化，融合东、西方多种文化因素，填补了昆仑山地区史前文化研究的空白。

（3）和田"小河公主"的毡帽

　　大约在距今 4000 年的青铜时代，在和田生活的人们开始走出昆仑山山麓地带，在克里雅河下游生活，留下了克里雅河北方墓地（图3-34）。今天，这处墓地已处在塔克拉玛干大沙漠的腹地，当时这里却是克里雅河孕育的生命绿洲。墓地距于田县城直线 320 公里，位于达里雅布依乡以北 135 公里，南北长约 50 米，东西宽 30 多米，总面积超过 1500 平方米，被发现时有 50 多座遭严重盗掘，只有 20 多座墓葬保存完好。墓葬区有一个金字塔形沙丘，沙丘上立有大量的男根和女阴形状的立木，应是墓标。墓葬实行重叠葬，至少在两层以上，残留有用牛皮包裹的泥棺。现场采集清理发现男根女阴墓标、牛皮、山羊皮、绵羊皮、毛织物、毡帽、玉珠、银耳环、大小木偶、木祖、草编篓、斗篷、干尸、黍米饼、石磨盘等文物（图3-35、图3-36）。

　　这里出土的夹条石马蹄形木器、草编篓、石雕人面像、木雕人面像、木祖、毡帽、嵌人面像木杖、木尸以及男根女阴墓标，与罗布泊地区小河墓地、孔雀河古墓沟墓地的出土物基本相同。在公元前 1800—前 1500 年，克里雅河下游地区与孔雀河流域生活的人们应存在密切的联系，他们具有相同的生活方式，

图3-34 克里雅河北方墓地（上）

图3-35 克里雅河北方墓地的男根女阴墓标（左下）

图3-36 出土于克里雅河北方墓地的毡帽（右下）

文化面貌和内涵也大体一致。克里雅河北方墓地的死者同"小河公主"应当属于同一个大的族群。透过这些墓地，我们得以了解早期塔里木盆地人类活动以及当时不同地域的人群迁徙和文化的交流与互动。

（4）新疆最早的古城遗址

根据卫星照片，在喀拉墩西北的克里雅河下游还存在一个更为古老的三角洲，从克里雅河由西向东摆动的规律分析，这个三角洲应是克里雅河流域早期人类活动的地区。1993 年，中法克里雅河联合调查队在喀拉墩发掘时，曾派小分队骑着骆驼对该区域进行调查，并在喀拉墩古城西北 41 公里、克里雅河北方墓地南大约 80 公里处发现了圆沙古城遗址，周围还分布有墓葬。1996 年，考古队开始对圆沙古城遗址进行详细测量、照相、记录等工作，同时选择一座城门和三处城内建筑遗址进行发掘清理。在对古城周边的墓葬复查时，新发现数处因风蚀暴露的墓葬，并进行了清理（图 3-37、图 3-38）。与此同时，调查队又派出小分队继续对克里雅河下游老河床、圆沙古城西北和东北地区进行深入调查，最远深入到圆沙古城以北 14 公里处，行程已至北纬 39 度，沿途均有时代较早的遗迹（包括两处古墓葬），以直线距离计算，距于田县城已有 240 公里。

今天，到圆沙古城遗址，尚要好几辆越野车组成车队，并配备卫星电话、对讲机和充足的物资补给，往返大约需要一周时间。途中出现突发状况的可能性非常大，经常听到去考察的队员与外界几天都无法联系的情况，家人焦急万分。20 多年前，考古工作者只能骑骆驼前去考察和发掘，条件何其艰苦！每每想到这里，我都由衷地为他们感到骄傲与自豪，展览也应该向观众展示他们当年深入"死亡之海"进行考古发掘的风采，以此向他们表达敬意！

圆沙古城所在地区，在维吾尔语中被称为"尤木拉克库木"，意为"圆沙"，古城因此而被命名为圆沙古城。以直线距离计算，圆沙古城南距于田县城 230 公里，处在塔克拉玛干沙漠中心，古城几乎被沙丘覆盖，仅见少量已干枯的胡杨、柽柳树根。城西是宽大的克里雅河老河床。圆沙古城为不规则的四边形，因水

图3-37 1996年中法考古队发掘圆沙古城（上）

图3-38 1996年中法考古队发掘圆沙古城（下）

冲或风蚀作用，转角处的城垣大多不存，经实测，周长995米，南北最长处为330米，东西最宽处为270米，其中残存的城垣长度为473米，顶部宽度3—4米，高度一般在3—4米，最高处达11米。城垣的结构以两排竖插的胡杨夹以纵向层铺的柽柳枝为墙体骨架，墙外用泥土块垒砌，或用胡杨枝、芦苇夹淤泥、牲畜粪便做成护坡。在南城中部和东墙北段各有一城门，保存较完好的南门规模较大，城门两侧各有两排立柱，形成门道，南门的门框和用胡杨木拼成的门板尚存。

圆沙古城内暴露的6处建筑遗址已因风蚀等仅存高不足半米的立柱基部，地表散布的遗物，主要有残陶器、石器、铜铁小件及料珠等，还有不少动物骨骼。动物骨骼主要是家畜骨，牛、羊、骆驼数量较多，还有马、驴、狗、猪、鹿、兔、鼠、鱼、鸟等，说明畜牧渔猎在当时人们的经济生活中占有重要地位。城内清理的3处建筑遗址，地表仅残存排列有序的立柱根基，表层堆积主要是牲畜粪便，还发现大大小小的袋状灰坑和窖穴，填土中可见陶片、谷物如麦和黍等。尺寸各异的马鞍形石磨盘遍布城内外。古城周围发现有较密集的灌溉渠道，暴露的渠道主要集中在城西，呈南北向，有的还有叠压痕迹，纵横成网，排列有序，是新疆发现的最早的灌溉农业遗存之一。古城西北部的陶片以夹砂红陶为主，纹饰主要是印刻文，并见半月形石镰等具有早期文化特征的遗物，灰褐陶少见；而在东北部夹砂红陶数量减少，灰褐陶比重较大，这与人类活动随着克里雅河摆动由西向东迁移一致。遗迹和遗物均显示圆沙古城的居民从事的是农牧并举的生业。

圆沙古城是新疆地区发现的年代最早的古城遗址，古城平面为不规则形状，规模比喀拉墩古城大得多，建筑布局及建造方式方法也较原始。在圆沙古城周围及其西北、东北地区，分布有各类遗存40余处，证明这里在东周至西汉时期仍是宜居之地。法国科研中心放射性实验室对古城周围的墓葬覆盖的芦苇进行了碳十四测年，结论为距今2140±100年，经树轮校正后为公元前387至公元

56 年，初步认定圆沙古城周围新发现的几处墓地的年代下限应不晚于西汉，推断其废弃的年代可能在东汉或稍后。克里雅河是古代沟通扜弥国与龟兹国的一条捷径。据文献记载，西汉时期，这里应是扜弥国地望所在。

（5）于阗古城喀拉墩

从圆沙古城往南行走 41 公里，便到达喀拉墩古城遗址。喀拉墩古城遗址位于于田县达里雅布依乡北 24 公里处，海拔 1100 米，这里绵延的沙丘一望无际，城址西有南北向的古河床，周围可见枯死的胡杨树与活着的红柳。1896 年，瑞典探险家斯文·赫定从和阗塔瓦库勒向东穿过沙漠，随后沿克里雅河深入到塔克拉玛干沙漠腹地，在当地人的帮助下，首次发现喀拉墩古城遗址，对古城进行测量并绘制了平面图。喀拉墩遗址长约 6000 米，最宽处 4000 米。

遗址群的核心部分是一座胡杨木制作的木构城堡建筑。城堡呈正方形，面积为 5625 平方米，周长 250 米，墙体宽 3 米许，高约 4 米。东墙偏北处开有一门，有很长的门道，墙垣用泥土、树枝混筑而成，墙顶上有木构建筑。城堡内房屋建筑均为木构建筑，多坍塌，个别房屋屋顶尚存。城址内地表散布有夹砂红、灰陶片，残木器，石磨残片，玻璃残片和钱币等。城堡四周有多处建筑群，多为民居、寺庙，可见一座佛塔。考古人员在该处曾采集到写有文字的木简。古城堡西南 1 公里处，有一处长 20 米、宽 7 米的作坊遗址，有房屋 10 余间。在这处遗址中出土有大米、小麦、青稞等粮食，地表散布着各种动物碎骨，人们还捡到过五铢钱、无字小铜钱等各种钱币。在城四周建筑群的附近有农田、灌溉渠道等遗迹。

中法克里雅河考察队曾对该遗址内的居址和佛寺遗址进行清理和发掘，在佛寺遗址中发现许多精美的壁画，壁画多描绘的是佛陀坐像，明显受到犍陀罗佛像艺术的影响，又具有浓郁的于阗画派的风格（图3-39）。这里的多处古建筑都可见到火烧的痕迹，推测喀拉墩古城曾遭受战火。

喀拉墩古城的主体年代为南北朝时期，是当时于阗国境内"小城数十"中的城堡之一。古城地处克里雅河下游，东南有精绝人留下的尼雅遗址，西南有于阗的热

图3-39　喀拉墩佛寺遗址出土的壁画

瓦克佛寺遗址和丹丹乌里克遗址，北面则与古龟兹国的一些重要遗址相去不远。从其所处的地理位置可看出，喀拉墩古城处于连接今天和田与东北部绿洲的交通线的正中间，将和田与塔克拉玛干北缘的重要绿洲库车联系在一起。

（6）大漠中的"象牙之屋"

从喀拉墩古城遗址沿着克里雅河向西南走，可抵达丹丹乌里克遗址。遗址位于和田地区策勒县达玛沟乡以北直线距离90公里的沙漠中，东距今克里雅河35公里，南北长10公里，东西宽3公里，是由一系列建筑遗址构成的遗址群，为北朝至唐代的于阗国遗址（图3-40）。

丹丹乌里克遗址于1896年被瑞典探险家斯文·赫定发现。1900年，英国考古学家斯坦因在这里进行调查和盗掘，共清理房屋居址和寺庙14间，盗掘出汉文和婆罗米文文书、木板画、塑像、壁画等大量珍贵文物。[4]在斯坦因之后，

图3-40　丹丹乌里克遗址

美国地理学家亨廷顿和瑞士哈特博士等人分别于1905年、1928年到此地考察。

　　丹丹乌里克意为"象牙之屋"，是位于新疆丝路南道的于阗国古城，与斯文·赫定发现的罗布泊楼兰古城和斯坦因发现的尼雅遗址齐名。2002—2006年，由新疆维吾尔自治区文物局组织的中日共同丹丹乌里克遗址考察队进行调查活动，对丹丹乌里克遗址开展系统测绘和调查登记工作，确认城址、居址、佛寺、炼炉、窑址、果园、篱笆等考古遗存70处，并对CD4佛寺及CD1、CD3a、CD17等3处房址进行了清理发掘。经过四个年度的调查与发掘，考察队在丹丹乌里克遗址发现木板画、壁画，以及汉文、梵文、于阗文文书等遗物，推断遗址的主体年代为唐代，确认丹丹乌里克遗址为唐代杰谢镇。

图3-41　丹丹乌里克D.XII佛寺遗址

　　丹丹乌里克遗址中的建筑均为木骨泥墙结构，有民居、佛寺、畜圈等，以佛寺为最多，大部分被流沙掩埋。佛教遗迹主要分布在丹丹乌里克遗址的西部，共计15处。这里的佛寺平面呈回字形，中心土台上塑有佛像，在回廊墙壁上绘有壁画。壁画有佛、菩萨、小千佛、供养人、动物等形象以及婆罗米文题记，当时生活在这里的居民信奉大乘佛教。斯坦因在这一地区发现了大小7栋建筑物，分别加以编号，命名为南方寺院群（图3-41）。

　　南方寺院群的最东部是CD10佛寺遗址，为一处四角和中间有柱子的方形

图3-42 丹丹乌里克CD10佛寺遗址西北墙壁画

建筑遗址，推测是佛堂。CD10 佛寺西北墙面的壁画中残存一排十余个人物像，有圆形头光，戴花冠，着圆领短袖袍，系腰带，巾带自背后绕双肘垂下，双手捧于胸前做供养状的人物形象；或持物，跪于一条格纹毯上；画面左下角残存两个供养人头部，其间有一朵莲花。透过这些人物形象，我大致了解了当时于阗人的精神风貌。这些壁画带有明显的于阗画派画风，是我们了解于阗画派的珍贵实物资料（图3-42）。

斯坦因从丹丹乌里克遗址窃走了许多唐代汉文文书、佛教塑像、木板画等珍贵文物，文书多收藏在大英图书馆，其他文物收藏在大英博物馆。另外，遗址内沙丘间的地表散布有陶器残片、石膏残片、木器残片、石磨盘等。陶器均为轮制的夹砂红陶器。石膏残片属于佛寺墙壁上贴塑的佛像和饰物等。遗址内还存有灌溉渠道遗迹。这里的人们仍延续着农牧并举的生业传统和佛教信仰传统。

斯坦因盗掘获得的文书有婆罗米文的，也有不少汉文的。汉文文书为我们了解唐代于阗提供了丰富的物证。其中有一张是卖驴人思略的牒，上面的日期是大历十六年，即唐德宗建中二年（781），文书上的地点是"杰谢"。还有两件汉文文书分别是《唐大历十七年（782）闰正月行官霍昕悦便粟契》《唐建中三年（782）七月健儿马令庄举钱契》，现藏于大英图书馆。

《唐大历十七年（782）闰正月行官霍昕悦便粟契》文书是唐朝于阗镇军行官霍昕悦向护国寺僧虔英借粟的契约。契约规定一月借粟，九月还，到期不还，霍昕悦便要将家资牛畜抵债。共借人霍昕悦的妻子和女儿都有押字，说明镇军霍昕悦的家口也在于阗。

《唐建中三年（782）七月健儿马令庄举钱契》文书为健儿马令庄向护国寺僧人虔英借钱的契约。在于阗、敦煌等地出土的借贷契约中，有相当一部分的债权人是出家的僧侣。马令庄急需用钱，因而向护国寺的僧人虔英借钱1000文，这笔借款有着不低的利息（每月若干百文），如果不能如约偿还，虔英有权将马令庄的家产和牲畜拿走抵债。由此可知，铜钱在公元8世纪的于阗地区依旧流行，是商品交换的媒介。文书表明在于阗，寺院持有"无尽物"（或称"无尽财"）用于借贷，寺院的财库中收藏有各种食品和货币。于阗地区发现的此类借贷文书表明唐代于阗地区商业活动繁荣，佛寺在当地群众的经济生活中扮演着非常重要的角色。"健儿"作为一种职业的雇佣兵，许多人不事生产，世代为兵。从这件文书可知，健儿马令庄与母亲和妹妹一同居住（图3-43）。

特别值得注意的是，这两件文书的纪年"大历十七年""建中三年"实际为同一年。唐代宗大历年号共有14年，之后就是唐德宗建中年号。"行官霍昕悦便粟契"的纪年仍然使用大历十七年，与"马令庄举钱契"使用建中三年的年号相比对，我们可以推知，唐朝改元的消息应是在建中三年（782）的上半年才传到于阗的，此时距离改元已经过去了两年多的时间。于阗与内地遥远的距离造成信息的严重滞后。唐朝戍边官兵们的艰辛令人唏嘘，边塞诗的豪迈和壮美难掩现实的沉重与悲怆。

我查看了和田地区出土的文书，发现唐朝在于阗建立的汉寺不止护国寺一

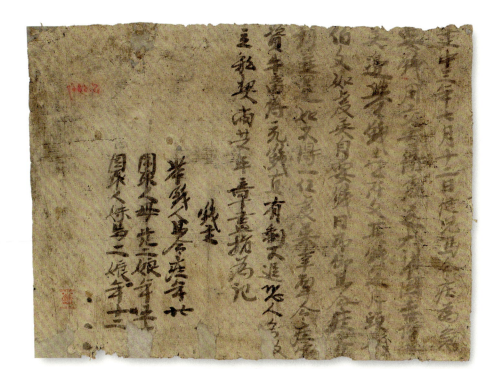

图3-43　大英图书馆藏《唐建中三年（782）七月健儿马令庄举钱契》文书

处，还有开元寺和龙兴寺。这些汉寺的佛僧首领是汉人，皈依者可能以当地人为多。于阗佛教在北朝时期达到鼎盛，公元8世纪时，这里的佛教依然繁盛。大量的佛寺、佛塔是于阗留给我们的巨大财富。

除了大量的文书，丹丹乌里克遗址出土的木板画堪称无价之宝。其中以斯坦因在丹丹乌里克遗址发掘出土的《鼠神图》《传丝公主》等最为著名，现藏于大英博物馆。这些精美的双面彩绘木板画被认为是佛教信徒的供奉物。

《鼠神图》木板画正面绘三个位于龛中的神祇形象，背面为五尊坐佛。正面左侧神龛内为上身赤裸的形象，中间为戴王冠的鼠头人身形象，身着红色蓝边圆领衫，右边神龛内的形象模糊难辨。斯坦因将此幅木板画中戴王冠的鼠头人身形象识读为

图3-44 大英博物馆藏《鼠神图》木板画（上）
图3-45 大英博物馆藏《传丝公主》木板画（下）

著名的鼠王故事。《大唐西域记》卷十二"瞿萨旦那国"（即于阗国）记载了
有关鼠壤坟的传说。[5]内容大致是说，一大群金色的老鼠咬断匈奴人的弓弦及
其他装备，因此帮助于阗国王击败了匈奴人的袭击。于阗国王为鼠建立祠堂进
行祭祀。对《鼠神图》木板画表面附着的薄沙层经过清理后，可以看到鼠王面
部除了准确描绘老鼠头部的自然特征外，还被画者赋予了人类的表情（图3-44）。

　　《传丝公主》木板画讲述的故事同样令人着迷。故事讲述了瞿萨旦那国本
不知桑蚕之事，其王求娶东国公主，公主将蚕子密藏于帽中带入于阗。丹丹乌
里克佛寺遗址出土的这件木板画中间为一位头戴高冠的贵妇，其面前有一筐蚕
茧，右侧有一架织机，织机上方为坐姿四臂神祇，木板画左端的侍女左手指向
贵妇的头冠，右端的侍女右手持物作打纬状。这件木板画内容与《大唐西域记》
关于"传丝公主"的记载一致，以图画方式描述了蚕种西传的故事（图3-45）。

图3-46　大英博物馆藏《摩醯首罗天》木板画正面（左）
图3-47　大英博物馆藏《摩醯首罗天》木板画背面（右）

　　还有《摩醯首罗天》木板画，正面为三头四臂的摩醯首罗天，摩醯首罗天是于阗文文书中对"湿婆"这一印度教神祇的本土化成果，体现了于阗艺术深受印度宗教和文化的影响。背面为一身四臂的男性神祇，头戴波斯样式的金冠，披发略有扎束，颔部胡须浓密，唇上有两撇波浪形胡须，戴着环形大耳饰，上身穿饰有四瓣花图案的红色长袖内衫，下摆至腿部，以及饰黑色大花图案的绿色外衣，手臂部位装饰花边，腰间系带，前侧两手绕有一条披帛，下身着四瓣花图案的裤子，脚蹬高筒黑色长靴，展现了波斯风格与佛教主题的融合。多种艺术风格和主题相结合的文物比较罕见，这幅木板画极高的研究价值即在于此（图3-46、图3-47）。

图3-48　丹丹乌里克遗址D.II佛寺东墙壁画

　　除了木板画之外，斯坦因在丹丹乌里克遗址 D.II 佛寺遗址东壁上发现一幅壁画，描绘的是一位丰乳肥臀的年轻女性站立在开满蓝色莲花的长方形池塘中，高约46厘米，全身除了耳环、项圈、臂钏、手镯以及腰胯间悬挂的铃铛形饰物外，几乎赤裸。女子乌黑的秀发用红色头巾盘于头顶，右手置于胸前，左手放在纤细的腰前，身体呈"S"形，动感十足，与印度美术作品中的女性身姿非常相似。水池中的裸体孩子张开双臂抱住她的右腿。此幅壁画现已不存，只有当年斯坦因拍摄的一幅黑白照片。斯坦因推断这位美丽的女子是《大唐西域记》所载"龙鼓传说"中索夫的龙女。但目前，学界对其身份尚未达成一致意见。也有学者称这幅壁画为《吉祥天女》。无论怎样，这幅壁画把中国线描技法和西方绘画凹凸法精妙地融为一体，充分展现了于阗绘画艺术的成就，堪称中、西文化交流融合的杰作（图3-48）。

丹丹乌里克遗址出土的雕塑与绘画作品，年代为公元7—8世纪，是于阗艺术的瑰宝。正如意大利学者马里奥·布萨格里在其《中亚绘画》一书中论述于阗画派时说："……唯一能够夸耀并为中国艺术家和评论家欣赏的伟大作品的画派是于阗画派。遗憾的是只有为数不多的幸存绘画证明这些作品在类型、源头、时代和主题上是异质的，于阗画派证明它已经吸收了印度、萨珊王朝、中国、粟特，甚至可能还有花拉子模的影响，它们所有都曾被吸收，又被用无可争辩的创造力加以重新改造。"[6]的确，于阗画派是丝绸之路东西方文化交流的产物，它的影响超出西域与中原，远及吐蕃、日本、高丽等地。尉迟父子的画作今已存，令人振奋的是，和田地区热瓦克、丹丹乌里克、达玛沟、哈达里克、巴拉瓦斯特等佛寺遗址中发现的佛教绘画与雕塑充分展现了于阗画派的艺术成就。

流沙半掩的丹丹乌里克遗址是一座名副其实的巨大宝藏，笼罩在千言万语的沉默中。透过遗址残存的遗迹和遗物，我试图重现1200多年前唐代杰谢镇的万家灯火，却无力再现其当年的活力与繁华。我被逼入窘境，如同走进了浓雾弥漫的杰谢镇，感到前所未有的惶恐和心虚——短时间内我只能发掘出丹丹乌里克遗址巨大宝藏的一角。

克里雅河流域沉睡的文化丰富而深邃，目前的考古工作只是局部的揭示，还无法完全唤醒她。完成对克里雅河流域的纸上考察，"纸上得来终觉浅"的遗憾愈发明显。我问自己：有生之年能否沿着克里雅河走一遍，置身其中，观澜和田万年历史？

2.实地考察和田文化文物古迹

斗转星移，沧海桑田，环境变迁。漫漫黄沙不断把死亡之手伸向绿洲地带，曾经的生命摇篮变成了荒凉的不毛之地，昔日美丽的家园化作片片废墟。现在，和田的许多文化遗存都处在号称"死亡之海"的沙漠中，有的在塔克拉玛干沙漠腹地，人迹罕至。因此，进去实地考察这些遗存实非易事，需要做各种充分的准备。

展览筹备期间，老师们和相关领导来和田考察，我们通常会陪同前往，有些遗址会去多次。热瓦克遗址我前后共去过四次，每次过来参观，都会有不一样的感受和收获。有些位置偏远又在沙漠腹地的遗址（如尼雅遗址），能去一次已是幸运至极。至今，与荣新江、齐东方、王一丹、姚崇新、张小刚、傅爱臣、于志勇、买提卡斯木·吐米尔、刘芳菲、柳学东、唐凡等师友一道前去考察这些遗存的画面依旧清晰，这些经历一定是我生命中最灿烂的记忆。

为了节省时间和资源，通常是按照行程和时间选择每天考察的地点，所以每天的考察对象可能既有居址城址和墓葬，也会有佛寺遗址或烽燧戍堡。但为了叙述更系统、阅读更方便，我还是选择按照遗址类型介绍对遗址进行实地考察的情况。

穿行在生者的世界，我们考察的第一类是古城与居址。

（1）买力克阿瓦提寺院的宝藏

从和田市出发，很快就到达了买力克阿瓦提古城遗址。这座古城是汉代于阗城，北距和田县城 25 公里，坐落在玉龙喀什河西岸，遗址内残留有城墙、陶窑和寺庙等遗迹（图 3-49）。根据残存的遗迹，推断古城西南部为官衙或贵族居住区，陶窑一带为工商业生产区，东北部为一般居民点和寺院区。1979 年 9 月，新疆维吾尔自治区博物馆与和田地区文教局举办的文物干部训练班曾在买力克阿瓦提古城遗址北部试掘，出土了石膏佛像残块、建筑饰件、陶片及陶器等文物。

考古工作者在买力克阿瓦提古城中的寺院遗址内发现了一个赭红色大陶缸，陶缸中装满绿绿的五铢钱币。这些钱币已锈蚀黏成块状，重达 45 公斤（图 3-50）。我们考察时，地面上随处可见陶器残片和炼渣，偶尔还能捡到残断的五铢钱币。汉代五铢钱在新疆各地广泛出土，但都没有像买力克阿瓦提古城遗址出土的五铢钱币这样数量巨大。张骞出使西域后，西域与中原之间的联系日益密切，汉代五铢钱在新疆的广泛发现，不仅是西域与内地之间贸易往来的证明，同时也

图3-49　买力克阿瓦提古城遗址（左）
图3-50　买力克阿瓦提古城遗址内的陶片和五铢钱币（右）

表明在汉王朝强大的政治、经济影响下，五铢钱已成为商品交换的重要媒介。

（2）一弯白色的于阗古城墙

　　跟随荣新江老师一行，我们来到位于洛浦县城北的阿克斯皮力古城遗址（图3-51）。阿克斯皮力，维吾尔语意为"白色城墙"。的确，隔着车窗，我就看到远处一道弧形的白墙矗立在沙丘中。20世纪初，斯坦因来过这里。古城为圆形，直径约305米，周长约960米，面积约10万平方米。历经千年，城墙大部分被风沙剥蚀殆尽，残存部分北墙，残墙弧长约90米、残高4—5米、底宽2.5米、顶宽1.2—

图3-51　阿克斯皮力古城遗址（上）
图3-52　阿克斯皮力古城遗址盛开的
　　　　罗布麻花（下）

2米，用土坯砌筑而成，土坯长约50厘米，宽30—40厘米，高10厘米，上面刻画有各种符号，可辨认的如 E、U、T、# 等，有专家认为是古代的文字。墙垣两端还有马面的残迹。

进入城址，我们围着城墙踏查。在这一弯残墙背后，我看到城墙外高高堆起的沙丘上，一簇簇倔强的芦苇在风中摇曳。继续前行，突然，我的眼前一亮，几株罗布麻正在怒放，上面缀满五瓣灯笼形白色花朵，藏在内部的玫红色线条勾勒出花瓣的形状（图3-52）。它们为什么要把靓丽的颜色悄悄隐藏，是在嘲弄风沙的无情吗？之前的荒凉和死寂瞬间散去，我被深深感动，不由自主地举起相机，记录下这动人的坚韧之美。在生态脆弱的地区，为了生存，植物们使出浑身解数来适应环境。生活在这里的人们又何尝不是呢？

阿克斯皮力古城也是一座于阗城，始建于汉代，直到宋代才被废弃，其圆形的平面布局是本地传统的城市形制。

（3）大地深处的于阗国都

作为政治体的于阗存在了千余年的时间，因此，"于阗"也就成了古代和田的代称。这个千年佛国的都城究竟在哪里？带着这个问题，我们来到了约特干遗址。

约特干遗址位于和田市西10公里处的巴格其镇艾拉曼村。约特干，可能是"约儿特汗"的转音，其中"约儿特"意为故乡，"汗"意为王者，即"王者之乡"。勘探表明，遗址总面积约550万平方米，距离现在的地表3.8米左右，遗址文化层厚度达3米左右，是一处沿用时间较长的于阗大型城市、聚落遗址，年代为汉代至宋元时期。我们在树林旁找到了约特干遗址的牌子。这是一块看上去颇有年头的水泥牌子，上面写着约特干遗址和自治区重点文物保护单位。目前，约特干遗址所在的地表分布着村庄、田地、树林和芦苇荡，几乎看不到遗址的痕迹。站在这里，我使劲儿搜寻脑海中储存的关于约特干遗址的信息。19世纪末20世纪初，约特干遗址不堪回首的往事袭来，我仿佛看到了一张张挖宝人因兴奋而扭曲的脸。

1866年，当时掌管和阗等地的当地阿奇木伯克（清代官名）尼亚孜为寻找黄金宝物，挖渠引喀拉喀什河水冲毁约特干遗址，并在此大肆挖掘。从此，灾难降临约特干遗址，当地官员、富豪大量雇人来此挖宝，当地村民亦加入挖宝的行列。与此同时，以英国和沙俄为代表的西方列强出于政治和寻宝目的，在我国新疆地区大肆搜寻古物，并派遣探险家盗掘古代遗址。1892年，法国人格伦纳就在约特干收集到一批陶俑、陶器和玉器等。1896年，瑞典人斯文·赫定来到约特干遗址，收集了陶动物俑、人物雕像、装饰浮雕人物的陶罐、铜佛像、钱币等数百件文物。1900年和1906年，斯坦因雇民工对约特干遗址进行盗掘，获取古钱币、红陶塑像、铜像、铜饰件、印章、金片、珠子、玉玦等文物。他们将搜集的文物偷运出境带回欧洲。欧洲人对文物的购买和追求，进一步刺激了当地官员和民众的盗掘热情。在约特干寻找古物，需用大量的水冲刷泥土。因此，挖宝只能在每年的丰水期进行。就像在和田河中寻找玉石那样，在约特干遗址挖宝也变成了当地民众一年一度的"盛事"。挖宝给约特干遗址带来的是无法弥补的灾难。19世纪末20世纪初的疯狂盗掘，让约特干遗址千疮百孔。不计其数的于阗珍宝流失海外，大英博物馆、俄罗斯艾尔米塔什博物馆、日本东京国立博物馆等海外著名博物馆都收藏有大量出自约特干遗址的珍贵文物（图3-53）。

　　约特干遗址出土的泥质红陶雕塑最引人注目，题材相当丰富，有人像、牛、马、羊、猴等，还有大量的贴塑人物、动物像等，这些雕塑形体虽小，但极其生动，充分展现了于阗工匠高超的陶塑技艺，也反映出希腊、印度、中亚等文化因素对于阗艺术的影响（图3-54）。其中的陶伎乐俑更是卓尔不凡，演奏者包括猴子、乐师和天人，演奏的乐器包括弦乐（琵琶）、吹奏乐（排箫、竖笛、埙）、打击乐（大鼓），还有猴子跳舞的形象。它们可谓是于阗乐舞的缩影（图3-55、图3-56）。

　　于阗国从诞生至公元1006年前后灭亡，在其存在的1000多年中，没有发生过迁都事件。唯一有关于阗国都的材料是宋代修建的敦煌莫高窟第454窟的

图3-53　日本大谷光瑞探险队从约特干遗址带走的青铜佛头像（左上）
图3-54　约特干遗址出土的陶来通（右上）
图3-55　约特干遗址出土的陶塑人物（左下）
图3-56　约特干遗址出土的陶塑伎乐猴（右下）

图3-57　敦煌莫高窟第454窟壁画中的于阗国都城

壁画（图3-57）。于阗国都城究竟在哪里呢？格伦纳曾提出，约特干遗址为于阗国都。斯坦因赞同他的观点，认为约特干遗址和我国古代文献中关于于阗国都城地理位置的记载相吻合。最新的考古勘探显示，约特干遗址面积达500万平方米。遗址出土的钱币包括汉晋时期的五铢钱、货泉、汉佉二体钱，唐代的开元通宝、乾元重宝、大历元宝，宋代的元祐通宝、绍圣通宝、崇宁通宝，以及喀喇汗王朝钱币，证明约特干遗址至迟在汉代已开始使用货币，一直延续到了于阗国灭亡后的喀喇汗王朝时期。遗址出土的文物种类丰富、质地上乘，很多金、银、铜、玉、玛瑙和玻璃器物等都是非同寻常的贵重物品，彰显着约特干遗址曾经的繁荣与富庶。所有这些均表明，约特干遗址长期以来是于阗的政治和经济中心，最有可能是于阗国都所在地。随着约特干遗址考古发掘工作的展开，相信于阗国都这个谜题一定会解开。

（4）在尼雅的天空下[7]

和田有个最令人神往的地方，那就是塔克拉玛干南缘现存最大的遗址群——尼雅遗址。19世纪末年，尼雅农夫伊布拉音从沙漠里发现了2块写有文字的木简，成为斯坦因寻找尼雅遗址的线索。1901—1931年，斯坦因先后四次对尼雅遗址进行盗掘，并把大量精美的文物运至印度和英国。新中国成立后，我国考古工作者经过艰苦卓绝的努力，深入塔克拉玛干沙漠，对尼雅遗址进行探查和科学发掘。1988—1997年，最大规模的尼雅遗址考古考察获得了丰硕的成果，其中1995年的考古发掘被评为当年"全国十大考古新发现"。1996年11月20日，尼雅遗址由国务院公布为第四批全国重点文物保护单位。此后的20余年里，随着考古学家对尼雅遗址考古发掘材料展开系统研究和解读，确定这里是《汉书》所载西域绿洲城邦——精绝的故地。这个在流沙中沉睡千余年的王国被唤醒：古城、佛塔、寺庙、衙署、宅院、林荫道、木桥、果园、畜圈、涝坝、冶炼炉、陶窑、丝绸、简牍、墓地……尼雅遗址因此被称作"东方庞贝"。

尼雅遗址，我向往已久。这里珍藏着精绝古国400多年的所有秘密，我一定要走进尼雅遗址，与精绝人展开近距离的对话。

1995年，齐东方老师曾作为中日尼雅遗址联合考察队的队员参加了尼雅考古发掘，亲眼见证了"五星出东方利中国"锦护膊的出土。我希望他能在20多年后重返尼雅，在尼雅遗址的现场向观众讲述当年的发掘和精绝人的精彩过往。听了我的想法，齐老师很激动，立即找出他当年发掘时戴的帽子、穿的写有"尼雅"的蓝色卫衣。齐老师告诉我，当年他们结束发掘回来，在登机时，有乘客把衣服上的"尼雅"读成了"难民"。这个看似轻松的故事，却真正道出了考古工作的艰辛。20多年前，中日尼雅遗址联合考察队的队员们在沙漠中风餐露宿，发掘多日，因而蓬头垢面、形容枯槁。或许同行的旅客真的误以为他们是一群逃难的难民（图3-58）。这顶帽子上留有当时所有参加发掘的人员的签名，在我眼里，它异常珍贵。于是，一个念头在我心中盘桓：我要戴着这顶帽子，穿着这件卫衣，走进尼雅！

图3-58   以沙洗碗的考古队员（左）
图3-59   带签名的帽子（右）

齐老师在从尼雅返回和田时，慷慨地把这顶珍贵的帽子捐赠给了和田地区博物馆（图3-59）。

2019年11月11日，我们一行十多人从和田地区博物馆出发，四辆车沿着315国道向民丰县行进，到民丰县后，车队沿着世界上最长的沙漠公路驶向尼雅遗址。沙漠公路南起和田地区民丰县，北至巴音郭楞蒙古自治州轮台县，穿越塔克拉玛干沙漠，全长565公里。公路两边树林带各60米宽，种植的是红柳和沙拐枣，采用滴灌，每隔4公里有一座泵房。沙漠公路民丰段的每座泵房，由招聘的一对内地夫妻负责在春、夏、秋三季每天骑自行车检查滴灌。齐老师说，1995年时，路上基本不见车，不像现在这么多车，而且路两侧没有树木。黑色的公路与绿色的林带宛若一条玉带向着天际延伸。车辆奔驰在沙漠公路上，沙天相接，风沙时常扑过来，被疾驰的越野车撕裂。我们在公路边一处空地停车，等待与民丰县文管所原所长吾加阿不拉会合。齐老师绝对没有想到，来者就是1995年跟他一起在尼雅遗址发掘的队友。重逢让他们感到格外高兴，两人立刻

图3-60　胡杨树上的蘑菇（左）
图3-61　枯死的胡杨（右）

在我戴的帽子上寻找吾加阿不拉所长当时的签名。傍晚时分，我们抵达尼雅遗址看护员凯塞尔的家。和田地区博物馆那件引人注目的玻璃来通就是看护员凯塞尔在尼雅遗址采集的。我们在这里住宿休整，等待第二天早晨一起出发去尼雅遗址。

　　一大早，大队人马集合，在明确了进入遗址的纪律和要求后向尼雅遗址进发。终于在一棵巨大的胡杨树旁边，我们看到了通往尼雅遗址的标识碑。秋天的胡杨树下，一地金黄。激动的我们纷纷下车与这棵挂着标牌的高龄胡杨树拍照合影。车队下了柏油路，开始在胡杨林中的沙土路上摇晃前行，胡杨树干上一朵巨大的金色蘑菇引得大家惊叫连连。我赶紧拍下树干上的蘑菇，地面上留着我和齐老师被阳光拉长的身影（图3-60）。当时我们并没有意识到，这几乎是生命最后的绽放地，前面迎接我们的就是荒凉的沙漠。在干涸的古河道边，随处都可看到枯死的胡杨。胡杨硕大的躯干被岁月掏空，哪怕只剩躯壳，仍然要在这天地间屹立（图3-61）。一种莫名的情绪在我心中升腾，几乎要把我吞噬！我开始想象前方那片沉睡千余年之久的精绝故地。

　　三块不同时期立的尼雅遗址碑出现，我们终于到达了尼雅遗址。

　　车队继续向遗址深处进发，荒凉钻进眼睛。远远望去，在无垠的沙海中，耸立着众多状如小山的沙丘。走到近前，我才发现一个沙丘就是一棵死去的巨大胡杨！大自然的威势在这里恣意纵横，生命望而却步。曾经枝繁叶茂的胡杨林变成了一眼望不到边的胡杨墓园！死亡仿佛夺走了太阳的光华，惨白的阳光下，棵棵胡杨若坚韧的舞者，尽管抵不过沙漠的肆虐而枯死，但还倔强地保持着生时的万千姿态。

　　胡杨如斯，与之共生的精绝人一定比我更懂胡杨。

　　我们终于来到精绝人的家园，只见沙海中一片片木柱兀自站立，那是一座座宅院房屋的木骨。20世纪初，斯坦因来到尼雅遗址时，这些历经千余年岁月的房屋尚存有墙壁、门楣等，屋内还陈设着精美的木制家具（图3-62）。斯坦因发现了尼雅遗址，让世人记住了尼雅。但令人痛心的是，此后短短一个世纪的时间，尼雅遗址的房屋不见了墙壁，雕刻精美的建筑构件和家具也消失无踪，只留下支撑房屋的根根木骨、移位的地袱和墙壁中夹杂的红柳与芦苇（图3-63）。我深感人为因素对遗址的破坏远比风沙迅速，尼雅遗址的保护，形势严峻且任重道远。

　　我们驱车到离佛塔很近的地方，这里建有看护遗址用的地窝子。地窝子建在沙堆下，站在沙堆上面，我完全意识不到沙堆下别有洞天。大家鱼贯而入，发现地窝子内部很宽敞，有不少房间，于是分组住下（图3-64）。

　　望着不远处落日映照下的尼雅佛塔，我抑制不住兴奋，有些难以相信自己是真的在尼雅遗址中，而且要在这里住两晚。夕阳把天空染成微微泛红的金色，让沉寂的沙中遗址多了些许的暖意（图3-65）。很快，太阳坠入沙海，一轮硕大的明月挂在天空，白色的月光下，寒意袭来，感觉厚厚的羽绒服开始失去保暖的功效。大家围坐在地窝子门前的火堆旁，在谈笑中享用醇香浓郁的美酒。我眼前的篝火开始扩大，变得模糊，我仿佛看到了1000多年前，围绕篝火载歌载

图3-62　斯坦因盗掘时的尼雅N3居址（上）
图3-63　今天的尼雅N3居址（下）

图3-64　尼雅遗址看护员临时住的地窝子（左上）
图3-65　尼雅落日（右上）
图3-66　体验沙漠车（左下）
图3-67　营救沙漠车（右下）

舞的精绝人。

　　清晨醒来，走出地窝子，我大口呼吸着这里的新鲜空气，发现尼雅的天空有一种难以形容的美。吃完早饭，我们出发考察遗址。车辆在沙海中轰鸣着，吃力地向前行。习惯在柏油路上驰骋的路虎，完全失去了平日的风采，陷入沙中动弹不得。当然，不只是路虎，再强劲的越野车也时常陷入沙中，推车就成了我们尼雅遗址考察路上的必备动作。看护员乘坐的沙漠车却大显身手，一往无前。大家纷纷挤上沙漠车，穿行在遗址中（图3-66）。但有时候，神勇的沙漠车也会被流沙拖住，无法前进（图3-67）。

　　尼雅佛塔是尼雅遗址的地标性建筑，佛塔下部为两层正方形基座，上部为圆柱形塔身，由土坯与掺杂麻刀的黏土交替砌筑而成。尼雅遗址是以尼雅佛塔为中心布局的。现存的房屋遗址从规模上可以分为超大型、大型、中型和小型四个等级。整个遗址只有 1 处超大型居址群，即斯坦因编号为 N2 的居址；有大型房屋居址 5 处，每处居址有 10—20 间房间；中型房屋居址约 15 处，每处居址的房间数为 5—10 间；小型房屋居址约 14 处。居址的规模与居住人口的多少、居住人的身份密切相关，存在着明显的等级差别。

　　精绝人的房屋沿袭着青铜时代以来的建筑传统，大部分都是木骨泥墙，极少数高级房屋用土坯建成。房屋建筑为木框架结构，框架和木骨都采用胡杨木料。巨大的地栿也采用榫卯结构进行连接（图 3-68），整座建筑不见一根金属构件，连门板都是用木钉连接加固的（图 3-69）。许多建筑构件都雕刻有精美的纹样。斯坦因在这里发现有斗拱。地栿和斗拱都是中原地区传统的建筑构件，它们被用于精绝建筑中，无疑是受中原建筑影响的结果。精绝人的居所，都设有中央大厅空间，屋后多数种有高大的杨树。多数居址包括篱笆、畜棚、果园、蓄水池、灌溉设施等，形成一个相对封闭的居住空间。精绝居民的建筑方式、建筑布局和居住习惯，仍在今天的和田地区延续。尼雅遗址附近的红旗村居民的房屋就是木骨泥墙的建筑，包括阿以旺（中央大厅，接待、团聚的地方）、萨拉依（客人留宿的地方）、修库艾（内部空间）、塔克歇（外间）四个部分，建筑方式和布局均与精绝人的居所类似，存在核心空间，房间垒砌有土炕，设有储存室、厨房等。

　　我们来到位于尼雅佛塔以南约 3 公里处的 N3 居址，齐老师在这里接受了采访。N3 居址为单独的院落，由 12 间房屋组成，总面积达 1475 平方米，属于大型房址。房屋采用木骨泥墙的建筑方式，竖立的木柱顶端有圆柱形、尖锥形等的插隼和"V"字形的支撑，有的承重柱下端两侧加设有斜向的撑木（图 3-70）。木门已经脱离了门框，我们还在一间屋子内发现了馕坑。屋后的畜圈附近有多棵倒地的粗大杨树。篱笆墙并没有把整个居址围起来，只围了房屋及部分树林，畜圈及果园在篱

图3-68　尼雅N41居址的胡杨木地栿（上）

图3-69　尼雅N3居址木门上的木钉（下）

图3-70　尼雅N3居址中的承重柱

笆外，房屋南面有一大片树林，树林和篱笆墙把 N3 居址围成相对封闭的院落。占地面积大，空间宽敞，房屋用途也比较多元。斯坦因在 N3 居址盗掘出武器、鞍架、犍陀罗风格的壁画装饰、华丽的雕花木椅等。房屋建筑的规模和家居陈设表明，N3 居址的主人具有较高的社会地位，应是精绝社会的贵族阶层。

　　规模稍小的 N4 居址与 N3 居址毗邻，也是木骨泥墙的建筑，由 9 间房屋构成，总面积 868 平方米。篱笆墙把居址全部包围，里面有房屋、果园及牲畜棚，形成一个封闭的院落。东北约 24 米处及西北篱笆墙外有两处公共凉亭，果园南边有一条乡村小道。居址中设有公事房，曾出土大量佉卢文文书。斯坦因当年在 N4 居址发现了类似今天流行的新疆热瓦普的乐器残件、3 根筷子、装饰犍陀罗风格动物造型的精美木椅等，本地文化、中原文化和中亚文化在这里汇聚。这所居址的主人见过大世面，熟悉中原的饮食文化，喜爱音乐，精神生活相当丰富，应是精绝贵族成员。

　　下午，我们考察尼雅遗址中唯一的超大型建筑群 N2 居址。居址位于佛塔东北 770 米处，是离尼雅佛塔最近的建筑群。这样特殊的地理位置和组团式的结构彰显着 N2 居址的独特地位。整个建筑群由 19 处居所构成，呈环状聚拢排列，中心地区是一处广场。N2 居址中有一处居所是用土坯垒砌的，其他的都是木骨泥墙建筑。其中的 1 号居所布局主次分明：中间区域是中央大厅，类似今天和田民居的"阿以旺"，为家庭成员交流、会客、纳凉、休息、进餐、纺织的空间；在一个房间的东墙发现炉灶，白天用来煮食、晚上用以取暖，属于公共设备；另一个房间中央有地炉，实为馕坑，用以烤制饼食；其他房间中设置土炕。N2 居址是经过特别规划设计的，房屋建筑方式、内部结构等比较一致。

　　说实话，和田的文物非常丰富，可惜大多都不属于和田地区博物馆，散布在世界各地。我非常希望能在尼雅遗址中采集点可以展出的文物。尼雅遗址经过人们百年的"搜刮"，除了不可移动的房屋柱梁，已很难找到小件的文物。我们在居址内发现了一个硕大的红柳编筐，纹理跟我们今天的席子相同，充满

图3-71　尼雅N2居址中的红柳筐（左）
图3-72　尼雅N2居址中的炉灶和木门（中）
图3-73　尼雅N14居址（右）

流沙。我们稍作解剖，原来黄沙下面都是骆驼粪便（图3-71）。看到这些历经千余年的骆驼粪便，我非常激动，因为有了这些，展览就可以向观众证明精绝人畜养骆驼了。于是，我小心取出数粒，精心包裹好，带回博物馆。这些精绝骆驼的粪便后来就成为和田历史文化陈列第三部分的文物展品。我们还在一间房屋内看到炉灶残迹，炉灶旁边还存有木门的下半部（图3-72）。在另一个房间内，我看到了沿墙设置的土台。

　　根据推算，N2居址的居住人口有百余人，中间的广场应是居民进行买卖、休闲、庆祝等集体活动的地方。此外，N2居址北面有蓄水池，西部边缘挖有冰窖。整个居址就如同一个微型社区，应为"十户"以上的聚落集体。目前，居民的准确身份尚无定论，由于其处于尼雅遗址中心区域，学者推测N2居址可能是精绝的普通衙署人员及其亲属的居所。

　　跟着看护员凯赛尔，我们来到N14居址。N14居址位于尼雅遗址的北部，距离尼雅佛塔约6公里，由4栋建筑组成，也是木骨泥墙的建筑，粗大的承重木柱已经歪斜（图3-73）。1号建筑面积约为920平方米，中央用4根直径约30—40厘米的圆木柱支撑大型屋顶或天窗。2号建筑面积约为119平方米。如此大面积的房屋建筑，在尼雅遗址中比较罕见。居址旁有葡萄园和池塘，东北有一处畜圈，里面堆积着厚厚的动物粪便。南侧附属有大型作坊，包括4座炼炉、2座窑址。在作坊区曾发现大量的珊瑚装饰品、小型木器、青铜器、铁箭头和陶片。我们在这里的地表，仍能看到成片的红色碎陶片。作坊外有用来划分区域的栅栏及大树。推测此作坊应是官府手工业区，生产规模比尼雅遗址发现的其他作坊遗迹规模大，产品种类也比较多。

在N14居址曾出土11件汉文木简，其中包括"皇帝赫然斯怒，覆整英旅，命遣武臣""皇帝大军""所寇愿得汉使者使此故及言""大宛王使羌左大月氏使上所"汉简，可能是精绝王室内政、外交方面的公务档案。有些汉简上写有"王母""王""大王""臣""夫人""春君""且末夫人""大子""小大子"等，这些应是对精绝王室成员的称谓。据推测，这批木简的年代为东汉时期。斯坦因、王国维、孟凡人、段晴等学者普遍认为N14居址是汉代精绝王室的居所。

N5居址坐落在古尼雅河河床附近的孤岛台地上。由两组房屋建筑、佛寺、冰窖、院门、果园、畜棚、篱笆组成，属院落式布局的建筑群（图3-74）。1995年，中日尼雅遗址联合考察队曾对N5居址进行发掘（图3-75）。居址内的房屋也是木骨泥墙的建筑，我们在沙土中发现了一件体量较大的木柱础。N5居址内有僧侣居住用房，其中发现有木雕菩萨像（图3-76）；佛寺面积约28平方米，是一座回字形的高台建筑，内塑基座和佛像，四壁绘佛像、菩萨像等壁画。居址内发现有大量的汉文和佉卢文简牍。汉文木简包括"泰始五年十月戊午朔廿五日丁丑敦煌太守""晋守侍中大都尉奉晋大侯亲晋鄯善焉耆龟兹疏勒于阗王写下诏书到""月支国胡支柱"过所等，表明N5居址可能为西晋时期鄯善国精绝州主要衙署所在地。N5居址是一处封闭性围合空间，这里的佛寺应不是向全体精绝居民开放的场所，而是当时精绝上层尊奉佛教的证据。

图3-74 尼雅N5居址（上）

图3-75 1995年尼雅N5佛寺遗址发掘现场（左下）

图3-76 尼雅N5居址出土的木雕菩萨像（右下）

尼雅遗址中的佛塔、N5 居址中的佛寺遗址、佛像壁画等证实了汉晋时期精绝人对佛教的崇尚。供信徒瞻礼的佛塔是精绝的地标性建筑，至今仍矗立在尼雅遗址的中心地带，骄傲地向世人展示着昔日的荣耀。N5 居址中的佛寺与西晋时期鄯善国精绝州衙署共处于一个建筑群内，充分展现了佛教在精绝的地位以及其与世俗政治之间的密切关系。

尼雅遗址出土的佉卢文佛教文献《法集要颂经》《浴佛斋祷文》《解脱戒本》《僧约》等，位列迄今发现的年代最古老的佛教文献。遗址中出土的第 511 号佉卢文文书记载了精绝浴佛的仪式："无论何人为 Ganottama 佛浴身，便会变得目洁眼明，手足肌肤洁白细嫩，容貌美观……在浴佛中，奉供系最好最美之献礼……荣誉属于乐于为人类行善之诸耆那，诸如来及至高无上之真理之启示……愿世间时刻祈祷丰衣足食；愿奉献之主帝释天增多雨水；愿五谷丰登，王道昌盛。愿彼在诸神之佛法下永生。"在精绝数百年的历史中，佛教是人们最主要的信仰和精神寄托，浴佛是精绝隆重而神圣的宗教集会。

很明显，精绝社会具有明显的等级之分，居所的空间规模和附属设施显示，房屋建筑规模越大，所有者拥有土地面积越多，其所掌控的资源也越丰富，社会地位也越高。尼雅遗址出土的第 450 号佉卢文文书是一封黎帕那给楼耶及陆迦耶的信，信中说"汝之房屋和土地，余现允许出售。汝及汝之母亲、妻子、儿子和女儿应一起来此。务必来此地耕作"。证明精绝人多是集体居住，父母与已婚子女一起生活，已婚子女又有自己的孩子，三代人组成一个生活群组，共同生产和生活。这跟尼雅遗址多房间的居住布局相符合。

一个世纪前，斯坦因发现尼雅遗址时，从这里盗掘走众多的珍贵文物。和田地区博物馆展品严重匮乏，我深受"无米之炊"的煎熬，渴望能从沙土中发现一件半件遗物，可以补充展览所需的展品。同伴们忙于欣赏尼雅遗址的美景，我瞪大眼睛，仔细在地面搜寻，期望有一片木牍或一支木笔正等待我发现它，把它带回博物馆！我有些恍惚，感觉地上杂乱散布的木棍都变成了木笔，仔细

图3-77　尼雅N29居址佉卢文木牍出土场景

看又都不是。望着远处的伙伴，我绝望地离开，向他们追奔去。那一刻，我既羡慕又怨恨斯坦因。要知道，当年斯坦因从尼雅遗址掘得上千件佉卢文木牍！20世纪50年代以后，新疆考古队、中日联合考察队等在尼雅遗址也只收集到近170件佉卢文文书（图3-77）。佉卢文是精绝社会通行文字，多书写在木牍上，形制与功能仿效中原内地简牍，楔形木牍多为国王敕谕，矩形木牍常用作买卖的契券、信函、法律判决书等，世俗文书占出土佉卢文文书的大多数。但在精绝，汉文是官方文字，是精绝王室及高级官员对外沟通、履行政务所用文字，尼雅遗址共发现百余件汉文木简，出土地点集中在N5、N14和N15居址。

　　我们来到一大片葡萄园，残留的葡萄树排布得整齐而有序（图3-78）。考古队员在葡萄园中挖出过大陶缸，推测是盛装葡萄酒的器具。这使我想起今天和田地区葡萄园的样子，采摘葡萄的景象已经分不清古今。我不禁感叹和田葡萄种植历史的悠久。置身园中，我闭上双眼，充分放飞自己的想象，努力让生命重返这个巨大的

图3-78　尼雅遗址的大葡萄园

葡萄园，汉晋时期的精绝人采摘葡萄的场景重现：一片葱绿中点缀着数不清的青白色、紫色、紫红色的葡萄串串，满头发辫的姑娘和浓眉大眼的小伙在欢声笑语中劳作。我相信精绝人为了庆祝丰收，也一定会在这葡萄园里载歌载舞吧。那是怎样歌舞升平的景象啊！

　　离开葡萄园，我们向N41居址方向前进，路过著名的尼雅木桥遗迹。我看过20多年前刘玉生老师拍摄的尼雅木桥的照片：干涸的河床中只有河水蒸发后留下的白色盐碱，木桥延伸至河床中间，另一半已不知所终，周围是高耸的红柳沙包，死亡的巨大张力向周围弥漫（图3-79）。我站在木桥旁，望着四周，发现红柳沙包依然在，这里有了生命的迹象，河床中长出许多红柳，但木桥又短了许多（图3-80）。我心里一阵恸动：或许有一天，尼雅木桥会消失不见！

　　此时的我发现，自己在不知不觉中深深地爱上了和田这片土地，太想留住这精绝人壮美的无色家园！我问自己：展览能做到吗？我应该再来尼雅遗址。

图3-79　20多年前的尼雅木桥遗迹（上）
图3-80　现在的尼雅木桥遗迹（下）

离开木桥遗迹，我们继续前进。我很想找到鄯善王子为精绝人萨迦牟云购置的房产——N29 居址。听说现在已完全被沙丘掩埋，只有当年拍摄的照片。我们于是来到离 N29 居址不远的 N41 居址。N41 居址位于一处台地上，也是多间布局的木骨泥墙建筑，还能清楚地看到泥墙中残留的红柳和芦苇。居址前面是一片开阔的洼地，现在长满了红柳，汉晋时期，这里或许是一池清水。站在居址中，面向洼地，洼地右侧是葡萄园。我沿着葡萄园向前走，回来时穿过洼地中的红柳林，发现这里还有看上去非常新鲜的动物粪便，难道今天还有人在这里放牧？洼地左侧的高地地表有大片的陶片，有的地方露着灰土。我轻轻剥去沙土，出现了烧土块和炭灰，确定这里是窑址，便把沙土覆上。窑址的左后方是一处畜圈，粪层厚达半米多。居址左后方，是涝坝（蓄水池），沿着涝坝的弧形边缘种有树木。可以清楚地看到，篱笆围着的范围均属 N41 房主所有（图 3-81）。

11 月 14 日下午 4 点，我们来到尼雅南方古城遗址，古城为近圆形，是当地传统的形制，地表还残留有断断续续的城墙。古城内随处可见高大的红柳沙包和枯死的胡杨树（图 3-82）。城内没有发现明显的遗迹，我们登上一处很高的红柳沙包观望周围，看到下面有一大块平坦的空地，两棵身躯硕大的胡杨屹立在那里，不知它们何时被夺走了生命。经过几天的考察，刚来时的兴奋和激情逐渐消退，疲惫悄悄爬上来，有几位队员索性躺在城内的沙地上小憩。一向创意多多的齐老师，也在红柳沙包的坡上摆了一个迷人的 pose（图 3-83）。

尼雅遗址不仅出土有石磨盘、石臼、木锨、木耜、木榔头、铁犁等农业生产工具，还有粟、黍、小麦、青稞的种子，以及棉铃、葫芦残片、豆角、桃核、葡萄籽、沙枣核、梨子等。遗址内还有涝坝、灌溉遗迹等。出土的佉卢文文书记载"小麦曾灌水二三次"，"另一次播种已在……地上（进行）；索柯多之地正在播种；余已在克德沙那之土地上播种，收到 2 米里马谷物"。这些都表明，精绝生业中有灌溉农业，精绝人栽种的果树品种包括葡萄、桃树、杏树、梨树等，

图3-81 尼雅N41居址（左上）
图3-82 尼雅南方古城遗址残存的城墙（右上）
图3-83 创意无限的齐老师（左下）
图3-84 尼雅N14居址东北的牲畜圈（右下）

　　与今天和田地区的果树品种大体一致。遗址内大量的牲畜圈和厚厚的牲畜粪便堆积显示，精绝人饲养牛、羊、骆驼等牲畜，畜牧业也是精绝的主要生业（图3-84）。羊、牛是精绝人主要的肉食来源，骆驼、马和驴子是出行的交通工具。与克里雅河下游地区的居民一样，精绝人的生业也是农牧并举。

　　精绝人因地制宜，擅长制作各种木器、骨器、铁器、青铜器物等，尼雅遗址中发现的冶炼作坊、窑炉以及出土遗物展现了精绝繁荣的手工业，其中包括木器加工业、纺织业、制陶业、冶铁业。同时，为了保护脆弱的自然生态，精绝人制定了严格的法律，规范人们对土地、树木、水等资源的利用。精绝社会是一个在律法规范下的秩序社会。

图3-85　1995年尼雅遗址1号墓地M8发掘现场（左）
图3-86　2019年的尼雅遗址1号墓地（右）

　　在生活区域考察完毕，我们决定去探寻精绝人的彼岸世界——尼雅遗址1号墓地。1995年，中日尼雅遗址联合考察队发现并发掘该墓地，在M3和M8两座墓葬出土了大量的珍贵文物，如"五星出东方利中国"锦护膊、"王侯合昏"锦衾等，被评为当年的"全国十大考古新发现"（图3-85）。1997年，又对西侧新暴露的6座墓葬进行了发掘，其中包括保存状况良好的M6夫妇合葬墓。这是精绝王的埋葬地，葬入此墓地的一定是精绝王室成员或高等级贵族。

　　我们到达墓地时，现场一片狼藉，令人不忍直视。一具独木棺残躯暴露在地表，旁边是一堆煞白的人骨。地表到处是人骨，还有小孩子的下颌骨和头盖骨（图3-86）。这应该是盗墓之后的现场！作为考古人，每每看到这种场景，就心碎一地！吾加阿不拉所长告诉我们，1998—2007年，共抓获8批盗掘尼雅遗址的犯罪分子，判刑109人，这些人来自民丰县、于田县、洛浦县等地。在巨大经济利益的驱使下，这些不法分子多次深入尼雅遗址进行盗窃，无比珍贵的"元和元年"锦囊就是1998年追缴的尼雅遗址被盗文物。辽阔的土地、浩瀚的沙漠、偷盗分子的猖獗、专业人员的短缺，和田文化遗产的保护实在是艰巨的任务！

图3-87　尼雅遗址1号墓地出土的盛羊头的木盆

　　助手在这里继续采访齐老师，进行"专家讲展览"的拍摄。我们仔细查看暴露在地表的物品。有一具独木棺一半在沙中，一半露在外面。旁边有人体椎骨，有的椎骨还裹着织物。我蹲下来想发掘一下，看能否在沙中找到一些可以供展览展出的文物。令人失望的是，盗扰把死者尸身弄得支离破碎，连织物也无法找到成块的。原本粘连的椎骨断开，我惊讶地发现，这逾千年的逝者，椎骨中居然是鲜艳的血红色！实在不忍打扰逝者的安宁，我们把露出的骨殖掩埋，虔诚地为他们祈祷，驱车离开。

　　从遗址中墓地的位置看，精绝人的墓地都分布在居住区外的郊野。死者通常采取仰身直肢的葬式，流行覆面和以布条承托下颌，随葬物品因男女性别不同而有差异，大多为实用的陶器、木器等，木盆中常放置有羊头或羊肉（图3-87）。死者颌下至头顶系有护颌带。精绝人按照社会身份和地位安排墓地，以生时的居所和家具体现身份等级，安置尸体的葬具和随葬品的品质也同样是身份等级的标识。精绝王族成员重视夫妻关系，逝者采用夫妇合葬。精绝王以采用榫卯结构制作的箱式木棺作为葬具，体积较大，里面放置了数量众多的各种随葬品，墓主人身上华贵的丝衣和精美随葬品令人叹为观止。绝大多数精绝人的葬具则为用胡杨树干掏挖而成的独木棺，随葬品数量和品质也无法跟王室上层比。身份高贵的死者头枕鸡鸣枕、棺内放置木权状楎椸等的做法体现了中原葬俗及礼仪对精绝社会的影响。

神爵二年（前60），西汉设置西域都护府，精绝成为汉朝的属地。此后，经历三国和西晋，直至其废弃时，精绝主要处在中原王朝的统治之下。敦煌悬泉置汉简记载了精绝王朝贡汉朝的史实；尼雅遗址发现的"司禾府印"煤精印表明东汉政府在精绝设置司禾府负责屯田；"汉精绝王承书从""晋守侍中大都尉奉晋大侯亲晋鄯善焉耆龟兹疏勒于阗王写下诏书到"木简以及"月支国胡支柱"过所木简不仅证明汉文是精绝的官方文字之一，也揭示了汉晋王朝天子诏书的传抄和以"过所"为代表的内地文书行政系统在精绝的施行。此外，汉晋王朝赏赐的高档丝绸，精绝贵族学习汉语的字书《仓颉篇》以及书写的隶书表文，来自内地的五铢钱、铜量、弩机、筷子、鸡鸣枕等，充分展现了汉晋王朝对精绝的管理以及中原文化和习俗对精绝的影响。遗址内的桑树、出土的蚕茧和铁犁显示，中原内地先进的犁耕技术和养蚕缫丝技术等传入精绝，极大地丰富了精绝人的物质世界，促进了精绝社会经济和文化的发展。汉晋王朝的管理和经营为精绝提供了强大的后盾，精绝与内地之间的联系加强，社会经济和文化得到快速发展和繁荣。

精绝地处丝绸之路南道的要隘，精绝人创造了兼容并蓄的多彩文化。尼雅佛塔造型、佛像壁画、佉卢文木牍、粟特文纸文书、棉布上印染的丰收女神像、封泥上的带翼神兽、蜻蜓眼玻璃珠、玻璃来通等，以及精绝人家具、梁柱和剑鞘上的装饰纹样等带有丰富的异域文化因素，见证了印度文化、犍陀罗文化、贵霜文化、粟特文化、萨珊波斯文明、希腊文明以及罗马文明等在这里汇聚与交融（图3-88至图3-90）。

2019年11月14日，车队离开尼雅遗址。车轮卷起黄沙，尼雅遗址逐渐模糊。我的脑海中冒出一个个陌生而又熟悉的精绝人名：精绝王妃深情地目送丈夫踏

图3-88　尼雅遗址出土的角花押（左上）

图3-89　尼雅遗址出土的玻璃来通（左下）

图3-90　尼雅遗址出土的彩绘人物纹木家具腿（右）

上朝汉之路，屯田的汉兵正在扬鞭驱使拉犁的耕牛快走，"元和元年"锦囊的主人也不希望班超回朝，鄯善王子功德力给萨迦牟云买了一套房子，萨迦牟云的妻子妙可正在呼唤孩子们回家吃饭，族长法护气愤地告诉妙可母亲阿尔吉萨他要起诉萨迦牟云，跟詹毗罗离婚后的五爱带着孩子回到娘家，税监波格那家的母牛跑到了秦人[8]那里，鄯善国王在亲自审理一桩精绝案子……我如何才能不负他们，齐聚散落在外的尼雅出土文物，通过展览让精绝历史的泉眼再次喷涌、重现精绝人的缤纷世界呢？

拜访于阗人的天国居所，我们考察的第二类考古遗存是墓葬遗迹。

（1）昆仑山前长眠地

山普拉墓地位于和田地区洛浦县城西南 14 公里山普鲁镇沙依巴格村，分布在昆仑山山前的戈壁台地上，东西长 6 公里，南北宽 1 公里，由东、西两部分组成，年代为公元前 1 世纪至公元 4 世纪末，相当于汉晋时期。山普拉墓地是于阗居民的墓地，2001 年被国务院公布为第五批全国重点文物保护单位。

1981 年前，山普拉居民在墓地西部开渠造田，水渠决口，洪水由南向北横溢，冲出一条南北向的冲沟，使古墓葬暴露出来。1983 年，由国家文物局和新疆维吾尔自治区博物馆组成的文物考古调查组对山普拉墓群 I 号墓地进行了调查发掘。1984 年，新疆维吾尔自治区博物馆与和田地区文物管理所再次对山普拉墓群 I 号墓地进行发掘。1992 年，新疆维吾尔自治区文物考古研究所对墓群的 II 号墓进行抢救性发掘。1996 年，和田地区文物管理所对墓群 III 号墓地中的 1 座墓葬进行了抢救性的清理。共清理墓葬 68 座、殉马坑 2 座。

这里有刀形竖穴土坑墓 6 座，长方形竖穴土坑墓 61 座，另外 1 座墓葬形制不明。63 座墓葬有葬具，葬具包括木尸床、柳条编的席子、原木棺、箱式木棺、毛毡和毛毯等；埋葬方式有单人葬、双人合葬、多人合葬、丛葬等几种形式；随葬物品有工具、生活用品、装饰品、衣物等；出土文物丰富，皮、毛毡、毛织物做成的服饰特色鲜明。精美的丝织品、汉代铜镜和带有异域风格图案的毛织品是东西方文化汇聚于阗的物证（图3-91至图3-94）。

比孜力墓地位于洛浦县山普鲁镇比孜力村东南侧的二级、三级台地上，是于阗居民的葬地，多数墓葬地表不见任何标志，少数墓葬地表有黄土卵石堆筑的封堆，年代为曹魏至晋代。

2016年3月至4月，新疆维吾尔自治区文物考古研究所对比孜力墓地进行考古发掘，共发掘墓葬40座。这里墓葬形制复杂多样，有刀形或长方形竖穴土坑墓、箱式木棺墓、独木棺墓等类型，其中以独木棺为葬具的墓葬数最多（图3-95）。

独木棺有原木式、半原木式、独木式三种。原木式木棺呈桶形，是将一段外表去皮的胡杨原木两端削砍平齐，内部掏空后，将墓主放入后埋葬。半原木式有扣于墓主身上和墓主置于棺内两种：第一种木棺制作较粗糙，内部掏空，外表稍加削砍，有的还带有树皮树根；第二种木棺上有盖板，两端有挡板，挡板和棺体间用木钉加固。独木式棺由一整块木头掏挖而成，截面大致呈梯形，上有盖板。绝大多数为单人葬，也有少量交叉放置的双人或三人葬，仰身直肢，头向北，身盖毛毡披风，脚穿毡袜，面部蒙盖原色或花格纹毛布，头戴花环，随葬遗物有平底陶罐、单耳木杯、马蹄形木梳、食盒等。死者颌下至头顶系有刺绣或毛布护颌带，与精绝人的相同。

与山普拉墓地类似，比孜力墓地也发现有一座刀形墓葬，墓中埋葬了100多人，其中有男性，更多的是女性和儿童，死者葬式有俯身直肢、仰身屈肢和侧身直肢。令人感到不解的是，有一座墓葬木棺内葬有2位中年男性，在下者仰面，在上者俯面，面对面而葬。这种特殊的埋葬方式是出于什么目的呢？目前仍是未解之谜。

（2）于阗王族最后的冥居

布扎克墓地位于和田县布扎克乡阿孜乃巴扎村旁，地处山前冲积扇尾端，地势由南向北倾斜。地表为砾石戈壁。墓地中古代墓葬与现代伊斯兰墓葬混杂在一起，现代人在挖墓穴时，往往会挖出古代的墓葬。古墓为竖穴土坑墓，葬具流行彩绘木棺，葬式为仰身直肢，死者多身着丝绸衣服，颌下至头顶系有绢质护颌带，随葬制作精美的陶器、木器等。其中一座儿童墓葬以箱式木棺为葬具，棺内儿童干尸仰身直肢，

图3-91　山普拉墓地出土的
连体双鸟木雕（上）
图3-92　山普拉墓地出土的
毛布裙残片（中）
图3-93　山普拉墓地出土的
漆篦（下左）
图3-94　山普拉墓地出土的
项链（下右）

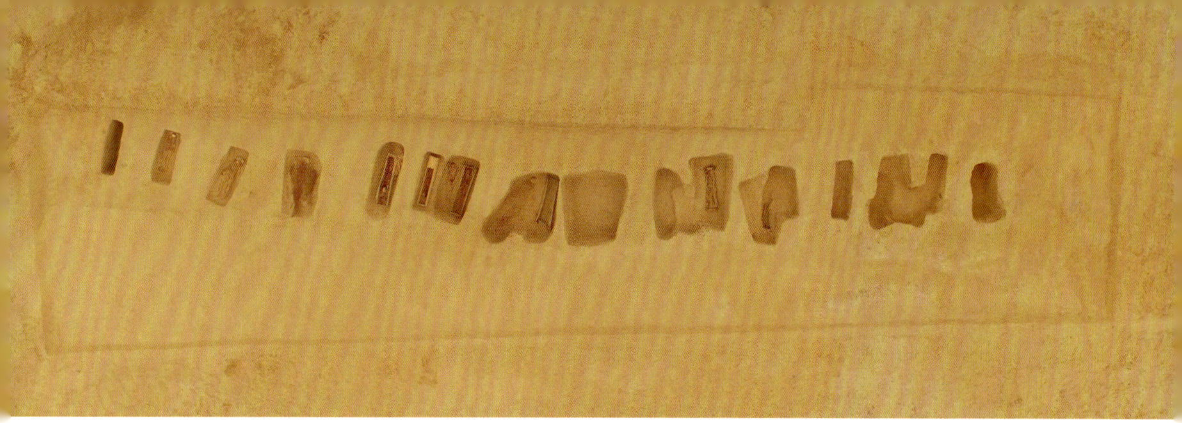

图3-95　比孜力墓地发掘现场

身穿毛布衣，颈部戴有珍贵的蜻蜓眼玻璃串珠，手臂戴有青铜手镯。随葬有1件红陶单耳壶。从木棺形制和佩戴珠饰看，墓主应是于阗贵族家中早夭的儿童。还有一名女孩干尸身穿圆领长袖连身褶裥裙，这种高腰长裙在唐代十分流行，敦煌壁画中于阗公主的服饰也是如此，证明五代至宋初和田地区在服饰文化上与中原地区有着紧密的联系。最有特点的是李枉儿墓，采用中原式葬具，棺体四周分别彩绘青龙、白虎、朱雀、玄武等图案，彩棺头挡板上绘一门，门上立朱雀（图3-96）。整个彩棺所有连接部位均以木销和木钉固定。木棺的样式与唐至五代时期中原流行的佛舍利棺十分类似，四灵兽独具中原道教文化气息，是中原地区佛教与道教相互融合再西传于阗的产物。出土的卷草纹白绫边缘有墨书汉文"夫人信附　男宰相李枉儿"，另一侧边缘墨书意为"此属于李宰相"的于阗文。这位名为"李枉儿"的宰相应是于阗王族成员。布扎克墓地应是五代至宋初于阗国最高等级的贵族墓地。

　　汉晋时期的于阗和精绝在丧葬习俗上有着很多相似的特点，高等级死者葬具多用箱式木棺，流行独木棺，死者多仰身直肢，颌下至头顶系护颌带，殉牲为以木盆所盛羊头、羊腿等。颌下至头顶系护颌带的葬俗从汉晋流行至五代，至今和田地区的居民仍有为死者系护颌带的习俗。和田地区的丧葬习俗有明显的传统和承继性。当然，中原文化和丧葬习俗对汉晋至宋初的和田地区有明显的影响。

　　来到庄严神圣之地，我们考察的第三类是与和田居民信仰相关的遗址遗迹。

　　与和田地区居民信仰相关的遗址是和田历史文化重要的组成部分，也是和田历史文化陈列需要重点阐释和呈现的对象。弄清和田地区居民信仰的发展更是展览的

图3-96 彩绘木棺

使命之一。我需要细致梳理和田地区的相关遗迹，读懂2000多年来和田地区的
发展变化，尤其是佛教的源流与发展脉络。

在较短的一段时间内，我大量翻看阅读相关研究文章，很快有了总体的把
握和认识，为实地考察提供了知识支撑。

公元前1世纪左右，佛教传入和田地区。目前，多数学者认为和田地区是
佛教东传的关键节点。佛教传入之后，成为当时抒弥、于阗、精绝、渠勒、皮
山和戎卢等六国居民信奉的宗教。

5世纪，于阗佛教达到鼎盛，佛寺林立，佛教活动如行像、讲经等都很盛行，
于阗佛寺布局等对新疆其他地区的佛教建筑、石窟等都产生了一定的影响。唐
朝在于阗建汉寺，其中有龙兴寺、开元寺和护国寺等。于阗在千余年的发展过
程中，创造了卓越的佛教艺术和文化。和田地区现存的佛寺遗址有30余处，绝
大多数都是于阗佛教的遗产。

公元10世纪中叶开始，信奉伊斯兰教的喀喇汗王朝对于阗佛国发动了长达

40 余年的战争，最终于公元 1006 年攻灭于阗。和田地区的佛教急剧衰落，被伊斯兰教取代。在和田历史中，公元前 1 世纪至公元 11 世纪初流行的主要宗教是佛教，此后至今，伊斯兰教流行。由于和田地区在历史上属于丝绸之路南道的中枢，不同宗教信仰的人群往来或扎根于此，因此，古今和田地区一直都是多宗教并存，道教、祆教、景教、摩尼教等宗教的相关遗存在和田地区均有发现。

我一边实地考察，一边酝酿展览构思。

（1）在热瓦克佛寺遗址领略庄严堆积的神圣

热瓦克佛寺遗址是最吸引我的，也是我来过次数最多的地方。遗址位于洛浦县吉亚乡西北约 40 公里的沙漠中，是一处以佛塔为中心的寺院建筑遗址，总面积 2242.25 平方米。始建于公元 2—3 世纪，延续至唐代，是和田地区现存比较完整、年代较早的佛教建筑。寺院建筑遗址平面呈方形，院墙以土坯砌筑，南墙中部为寺院大门。佛塔置于方形院内，坐北朝南，也用土坯砌筑而成，其平面呈"十"字，残高 9 米。塔基平面呈方形，边长 15 米，基座有两层。塔身为圆柱体，底端直径 9.6 米，残高 3.6 米，塔顶原为覆钵式。热瓦克佛塔的形制与阿富汗巴尔赫附近的托皮鲁斯提姆塔相似，是对迦腻色伽塔的继承和发展（图 3-97）。

1901 年 4 月 11—18 日，斯坦因在此进行盗掘（图 3-98）。根据其描述，热瓦克佛塔院墙内外两侧壁上塑有丰富多彩的巨型彩绘泥塑，以佛和菩萨像为主。斯坦因曾盗掘清理了东南壁大部分和西南壁的一部分，并清理出共计 91 身塑像，主尊立佛两侧均配置菩萨与供养人，还有浮雕饰件及少量绘有装饰图案的壁画（图 3-99）。他还在佛塔周边发现红、灰陶器残片，五铢钱与佛像残片等遗物。斯坦因带走了所有他能带走的珍贵文物，回填了不能运走的塑像。斯坦因的著作中公布了这些塑像的图像，虽然是黑白照片，但仍然迸射出震撼人心的艺术魅力。

每次过来这里，我都会给佛塔拍一圈照片。镜头记录的佛塔与周遭环境变化多样。站在佛塔旁，我忍不住想象热瓦克佛寺原本的模样。院墙上数以百计的巨型佛和菩萨像，身着彩绘华服，柔和的目光俯视着芸芸众生，庄严堆积出神圣！于阗民

图3-97 热瓦克佛塔（上）

图3-98 1901年热瓦克佛塔盗掘现场（左下）

图3-99 热瓦克佛塔院墙上的塑像（右下）

图3-100　牛头山洞窟外景

众奉上无尽虔诚，以金箔贴像，虔心请愿。这些彩绘雕塑的衣纹线条与北宋陈用志《仿尉迟乙僧释迦出山图》的表现手法如出一辙，是于阗画派成就的珍贵物证。

（2）寻找于阗牛头山

2019年8月，我跟荣新江老师等一行来牛头山考察。出发前，我做了一些功课。在于阗众多的相关遗址和寺庙中，最著名的要数牛头山（图3-100）。唐玄奘《大唐西域记》称作瞿室陵伽山，位于于阗王城西南10多公里外，佛寺建于山谷之间。据说是因为山巅有两座山丘突兀而立，"山峰两起，岩险四绝"，因此叫"牛头山"，又叫"牛角山"。对于牛头山的位置，中外学者持不同意见。斯坦因认为牛头山佛寺遗址在今天和田绿洲西南端喀拉喀什河岸的库玛尔山。目前，学界一般认同此说。

随着佛教东传,加上瓜州和沙州(今敦煌和瓜州县一带)的归义军曹氏家族与于阗尉迟王族的联姻,牛头山和其他于阗佛教故事成为敦煌佛教艺术的重要题材,敦煌壁画中常见于阗瑞像和圣迹图。早在中唐,敦煌就有牛头山释迦瑞像。曹氏归义军政权时期(914—1036),牛头山故事与其他佛教历史故事画结合,形成圣迹图,常常以大幅画面绘于洞窟甬道的顶部。瑞像退居于圣迹图的周侧。敦煌壁画中的牛头山图,汇集印度、于阗、中原的故事,是印度佛教经于阗传入中原历程的缩影。牛头山图中央绘牛头代表牛头山,牛头上为天梯,上有迦叶佛和释迦佛。迦叶佛首先到于阗传播佛教,释迦佛使于阗海变为陆。牛头山图中的两个主要佛像都与于阗佛教有关,彰显牛头山图的中心是于阗。[9]敦煌莫高窟第9窟、39窟、98窟、146窟、345窟、454窟等,以及榆林窟第32窟、第33窟等,都绘有牛头山图壁画(图3-101)。

在去于阗牛头山的路上,我一直以敦煌莫高窟壁画中的牛头山为蓝本描画着牛头山。但实际上,我看到的牛头山洞窟是一个空间比较局促的空山洞,有上下两层,中间有一梯子连接,下层仅容几人站立,上层洞在卵石层中,非常低矮,人只能蹲坐在里面,表面的卵石上满是烟炱,证明确实有人在这里活动或修行(图3-102)。

(3)于阗独特的花纲人物壁画

亚兰干佛寺遗址位于于田县拉依苏良种场拉依苏村西南部约6公里处的沙漠中,东距于田县约42.5公里,西邻策勒县约40公里。2009年第三次全国文物普查时首次发现。2012年4月,中国社会科学院考古研究所新疆队对亚兰干佛寺遗址进行了考古发掘。主体为一处回字形两重回廊建筑基址,主要由台基、坡道、围墙、佛像基座、回廊地面构成(图3-103)。以佛像为中心,外环三重土墙,部分墙体上残存有白底红彩的壁画,可以看出当时回廊墙壁上满绘壁画。

佛寺遗址出土的壁画中,最有特点的就是花纲人物壁画,以波浪形弯曲的花纲和一系列人物构成主要内容,该题材壁画主要用于佛寺墙裙的装饰,相似

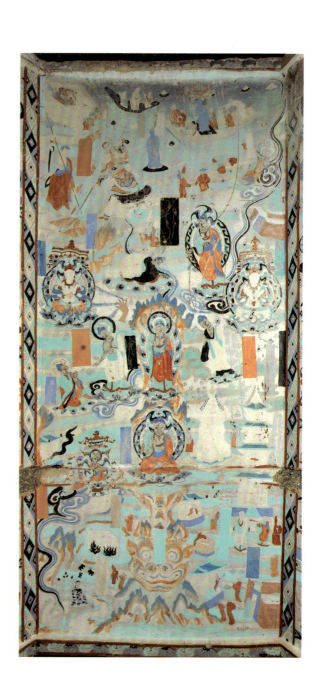

图3-101　莫高窟第9窟甬道顶
晚唐佛教感通画中的牛头山

图3-102 牛头山洞窟剖面示意（上）

图3-103 亚兰干佛寺遗址（下）

图3-104　亚兰干佛寺遗址出土的花纲人物壁画（1）（左）
图3-105　亚兰干佛寺遗址出土的花纲人物壁画（2）（右）

的主题和构图可以追溯至一些犍陀罗的石刻浮雕中。1900 年，斯坦因在鄯善国（今
新疆维吾尔自治区若羌县附近）米兰佛寺遗址发现的花纲人物壁画是其中最著名的。
米兰佛寺的花纲人物壁画，人物与花纲结合紧密，尤其是花纲拱起的部分，人物明
显绘出将花纲"担"于肩膀的姿势。亚兰干佛寺遗址出土的这组壁画中人物与花纲
距离较远，人物或手握于花纲上，表现为微微托举的样子，或于单侧扶在花纲上，
有的在花纲之下作舞蹈状，失去了与花纲的互动（图3-104、图3-105）。

　　亚兰干佛寺遗址出土的花纲人物壁画中呈现多种色彩和质地的花纲（段），既
有典型的朱线勾的鳞片状花瓣图案，也有仅用红色或白色、深色晕染的花纲表面，
与米兰佛寺壁画中花纲表面装饰有圆形果实的做法不同。与米兰佛寺壁画中丰富多

样的人物形象相比，亚兰干佛寺遗址壁画中的花纲人物形象较为单一，仅呈现裸体和上身赤裸、下身着裤两种。裸体人物明显地表现男性器官，与犍陀罗浮雕中担花纲人物的形象更为相近。

亚兰干佛寺遗址的出土遗物包括陶器、木器散件、五铢钱等。根据壁画风格、钱币、陶器形制等判断，可以把佛寺的年代推断为曹魏至北朝时期。

（4）走进达玛沟

托普鲁克墩佛寺遗址位于策勒县达玛沟乡东南约7公里的荒漠土丘之中，2001年发现，由三座佛寺遗址组成，为唐代于阗佛寺遗址。2019年4月，我们和展览助理北京大学考古文博学院的蒋子谦来到达玛沟遗址，考察托普鲁克墩佛寺遗址。遗址的守护者是维吾尔族人木塔力甫·买买提，他也是这里唯一的正式员工。木塔力甫对自己的工作非常热爱，遗址就是他的家，狗儿是他亲密的伙伴。

木塔力甫先带我们参观了展厅，并给我们做了详细的讲解。看得出来，木塔力甫对达玛沟地区的遗迹非常了解。他的汉语说得很好，讲解通俗而生动，令我印象深刻。木塔力甫对佛教的热爱和他对托普鲁克墩佛教遗址的全心守护，改变了我的既往认知。于是，我邀请他出镜为展览拍摄一部短片，在展厅长期播放，他愉快地答应下来。

参观完展厅，木塔力甫带我们参观佛寺遗址。

1号小佛寺平面为边长2米的正方形，布局基本呈南北向，门朝南开，靠近北墙的莲花座上有坐佛，佛头、双手已失，袈裟湿衣贴体，具有典型犍陀罗风格。佛寺内壁绘有精美壁画，主要绘有佛像、供养人、地神、和田的守护神及马、鹿等图案，具有于阗画派画风特征（图3-106）。此处应属作家庭公德之用的佛堂，是于阗"僧人万千、塔寺林立"的佛教繁荣景象的见证。2号佛寺东距1号佛寺约50米，平面为边长约15米的正方形，保存状况较差，出土有佛像、大量的壁画残块及陶牛。3号佛寺位于2号佛寺西面，遗址布局规整严谨，

图3-106 托普鲁克墩1号佛寺遗址南壁壁画

规模宏大，还有僧房遗迹，类似建筑遗址为丝路南道首次发现，为了解僧人起居等方面提供了珍贵的考古材料。

这次考察，我收获颇丰。亲眼看到这么多精美的佛教文物，心里踏实多了。我决定调整一下展览的部分，把尼雅遗址的出土文物做一个专题展，而在和田历史文化陈列中充分展示佛教文物，阐释于阗佛教千余年的兴衰。

再看伊斯兰教的本地化。公元 7 世纪初，麦加人穆罕默德创立伊斯兰教。公元 11 世纪初，于阗为喀喇汗王朝所灭，伊斯兰教逐渐成为和田地区的主要宗教，今天，和田地区仍以伊斯兰教为主，多宗教并存。

伊斯兰教传入西域之后，便开始了本土化的进程。清真寺是伊斯兰教在和田地区长期发展的见证。我需要了解和田地区的清真寺。

于田大清真寺位于于田县老城区，始建于宋庆元六年（1200），先后进行 7 次扩建与维修，总面积为 6666.7 平方米，其中礼拜大殿建筑面积为 3144 平方米，南大门建筑面积为 115.4 平方米，两端各有一个装饰性的塔柱。2013 年由国务院公布为全国重点文物保护单位。

于田大清真寺是典型的砖木结构维吾尔建筑，其建筑艺术独具特色：一方面，在结构和造型方面继承"阿以旺"建筑风格，建筑浮雕与其他地区清真寺有所不同，除大门边框采用木雕装饰外，其余均由砖雕构筑而成，营造法式、构件形式方面蕴含着地域环境、民族风情、审美价值等丰富内容；另一方面，又根据伊斯兰教教规和风俗习惯进行改革。于田大清真寺的建筑浮雕装饰图案有方格纹、菱形纹、锁子纹、回纹宝相花等十几种内容题材，天花藻井、柱子雕饰也各不相同，将浓郁的民族和地方特色与伊斯兰教建筑风格相融合，充分体现了和田地区维吾尔族建筑装饰艺术，有些装饰图案展现了中原文化与西域文化的交融。

"记住你的名字"，我们考察的第四类考古遗存是烽燧戍堡等遗迹。

神爵二年（前 60），西汉设置西域都护府，西域正式纳入中央政府的管辖。

　　汉王朝因地制宜，沿塔里木盆地和准噶尔盆地的边缘和天山通道，修建烽燧、戍堡、驿站等军事、交通设施，加强维护西域的力量，构建了延伸至祖国最西端的长城体系。从汉朝至清朝 2000 多年来，历代中原王朝都十分重视对西域的管理，沿着古丝绸之路，修筑烽燧、亭障、驿站、哨卡，巩固和开发边疆。新疆境内现存 380 多座烽燧遗址，它们相互守望，遍布西域，串联起一条条守护西域的军事防线和保护东西方贸易、文化交流的文明纽带。

　　烽燧又称亭燧、烽台、烟墩，构筑方式因地制宜，在干旱、炎热多风地区的烽燧多为土坯垒砌，而在较为湿润呈草原景观的区域多夯土筑造，烽燧一般相距 30 里（1 里约 500 米）。一座烽燧发出信号，周边烽燧将以接力的形式将信息火速上报中央政府在西域的最高管理机构。烽燧旁边常堆满干草，由戍兵日夜轮流值守，一旦发生紧急军情，白天放烟示警称为"烽"，晚上点火示警称为"燧"。在唐代，烽燧上的戍兵被称作"烽子"[10]，他们是千万个马令庄或霍昕悦。

　　和田地区至今仍存有始建于汉、沿用至唐代的苏勒尕孜牙廷姆烽燧遗址，唐代修建的麻扎塔格烽燧和戍堡、普基城堡、阿其克戍堡、扎瓦烽燧、喀克尔廷姆烽燧、杜瓦东烽燧、杜瓦西烽燧、康克尔烽燧、库尔浪戍堡、克里阳沟口戍堡、克里雅卡子等遗址，清代修建的萨拉松烽燧、喀尔克烽燧、赛图拉哨卡遗址和欧吐拉克尔驿站等遗址 20 余处。它们主要分布在墨玉县至皮山县绿洲周边、和田河中游昆仑山出山口及下游岸边山嘴上，以及和田通往昆仑山的桑株古道、克里雅古道上。现存的汉代遗存主要为烽燧；唐代遗存主要为戍堡、烽燧；清代遗存主要是台站、哨卡、驿站；民国时期有少量"卡伦"分布在克里雅河、尼雅河上游台地上（图 3-107）。

　　星罗棋布的烽燧、戍堡是历代中原王朝管治西域的铁证，守护着中国的西部边疆，见证了中华各民族团结发展的光辉历程。一幕幕戍边将士的动人故事在这里上演。公元 74 年，耿恭带领数百名将士在天山以北鏖战守城达一年之久，最后仅剩 13 人。公元 649 年，西突厥首领阿史那贺鲁反叛，举兵进攻庭州，劫掠轮台、蒲类两县，唐朝将领梁建方和契苾何力西征阿史那贺鲁，收复失地。公元 1876 年，左宗棠统

图3-107　库尔浪戍堡遗址

帅清军打击入侵新疆的阿古柏侵略军。历朝将士，战马春耕，砺兵天山，亮剑昆仑，在西域的交通要道上修筑烽燧、戍堡、驿站、哨卡等，书写了荡气回肠的西域戍边史。

（1）红色神山之巅的烽子

和田地区最有名的长城资源就是墨玉县的麻扎塔格烽燧和戍堡遗址，这里曾出土许多汉文、于阗文、粟特文和吐蕃文文书，其中包括著名的《兰亭序》和《尚想黄绮帖》的临写本、《刘子·祸福》第四十八篇残片。烽燧和戍堡修筑于红山嘴之巅，东南为和田河，东北为白山，北面和西北临塔克拉玛干沙漠。这座红色的山在唐代文献中被称作"神山"，旁边还有一座白山。因戍堡东约90米处有一座麻扎，当地人称这两座山为"麻扎塔格"。维吾尔语中，"麻扎"意即"坟墓"，"塔格"意即"山"。

在荣新江老师的带领下，我们驱车前往麻扎塔格烽燧和戍堡遗址。

图3-108　和田河边麻扎塔格红山

　　从和田市到麻扎塔格烽燧和戍堡遗址要走大约 260 公里的路程，车辆多数时候奔驰在沙漠中，大风卷起的漫天黄沙遮住了太阳的光芒，风沙打在车上，发出噼里啪啦的响声。走过荒凉的沙漠，和田河出现在眼前，岸边的红柳开着粉红色的花，满身褶皱的麻扎塔格红山，东西横亘，和田河只得绕道而行（图3-108）。

　　我们一行人沿着木栈道向上攀登，中途停下，荣老师向大家介绍了麻扎塔格烽燧和戍堡的情况。然后，大家自由参观。快接近山顶时，我忽然发现被雨水从戍堡上冲刷下来的红土顺着山坡流淌，抑制不住地揪心：饱经风雨、日渐倾颓的戍堡和烽燧，如何御风雨！

　　我爬上山巅，终于看清了戍堡和烽燧的全貌。烽燧在戍堡西约 60 米处，台体由黄土块夹红柳枝垒筑而成，基部边长约 7 米、残高约 6 米。戍堡总面积 1640 多平方米，墙厚 1.5—2.7 米不等，最高处约 6 米。墙垣及所有建筑是用棕红色砂岩石板和土坯错缝平砌而成，堡垣由主墙、垛墙和外垣组成，主墙由土坯垒筑，有些墙垣中夹有粗大的胡杨树干、红柳枝、芦苇及蒲草编织成辫子状的绳子。堡内有土坯砌的房址（图3-109）。

站在烽燧和戍堡之间的空地上四处眺望，我深深折服于烽燧戍堡选址的智慧。此处地势高险，易守难攻，又是塔里木盆地南缘的交通要道，往东可连接克里雅河、尼雅河、安迪尔河下游三角洲上的多个遗址和城址，一直通向且末；向西可沿着喀什噶尔河通往疏勒，沿着叶尔羌河到达莎车。斯文·赫定收集的24号于阗文、汉文双语文书称神山为"堡"，涉及麻扎塔格古戍堡至坎城的交通路线，证明麻扎塔格戍堡和烽燧是唐朝驻军扼守和田河路的主要据点，不仅是军事堡垒，还设有馆驿，兼具防御和交通之功用。它们见证了公元8世纪发生在于阗的枪林箭雨，在这里戍守的烽子们曾与吐蕃兵进行殊死搏斗。我极力不去想象当时战争的场面，但是惨烈和悲壮的氛围还是占满了我的脑海……

麻扎塔格戍堡遗址出土的吐蕃文文书告诉我们，唐朝于阗镇守军修建的麻扎塔格烽燧和戍堡，在吐蕃占领于阗后，被吐蕃军队继续沿用。

（2）悬崖上的城堡

中原王朝在西域建筑的军事设施均扼守咽喉要道，地势险峻，易守难攻。和田地区的普基城堡和阿其克戍堡就是其中的典型代表。普基城堡位于和田县朗如乡奥塔克萨依村，面积为3000平方米，现存东墙与北墙，西面为悬崖，没有筑墙（图3-110）。墙垣主要用土坯砌筑，有些土坯中拌有麦草，部分地方用片石、扁砾石垒砌，北墙西端和东墙南端与河床悬崖相接，悬崖深20米以上。东墙保存较好，呈"Z"字形，长46.1米，高2—5米，顶宽1.5—2米。北墙大致呈弧形，长46米，残存最高6米。东墙、北墙外有壕沟，宽约5.8米、深1.7米。北墙部分坍塌。城堡内外地表有零星红陶片。

阿其克戍堡位于和田县朗如乡亚甫恰力克村东北，地处喀拉喀什河南岸阶地上，为山前丘陵地带，地势由南向北倾斜，地表为砾石层戈壁，无植被，当地人称"空萨孜墨密卡木"。面积为8350平方米，东、南、西三面有墙，北面

图3-109　麻扎塔格戍堡墙体（左）
图3-110　普基城堡遗址（右上）
图3-111　阿其克戍堡遗址（右下）

为悬崖没有筑墙，东、西墙外各有一条南北向的冲沟。两道墙顺沟而建，东墙向内弧，长约 100 米。西墙长约 52 米，南墙长 83.5 米，偏东段有一缺口，宽 6 米。墙体用土坯砌筑。两端有马面建筑，残高 2—4 米。地表偶见轮制的夹砂红陶。阿其克城堡为研究唐代和田地区城堡的形制与布局，以及唐代边疆地区军镇的分布情况提供了重要资料（图 3-111）。

　　贞观十四年（640）九月二十二日，侯君集平高昌国，唐朝在西州置安西都护府，治交河城。从此，安西都护府开始统领西域的行政事务。贞观二十二年（648），唐朝将安西都护府移至龟兹（今新疆库车地区），在龟兹、焉耆、于阗、疏勒四城建置军镇，是为"安西四镇"，由安西都护府统辖。安西都护府统辖范围最大时包括天山南北，至葱岭以西达波斯。长寿元年（692），唐将王孝杰率军收复安西四镇，

图3-112 《大唐毗沙郡将军叶和之墓表》拓片

唐朝征发三万汉兵镇守四镇地区，汉军由镇守使统领，大大提高了对抗外敌的能力，使唐朝有效地控制了西域。四镇确立镇守军系统是在武周时期，而到了开元时期，四镇确立了节度使制度，安西的军镇化体系就此完成。

目前的相关资料证明，唐朝在西域的节度副使曾长期驻扎于阗。唐朝名将哥舒翰的父亲哥舒道元就曾担任节度副使，长期驻扎于阗，娶于阗公主为妻。哥舒翰的童年就是在于阗度过的。"四镇节度副使右金吾大将军杨公神道碑"记载了开元年间在西域作战的唐朝将领杨和的生平事迹。杨和多次参与征讨突骑施、石国、勃律的战役，战功无数。开元年间，杨和曾作为中军副帅参与平定于阗的战争。开元二十七年（739），杨和又参与安西四镇联合突骑施莫贺达干部进攻突骑施黑姓吐火仙可汗的战役。天宝年间，杨和先后作为四镇经略副使、于阗军大使和四镇节度副使驻扎于阗，其地位仅次于驻扎于龟兹的四镇节度使，直至天宝十四年（755）五月病逝于于阗镇西之官舍。国家图书馆藏于阗出土汉文文书《唐于阗镇守军勘历印》中表明，于阗镇守军关于军务问题直接请示经略使（即节度使的一个头衔），驻扎在于阗的节度副使应不管军务。于阗在军事系统上是由安西节度使管理四镇镇守使，而安西都护是羁縻府州的上级，在分工上偏重行政。从总体权力来看，节度使、镇守军的系统，后来居上。

图3-113 翻越塞力亚克达坂

为了保障在于阗驻扎的大量唐兵的后勤，需要毗沙都督府（民政）和镇守军（军事）的协同合作。唐朝在上元二年（675）以于阗为毗沙都督府，以于阗王伏阇雄为毗沙都督。这些都充分说明了，于阗在唐朝管治西域中的重要地位（图3-112）。

（3）巍巍昆仑中的白色哨卡

终于，我在年过半百之前，翻越昆仑山海拔4969米的塞力亚克达坂（图3-113），登上海拔3665米的赛图拉哨卡。

赛图拉哨卡遗址位于皮山县赛图拉镇色日克克尔村西北8公里，地处喀拉喀什河和哈拉图西坎河交接处西边的三角形台地上。赛图拉哨卡又叫"协依杜拉"（当地人称之为"阿克坡斯"，维吾尔语意为"白色的哨卡"）。公元1877年，左宗棠收复南疆后，清朝政府设立赛图拉哨卡。1928年，在此设立赛图拉边防局，不久又成立边卡队，人数增至200人。1937年，盛世才统治新疆，继续在此设卡。1950年3月解放军第五师第十五团一部进驻赛图拉。1962年中印边境自卫反击战

图3-114 赛图拉哨卡遗址

后，驻军撤离。

遗址现存营房和一个平面呈六角形的哨楼。营房东西长 78 米，南北长 54 米，以卵石和土坯砌筑，墙高 4.3 米。营房门朝东北，内有 20 多处大小房屋；四角有射击口。六角形哨楼建在两河交汇处的一座高约 10 米的独立的小山顶上，用土坯砌筑，平面呈六角形，边长 2 米，残高 2.2 米，墙厚 70—80 厘米。门朝北，宽 90 厘米。哨楼共有 6 个小的射击口和 5 个瞭望口（图3-114）。

冒着雨雪，我爬上哨楼，仔细观察其独具匠心的建筑设计。哨楼像一个海星，在 6 个向外伸出的触角末端都有一个可以向外射击的小口。这种巧妙设计既可保证哨楼上守卫士兵的安全，又可以观察或射击来犯者。我从哨楼向外看，望见西北山坡上有两处战壕。它们是赛图拉哨卡经历过枪林弹雨的历史见证，是近现代"烽子"们舍生忘死、保家卫国留下的纪念碑。

今天，见证"唐家风雨汉家烟"的烽燧上再也不见"烽子"的身影，但那个动人的名字注定要刻进中国历史的丰碑。"冬景既终，春光已逼""春景渐芳，草长莺飞""仲夏极热，冬季甚寒"〔11〕，这些"烽子"家书，生动地描写了西域的四季，道出了戍边的艰辛，寄出的是绵延万里的乡思和对家国的赤胆忠诚。万里长城永不倒！我要把新疆地区现存的烽燧戍堡等长城资源搬进展厅，致敬"烽子"！祭奠英烈！

　　读书、请教、穿行于今古和田，经过漫长的探索和积累，和田清晰可见。这里的人们南来北往，这里的文化融东汇西，这里的传统独特持久。中国之子，家园和田，在这方独特的水土上，生活着特别的人们。和田历史文化陈列就从充分展现和田这方水土、讲好发生在这里的万年故事展开。

四、展览策划的前提和标准是什么？

　　当今世界，各国在回望自己的历史与文化时，都是以现有国土上的古代遗存为依据的。哪怕是已经中断和死亡的文明，都被认为是本国文化的一部分。按照国际惯例和通识，今天中国960多万平方公里土地上的古代遗存都是中华古老文明的组成部分，更何况中华文明是世界四大文明古国中唯一没有中断的文明。对古今中国需要区分看待，古代中国的边疆是动态变化的，统一和分裂交替，大一统中原王朝和多政权王朝交替书写了中国大历史。正如习近平总书记指出的那样："一部中国史，就是一部各民族交融汇聚成多元一体中华民族的历史，就是各民族共同缔造、发展、巩固统一的伟大祖国的历史。"〔12〕

　　毋庸置疑，和田是中国领土不可分割的组成部分，和田历史是中国历史的组成部分，和田文化是中华文化的组成部分。

　　和田历史文化陈列（1949 年以前）的策划，必须在以下三个前提下展开：①中华民族是在中国大地上生活的各民族共同体，在和田地区生活的各时期的各民族都是中华民族大家庭的成员；②中国历史是中国各民族共同谱写的，和田历史是中国大历史的一部分；③多元一体的中华文明是中国大地从古至今产生的各地区文化的总和，和田文化是中华文明的有机组成部分。和田历史文化陈列要把和田历史文化放进中国历史和中华文明发展的宏大叙事下进行构建和阐释。

　　为了充分阐释好和田历史文化，讲好和田各民族的故事，展览也必须遵循一定的标准。新疆地区是世界关注之地，这里的情况比内地复杂。2019 年 7 月 21 日，国务院新闻办公室发表《新疆的若干历史问题》白皮书，向世界庄严宣告：新疆是中国神圣领土不可分割的一部分，新疆从来都不是什么"东突厥斯坦"；维吾尔族是经过长期迁徙融合形成的，是中华民族的组成部分；新疆是多文化多宗教并存的地区，新疆各民族文化是在中华文化怀抱中孕育发展的；伊斯兰教不是维吾尔族天生信仰且唯一信仰的宗教，与中华文化相融合的伊斯兰教扎根中华沃土并健康发展。《新疆的若干历史问题》白皮书为和田历史文化陈列指明了价值导向正确的方向。历来价值导向正确都是展览举办的基石，也是展览策划不可逾越的雷区。和田历史文化陈列最主要的观众群体是和田地区 250 多万的民众，需要让群众看得懂展览，并从展览中找到归属。世界各地生活的人们是有明显的族群区分的，族群认同是区分族群的关键，由族群发展为集团，进而建立国家政治体。因而，在族群认同基础上，产生国家认同，国家认同是凝聚民族的力量。个人与国家之间存在依存关系，爱国是人们对祖国情感的发自内心的表达，爱国主义是国民对自己家园、民族和文化的归属感、认同感、尊严感与荣誉感的统一，是民族自尊心和民族自信心的集中表现，是影响民族和国家命运的重要因素。众所周知，文化历来是具有政治属性的，和田是中国的和田，和田历史文化陈列也应当在中华视野下展开。

经过多次讨论，最后确定和田地区博物馆的展览要遵循以下五个标准：《新疆的若干历史问题》白皮书标准、学术严谨标准、群众标准、爱国主义标准和中华视野下标准。

五、策展的依据是什么？

中国有百万年的人类史、一万年的文化史、五千多年的文明史。我国各地的历史文化发展，情况不一，地域特点鲜明。大约距今一万年前，和田地区开始有人类活动。在此后的悠长岁月中，和田先民在谱写和田历史画卷的同时，留下了丰富的文化遗迹和遗物。它们携带着丰富的和田历史文化信息，是和田先民派来的信使，为今天的我们架起与和田先民对话的桥梁。

经过 20 世纪初西方探险者的盗掘，新中国成立以后众多考古工作者的调查、发掘，以及各学科学者的研究，这些遗迹和遗物被世人认识和了解。斯文·赫定、斯坦因等带走了大量出自和田的珍贵文物，同时，他们对和田文物的发表与研究令和阗（和田）闻名世界，一定程度上促进了对和田历史文化的研究。以孟凡人、荣新江、刘文锁、王炳华等老师为代表的我国众多学者，呕心沥血，积极开展对和田考古遗存和出土文物的研究，取得了丰硕的成果。这些高水平的学术研究成果是策展人读懂和田的拐杖，是让和田文物说话、让和田历史说话、让和田文化说话的基本前提，也为和田历史文化陈列讲好和田故事打下良好的学术基础。

毫无疑问，和田历史文化陈列策展，必须依据目前尚存于和田土地上的大量的考古遗存、考古发掘出土文物和相关资料，以及国际学界的相关学术研究成果。

六、如何保障非常规操作下展览的高效施行？

我国博物馆事业的高速发展为博物馆展览带来机遇的同时，也带来巨大的挑战。博物馆专业展览人员短缺问题突出，必须依靠社会力量，如展览公司等。业主和展览公司之间的协作是否顺畅、业主能否掌控展览项目的筹划与施行、展览公司对博物馆展览的态度和认知等，都影响着展览的施行和效果的呈现。另外，我国博物馆展览还要面临另外一个巨大的挑战，就是过短的筹备周期。筹展周期的压缩，导致展览的策划运作无法按照正常的筹备流程进行，经常会出现非常规操作的情况。原本展览内容大纲撰写、形式设计、施工制作是按先后顺序依次开展的，在非常规操作情况下，就只能并行推进。这给展览带来巨大的考验，也是我国许多博物馆展览看上去仓促、粗糙，水平不尽如人意的主要原因之一。

作为策展人，我经常会遇到展览时间过度压缩的问题。2001—2004年，一个大型专题展览的策划周期基本都可以保持在2年左右，那时展览策划与制作进展得相对比较从容。之后，展览筹备时间就逐渐变短，多数是1年左右。2014年，举办"丝绸之路"展时，筹展周期只有6个月的时间。2017年，举办"秦汉文明"展时，筹展周期只有 3 个月。一个全新的秦汉文明大展要在 3 个月内完成，对策展人来说，这近乎残酷。不过，通过这种近乎残酷的非常规策展，策展人迅速成长，也摸索出一套比较可行的展览高效施行的方法。在这样的高强度策展工作中，我受到锤炼，掌握了内容、设计、施工和布展的全流程作业，展览掌控能力亦得到飞速提升。

经过多个非常规操作展览项目的历练，我渐渐养成了习惯：策展前一定要先拿到场馆的平面图，在策划内容大纲时，紧密结合场馆情况。内容大纲的策划完成时，展厅的平面布局设计也基本完成，展览的效果在我脑海中也大致呈现出来。在展览进入形式设计和施工制作阶段时，我进行展览跟踪就会比较游刃有余。

在国外，一个专题展览的策展时间，基本长达数年，筹备才较为充分。在我国，通常一座博物馆闭馆进行新展筹备，也要三至五年，甚至更长的时间。和田地区博物馆的展陈改造提升要在一年内完成，而且 2020 年是新冠疫情最严重的时期，的确是一个不折不扣的急活，不可能按照展览的常规流程操作，只能是展览内容大纲撰写、形式设计和展厅施工同时进行。雪上加霜的是，策展人和展览公司也是第一次合作，需要充分地磨合。这些都给展览高效施行带来阻碍。好在展览公司非常配合，而我也差不多"百炼成钢"，有足够的心理承受能力。

在长期的策展过程中，我不断总结做好展览的各种经验。对于一个名副其实的策展人来讲，策展过程中最理想的情况是：业主提出自己的目标和诉求，给策展人以充分的支持和信任，可以对展览工作进行监督并提出合理化建议，但不对展览专业领域的事务进行干预。这是展览追求最佳效果的可能与前提。所以，每次接到策展邀请，我都会诚恳地向业主表达此点，并照此约定推进展览的策划与施行。

为了提高展览效率、确保展览能在既定的时间内保质保量地完成，我向和田地委领导提出自己的意见和要求：①请业主方明确提出对整个项目的诉求和目标要求；②给予策展人充分的信任，尊重策展人的专业意见，不作干预，但可以监督和提合理化建议；③赋予策展人统领项目的权力，同时，策展人对

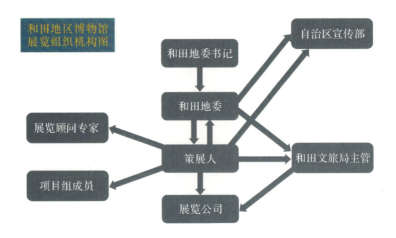

图3-115　展览组织机构

展览效果负责；④策展人要对整个展览项目做出明确的职责分工和工作规划，制作出详细的工作日程安排表。最终策展人、展览公司达成一致意见：设置精干的组织机构，保证沟通渠道的畅通；策展人统领整个展览项目，做出明确的职责分工和工作日程安排。后续展览施行的实践证明，这是一套非常有效的方法，尤其是精干高效的组织机构，起着关键性的作用（图3-115）。

　　作为策展人，我感到非常幸运，因为和田地委领导自始至终都给予我充分的信任：展览的事情，一切都是策展人说了算。这是我不能辜负的信任和重托，我必须竭尽全力！

七、怎样才能赋予展览温度和亲和力？

　　怎样才能做好展览？什么样的展览是好展览？这是我经常追问和不断思考的问题。

　　对于怎样才能做好展览，业内不少同行都结合展览工作谈了一些经验和心得体会。对于策展人来说，博物馆的展览实操性非常强，因而都具有明显的特质，是独一无二的。所以，如何做好展览，这个问题很难有确定的答案，需要根据每个展览的具体情况，确定做好展览的方案和措施。那么，什么样的展览是好展览呢？有人提出：一个好的展览一定要有学术支撑，并且可以表达不同的学术争论；一个好的展览一定不是"一级品"的堆砌，不只是知识的传达，还有对心智的启发。[13] 也有人提出判断好展览的十个标准是展览要有高度、广度、亮度、力度、深度、厚度、谐度、弧度、温度和拓展度。[14] 这些意见都有一定的道理，但同时也说明了不同的人对"好展览"有着不同的认知和理解，可谓仁者见仁，智者见智。

　　究竟什么样的展览是好的展览呢？我想起当初和田地委领导说的"和田历史文化陈列要让和田民众看得懂、听得进、记得住、讲得出、做得对"这句话。我认为，让观众"看得懂、听得进、记得住、讲得出、做得对"的展览才是名副其实的好展览。

　　在博物馆界，人们形容一个好的展览时常说：这是一个很有温度的展览。或许是因为看过不少说教性突出、面孔冰冷、拒人于千里之外的展览，我对展览温度非常感兴趣，在策展过程中也一直在思考这个问题，希望在展览实践中弄懂展览温度，提升自己的策展水平。有人对展览温度给出的解释是："展览的温度主要是指观众对展览的切身感受，主要用观众与展览之间的心理距离来衡量，直观反映在观众的观展体验上。归根到底，展览是让人来看的，观众的感受是判断展览水平的最重要指标，从这个意义上来说，展览的温度就是观众的舒适度。"[15] 澎湃新闻对

2020 年的展览进行年终总结时，写道："天寒时节，2020 年的最后一天，回眸时，总有一种温暖，与文物相关——因为，总有一些有着温度的文物与展览可以刺破阴霾，穿越时空，从古到今，一直抚慰着人心，就像苏轼的那些千古名句，或者颜鲁公的赫赫名迹。"也有人认为展览的温度就是不冷漠、不疏远、接地气。显然，不同的人对展览温度的理解也不尽相同。

目前，关于策展和博物馆展览，有很多问题都尚未达成一致意见。大概展览自身的特性决定很多相关问题都只能有阶段性的、局部的答案。何为展览的温度？我无法给出一个自己满意的答案，我想展览的温度应该从多层面、多视角进行理解。我想起朱自清先生的名作《背影》，那是大师的语言，没有华丽的辞藻，真情在朴实中流淌，感动万千读者。虽然，策展之路注定是无法达到完美的残途，但策展人仍需要不停思考如何提升展览。《背影》可以为策展提供很多学习和借鉴。我想，一个有温度的展览，一定要在表达上有真挚的情感、内容上有丰富的情怀、形式上有充分的人文关怀。

那么，怎样才能赋予和田历史文化陈列温度和亲和力呢？

我告诉自己：假如你真爱这片土地，就把她最真、最美的特质展现出来。在读和田的过程，我渐渐懂她，最后深深地爱上她。这是一片多情的土地，接纳着来自四面八方的人们，孕育着融东汇西的文化，培育着悠久而独特的传统。我想，要赋予和田历史文化陈列温度和亲和力，就必须回答下面的一系列问题：和田是怎样的一方水土？创造和田历史的人们是谁？历史上和田居民以什么为生业、创造了怎样的传统、崇奉什么宗教、为什么心向中原？和田文化为什么是融东汇西的？我相信，如果展览回答好这些问题，就一定能让和田民众真的看得懂展览，通过展览找到归属，珍视属于自己的传统，热爱自己的祖国。

由此，和田历史文化陈列的框架得以构建。

八、如何讲好和田故事？

用讲故事来形容博物馆展览，实际只是一种形象或生动的比喻。展览不能像讲故事那样，可以通过虚构，甚至浮夸来达成预期效果，而是要建立在学术严谨的基础之上，展览的知识性、艺术性、趣味性等都是在严谨中呈现的。相比较而言，要达到同样的效果，做展览比讲故事会难很多。某种意义上，可以说"讲好故事"是展览的理想目标。那如何通过展览讲好和田故事呢？

众所周知，展览是一个复杂的系统工程，"讲好故事"需要做大量的基础工作。读懂和田是讲好和田故事的基础，但在深入了解古今和田之后，开始展览策划时，我仍需要解决非常多的问题，扫除讲好和田故事的一切障碍。

（一）展览给谁看？

博物馆展览的类型多样，因此，每一个展览都会有自身特定的观众群体。和田历史文化陈列到底要做给谁看呢？目前，展览的主体观众确定是和田地区广大的和田民众。从文旅融合发展的趋势与和田地区博物馆的未来发展看，国内外游客将会越来越多，他们必然也会成为展览的重要观众群体。弄清楚和田历史文化陈列的观众对象后，我们就确定立足本地、向外延伸、着眼近期、兼顾未来的策展方向，在价值导向正确和学术严谨的前提下，充分保证展览的知识性、趣味性、艺术性、互动性和引导性，强调展览的引导性和国际视野，实现地区级博物馆全国整体一流、国内特色一流的既定目标。

（二）如何遴选和创造展品？

展品是展览的载体，选择好展出的文物是做好和田历史文化陈列的重要前提。策展过程中，我发现和田历史文化陈列的展品遴选是一项相当艰巨的任务。展览丰富的内涵和解读视角不仅需要出自和田地区的文物，还需要国内其他地方出土的相关文物。大量出自和田的珍贵文物散落在世界各地，和田地区博物馆的馆藏鲜有代表性文物，藏品的可观赏性很不理想，重复率却又很高，因此需要尽快摸清收藏在世界各机构的具有代表性的和田文物。

我们通过翻查大量的考古考察和发掘简报、报告与相关的研究文章，发现那些出自和田的文物，找到国内外的相关收藏机构。出自和田地区的文物，可以梳理为三个部分：①因盗掘流散在国内外的和田文物；②新疆地区各博物馆收藏的考古发掘和采集所得的和田文物；③仅有发掘资料和图片，本身还埋在遗址黄沙之下的文物。我们需要从这些文物和野外不可移动的考古遗存中，遴选出支撑展览的展品。

和田文物在海外的收藏机构主要分布于日本、美国、英国、法国、俄罗斯、德国等国，其中包括：日本的东京国立博物馆、大阪武田科学振兴财团杏雨书屋，美国的弗利尔美术馆、波士顿美术馆、哈佛大学图书馆，英国的大英博物馆、大英图书馆，法国国家图书馆、法兰西研究所图书馆，俄罗斯科学院东方文献研究所，德国不来梅海外博物馆等。国内收藏和田文物的机构主要包括和田地区的相关博物馆、新疆维吾尔自治区文物考古研究所和新疆维吾尔自治区博物馆，吐鲁番博物馆、中国人民大学博物馆和中国国家图书馆近年也陆续收藏了一些出自和田地区的文书、简牍等。要想做好和田历史文化陈列，必须从这些收藏机构中选择具有代表性的和田文物来支撑展览，工作量大得惊人。

和田历史久远，文化内涵非常丰富，仅仅依靠出自和田地区的文物难以全面阐释和田历史文化，我们还需要增加国内其他地区出土的与和田历史文化关系非常密切的相关文物。比如，西安碑林博物馆收藏的于仙姬墓志、敦煌莫高窟的壁画、甘肃省博物馆收藏的和于阗有关的文物、甘肃简牍博物馆收藏的部分敦煌悬泉置出土的汉简、故宫博物院和台北"故宫博物院"收藏的和田玉器等。还有序厅需要展出的两件青铜器：宝鸡青铜器博物院收藏的何尊和中国国家博物馆收藏的"中国大宁"鎏金青铜镜。

关起门来在纸上做文物整理并不能解决展品遴选的问题。因为相关的报告、简报或者研究文章中提到的一些文物有可能下落不明，无法展出。于是，我们必须去各博物馆考察和田文物的收藏状况。

和田地区博物馆的文物打包入库，暂时看不到。我们就先去摸清和田地区各县博物馆收藏的和田文物的情况。于是我们和蒋子谦助理组成一个小队，开始在和田地区各博物馆之间奔走。和田地区三四月份是风沙最大的时节，经常黄沙漫天，透明度低到飞机不能起飞。2019 年 4 月，我和蒋子谦从北京飞往和田，因风沙天气，航班延误，在乌鲁木齐地窝堡机场整整待了两天半，最终我们无奈地返回北京。

在考察各县博物馆的过程中，我们奔走在和田地区各博物馆之间。每到一座博物馆，我们看完展览，记录拍照，确定收藏的和田文物，做出一个总表。我们考察了馆藏文物相对丰富一些的策勒县达玛沟佛教遗址博物馆、洛浦县博物馆、于田县博物馆和民丰县博物馆。洛浦县博物馆的主要馆藏是达玛沟遗址出土的佛教文物和比孜力佛寺遗址出土的隋代栽绒毯。这 4 件栽绒毯是 2008 年 9 月公安部门追缴的物品。原为洛浦县 3 名挖玉人在河边二级台地上挖玉时偶然挖出的，共 7 块。他们把其中 2 块以 20 多万元的价格卖到墨玉县，后因分赃不均，事情败露。此后，洛浦县公安人员展开追缴。在财富诱惑之下，先后有 6 名公安人员涉案，1 名关键人员潜逃内地被抓回，死于医院。目前，只追回 4 块栽绒毯，1 块栽绒毯下落不明，2 块栽绒毯流失加拿大。比孜力佛寺遗址出土的栽绒毯，背面的绒很长，这种织造技法现已失传，上面携带着丰富的文化交流信息，北京大学的段晴老师看到它们曾激动得落泪。于田县博物馆的藏品以青铜时代文物为主，对于解读和田地区的早期文化非常有帮助。民丰县博物馆收藏的主要是尼雅遗址出土的文物，多是比较常见的木器。而尼雅遗址出土的精彩文物大多数藏于大英博物馆、大英图书馆、新疆维吾尔自治区博物馆和新疆维吾尔自治区文物考古研究所。经过近一周的奔波，我们整理出和田地区各县博物馆馆藏文物目录。

接下来，我们飞到乌鲁木齐，考察和遴选和田出土文物。新疆维吾尔自治区文物局的领导非常支持和田地区博物馆展览，做了大量协调工作，使展览筹备得以顺利进行。

我们先来到新疆维吾尔自治区文物考古研究所挑选文物。李文瑛所长非常慷慨，让我们随便挑选。比较遗憾的是，考古所收藏的文物绝大部分已经移交至新疆维吾尔自治区博物馆。我们在考古所待了一天，主要是选了一些尼雅遗址和圆沙遗址出土的文物。

离开考古所，我们来到新疆维吾尔自治区博物馆，考察库房和展厅，对和田地区的出土文物进行摸底。于志勇馆长热情接待了我们。不少比较有代表性的、观赏性也比较强的和田文物正在自治区博物馆展出，这部分文物基本没有借展的可能，我们进行拍照整理，选出展览需要的展品，作为图片文物展出。随后在博物馆库房中，我们看了几件山普拉墓地出土的衣物，新疆维吾尔自治区博物馆真是一座宝库，馆藏实在丰富、精彩！

在领导们的沟通协调下，我们结合考古简报和发掘报告，列出借展文物目录清单。至今，在自治区博物馆库房点交文物的情形仍历历在目。大雪过后的乌鲁木齐银装素裹，由于和田地区博物馆实在抽调不出工作人员，便由策展人过来点交文物。我们一边拍照记录，一边仔细查看文物的状况，不停站起、弯腰、蹲下，一天下来，我的身体开始抗议，腰疼得无法直立，只好返回和田进行治疗。针灸迅速止住了腰疼，但左腿开始变得麻木，走路困难。祸不单行的是，在博物馆大门口下出租车时，我的右脚踏进路面的小坑，扭了脚踝。从此，双脚不能走路的我，成为和田地区博物馆轮椅的第一位乘坐人（图3-116）。此后的一

图3-116 策展人的轮椅时光

个多月里，张化杰局长成了推轮椅的"小工"，我们成了"难兄难弟"。

和田历史文化陈列文物展品涉及的收藏单位除和田地区博物馆外，还有16家国内博物馆和11家海外收藏机构。经过紧张的搜索和整理，我们列出了详细的和田文物目录，开始进入展品遴选阶段。展品的遴选紧密结合展览大纲进行，展品选择以携带信息的丰富性、代表性、稀有性、独特性、可观赏性为主要选择标准。文物展品遴选的先后原则是：优先选择经过科学发掘的文物，其次是考古人员在遗址和遗迹中采集的文物，再次是有明确出土地点的盗掘文物，最后是无出土地点的征集文物。根据展览的实际情况，确定国外机构收藏的和田文物以及展览所需的相关文物以图片展品方式展出，国内相关博物馆收藏的和田文物分别以借展文物、文物复制品和图片展品的方式展出。

首先，我们从和田地区博物馆藏品中选择展出文物。我国博物馆事业高速发展，每两天就有一座新博物馆开馆，但专业人员短缺，尤其是地市级、县级博物馆，深陷窘境。由于当时和田地区博物馆处于老馆闭馆、新馆提升的阶段，馆藏文物被打包封存。博物馆只有 5 名维吾尔族员工，他们工作都很忙，没有时间陪我去找这些打包的文物，我没有机会看到和田地区博物馆馆藏的文物，只有一些文物图片和尺寸、来源等基本信息。看过相关资料后，我发现大多数文物需要重新定名，文物的年代也需要重新确定，有一些文物的体量跟目录上的尺寸有明显出入，需要再测量。我只能依靠查阅相关的简报和随时提问的方式来完成和田地区博物馆馆藏文物的挑选。对我来说，这样遴选展品还是第一次。布展时，我终于看到了这些熟悉而又陌生的展品，眼前顿时朦胧一片。

出自和田地区的比较有代表性、可观赏性强的重点文物，绝大多数都收藏在新疆维吾尔自治区文物考古研究所、新疆维吾尔自治区博物馆和国外的相关机构中。这无疑又增加了展览筹备的难度。遴选出的文物能否借到？可否复制？怎样才能购买到高清图片？我们面临着一系列的问题。焦虑、彷徨、失落、无奈，一股脑袭来，我感到大脑缺氧、眼睛发胀。幸运的是，我得到世界各地师友的帮助，顺利解决了上述问题。[16] 在为和田历史文化陈列遴选展品的过程中，我们仿佛在翻越一座座大山，也在异常艰难中不断发现罕见的风景，收获无数的感动。

策展人经常会遇到这样的问题：一座博物馆无论其馆藏有多丰富，都难以满足展览的需要。展览要阐述的主题和内涵，有时会超出文物所能承载的信息，或者没有合适的文物来支撑。我们就需要"无中生有"来创造展品。"无中生有"是策展的重要工作内容，也是考验策展人能力的一部分。

对于藏品严重短缺的和田地区博物馆来讲，创造展品显得尤为重要。当然，创造展品不是基于凭空的想象，而是根据原文物高清图片来进行忠实于原文物

图3-117　再造的敦煌莫高窟第98窟于阗八大守护神像壁画

的创作。根据展览的实际需要，我们再造了展览必需的一些展品，其中包括根据文物高清图片制作的图片展品和创作的壁画展品、根据史实创作的油画展品、根据野外不可移动文物设计的虚拟展品和3D打印微缩模型、雕塑等（图3-117）。这些创造的展品对展览起到了非常好的支撑作用，也为和田地区博物馆积累了数量不少的永久展品，是最令我们欣慰的事情。

　　创造展品是一个收获惊喜的过程，实际的展示效果甚至超出了策展的预期，被黄沙掩埋的和田佛寺遗址中的壁画和敦煌莫高窟相关壁画的再造就是良好的例证。这些壁画是无与伦比的文化艺术瑰宝，但是不可移动，对外展出的也都是临摹的壁画作品。作为策展人，我非常希望通过创造展品，为和田地区博物馆增加一些独一无二的展品，能在一定程度上弥补其展品缺乏的不足。另外，根据高清图片，在泥基上复原的壁画带有强烈的真实感，展出效果也比较理想。

以敦煌第98窟李圣天夫妇供养像巨幅壁画的创造为例来展现创造展品的过程。

首先创作人员要对敦煌壁画的相关结构进行一系列的分析，掌握壁画泥基的结构、制作方法和颜料的成分，让创作出来的壁画更加真实。以下简要介绍创作流程。

第一步，根据壁画原尺寸制作支撑体结构。以金属材料焊接成网格状框架，用铝塑板对支撑框架进行封护，再用方木封护边框；在铝塑板封面上设置锚点，安装金属螺丝，对所有锚点做防锈处理；按照壁画需要设置泥层厚度；接着在相应的位置打透气孔，打湿麻绳，在所有锚点上结麻绳，打成米字形。

第二步，地仗层设计和制作。首先制作粗泥层。以粗砂、麦秸、锯末和胶等原料和泥，脚踩，和均匀，把粗泥层铺到板子上。在粗泥层上面，用直径1厘米的细麻绳设置网格，浇细泥层前把麻绳表面拉毛，铺上由细砂和细土和成的细泥层。铺完细泥层后，等待干燥。在细泥层干燥的过程中，于早、中、晚时段，各压实一遍。然后再进入壁画底层制作，用和有一定比例胶的敦煌土，刷3—5遍。最后，根据画面底子需要，精确设置白粉层。白粉层原料为大白粉、高岭土和碳酸钙。

第三步，绘画层的制作。用一定比例的胶矾水刷3—5遍，第一遍胶矾浓度低一些，后面几遍浓度递增。准备工作都就绪后，陆续进行拓稿、勾线、铺大色，然后再整体调整画面，完成全图（图3-118至图3-128）。

这样创作出来的壁画，就相当于一个非常精确的复制壁画，而且是真实的壁画，展示效果要远好于临摹在纸上或者织物上的敦煌壁画。这种大体量的壁画创作在展厅里面非常有气势。我们在展出的时候还做了一个特别的设置，特地把壁画泥基的侧面露在外面，供观众观看。

我们用相同的方法制作了好几幅只有发掘图片、尚存于原遗址中的壁画，如丹丹乌里克佛寺遗址和和田县布盖乌依里克佛寺遗址的供养人像壁画。另外，

图3-118　支撑体设计制作：结构制作（左上）

图3-119　支撑体设计制作：根据锚点高度设置泥层厚度（右上）

图3-120　支撑体设计制作：所有锚点上结麻绳，打成米字形（左中）

图3-121　地仗层设计制作：铺粗泥层（右中）

图3-122　地仗层设计制作：底层（刷敦煌土）（左下）

图3-123　地仗层设计制作：刷白粉层（右下）

图3-124　绘画拓稿（左上）

图3-125　绘画勾线（左中）

图3-126　绘画铺大色（右上）

图3-127　壁画局部上色（左下）

图3-128　完成壁画（右下）

图3-129 再造的策勒县巴拉瓦斯特佛寺遗址出土的供养人像壁画

我们还制作了1928年德国特灵克勒探险队从策勒县巴拉瓦斯特佛寺遗址盗揭、现藏于大英博物馆的于阗供养人像壁画（图3-129）。这些再造壁画大大丰富了和田历史文化陈列的展品，不管是从内容上还是形式上，都能为展览提供有效的支撑，且具有非常好的观赏性，巨幅壁画的震撼力得以呈现。

除创造壁画外，我们还有另外两种创造展品的方式。第一种是用国内外机构收藏的相关文物高清图片制作的图片展品。在展出时，这些图片文物跟文物展品一样，配有单独的说明牌（图3-130）。第二种是根据文献记载的史实创作的绘画作品。比如，于阗民众阻止班超东归回朝的场景油画；安史之乱时，尉迟胜带五千精兵万里勤王的创作油画。画家在创作时，深入研读史实文献，跟策展人和专家讨论人物造型服饰，进行一系列的前期充分准备，找真人进行人物形象和动作模拟，然后再绘出线

图3-130　展厅中的图片展品

稿，进行油画创作（图3-131至图3-133）。

　　展出文物、文物复制品和创造展品共同构成了和田历史文化陈列的展品。这些展品与我们为展览特设的一些多媒体辅助展示项目共同撑起了和田历史文化陈列，使得整个展览展品匮乏的缺陷得到了非常好的弥补，有效保证了展览的丰满度和可观赏性。

（三）如何才能让静默的文物"开口说话"？

　　让文物说话，是一个拟人的表达。没有生命的文物携带着大量的信息密码，不会开口向我们讲述人类的过往。我们需要破译文物携带的信息密码，通过科

图3-131 油画创作过程人物形象模拟（1）（左）
图3-132 油画创作过程人物形象模拟（2）（中）
图3-133 油画创作过程人物形象模拟（3）（右）

学的解读，激活人类被尘封的记忆，让历史的长河澎湃奔流。

　　展览要做到让文物说话，讲好我们人类的故事，基础工作就是对展品进行深入解读。我们在考察国内博物馆时发现，很多博物馆在进行展品解读时，对展品本身形状等方面的描述较多，而对于展品背后的文化内涵以及深层的知识信息，解读相对比较少，很多展品只有基本的文物信息，没有进行解读。不进行深入解读的展览，往往会造成观众走马观花，严重阻碍观众对展览信息的获取，很难实现让文物说话、讲好故事的展览目标。多年的策展实践表明，对展品深入的解读，是让展品、让文物"活起来"，让文物说话的一个最佳的方式。

　　我们立足于观众需求，深入解读选择的每一件（组）展品，尽量满足各种不同层面观众的需求。这也是和田历史文化陈列的一个重要特色。让观众通过展品说明牌，就能够获得对和田历史文化的基本认识。博物馆"发烧友"可以通过扫描二维码来听取语音导览，语音讲解的信息量会更大。展品说明尽量少介绍展品形状、质地、尺寸、纹饰等这些观众自己能看到和理解的内容，着力解读展品背后蕴含的信息，扩大观众的知识储备和视野。比如：一件展品是如何被发现的，类似的展品还有哪些地方有发现，展品的来龙去脉、文化内涵、价值意义等。我们在解读展品的时候，不仅仅限于对和田历史文化的解读，也会把展品放在中国文化的框架下，甚至世界文化的大背景中来进行解读，尽量呈现和田文化融东汇西的特点。

为了不让展品的解读干巴巴的，我们需要做大量的工作。首先要大量阅读相关研究文章，对文物进行充分了解，找出最有价值的信息，凝练出大概100—300 字的展品说明。如果展品的信息非常丰富，我们不会刻意限制展品解读字数，而是以解读透彻为标准，多则可以上千字，少则也可以是几十字。如果展品说明文字较长，我们会分几个层级进行传达，展品说明牌文字通常在300 字以内，更多的说明就借助语音导览传达给有需要的观众。这里以《兰亭序》纸文书和佉卢文"萨迦牟云购房契约"木牍的解读[17] 为例：

يسىلەلۇرۇچۆك لكىن «ىسىمىدەقوۇم ىدىلىمزەن لكىتەنەل»

(اخسۇن مەلىىتەيپۆك)

(618–907) ىدوۋەد ىسىلالۇس لكات

ناغلىىپىت نىدىسەھلەق غاترازام ھىىھان شاقاراق

اتقامنالقساس ادىيەزۇم ىتيتسررىۋەنۇئ قلەخە وگلكۇج

《兰亭序》临写本（复制品）

唐代（618—907）

墨玉县麻扎塔格戍堡采集

中国人民大学博物馆藏

唐代于阗地区《兰亭序》写本共发现四件，这件与国家图书馆藏的一件残片可以缀合成一件。在这件文书中，书写者反复书写如"经"等字句，说明其是练习书法的"习字"，但从其流畅程度和书法水平上判断，很可能是来到于阗的中原人士所写。这类书法作品在西域的流传是中原文化影响于阗等西域地区的例证。

【语音导览】

《兰亭序》是东晋书法家王羲之的书法名篇，东晋穆帝永和九年（353）三月三日，王羲之与谢安、孙绰等 41 位文人名士在会稽山阴（今浙江绍兴）举行祓禊（fú xì）之礼的集会，与会者饮酒赋诗，汇编成《兰亭集》，王羲之为之作序，即《兰亭序》。入唐之后，由于唐太宗李世民的极力推崇，临摹《兰亭序》蔚然成风，《兰亭序》成为唐代学生与士子练习书法的最佳范本。《兰亭序》真迹已被陪葬于唐太宗昭陵，唐太宗近臣冯承素、虞世南和褚遂良均有摹本传世，目前存于故宫博物院。

和田地区目前发现了 4 件《兰亭序》写本，其中 1 件收藏于俄国圣彼得堡（Dx.18943），1 件收藏于中国国家图书馆（BH3-7），2 件收藏于中国人民大学博物馆（GWX0112、GWX0017），经荣新江先生比定，中国国家图书馆 BH3-7 与中国人民大学博物馆 GWX0017 写本可以缀合，实为 1 件写本。Dx.18943、GWX0112 每行 13 字，与传世的《兰亭序》一致。BH3-7 与 GWX0017 是以《兰亭序》为底本的习字，这件写本的背面是 1 件唐代粮食账的残文书。从同组文书的年代判断，这几件文书的年代应在公元 8 世纪。王羲之书法在西域的流传是中原文化影响包括于阗在内的西域地区的绝佳例证，弥补了中国书法史的缺环。

«يىمتخوت شىلدىۈتىس يۆى ئىنىيومىماگاس» ىكىدىقىزىي ىتشۇراق
كۆتۈپ اشرات ىكىدىسرىغوت

（25-420）ﮬﭽﯩﻐﯩﺴﯩﻟﻟﯘﺱ ﻥﯩﺞ ﻥﯩﺪﯨﺴﯩﻟﻟﯘﺱ ﺧﻩﻥ ﯾﯩﻘﺮﻗﺶ

ﻥﺎﻏﻥﯩﻠﯩﯟﯩﻐﯩﯔﯩﻲ ﻥﯩﺪﯨﺴﯩﺮﺍئ ﻗﻟﺧﻩﻰ

ﺍﺗﻘﺎﻣﻨﺎﻟﻘﺴﺎ ﺍﺩﯨﯩﯩﺰﯚﻡ ﻥﮬﺗﻮﺥ

佉卢文"萨迦牟云购房契约"木牍

东汉至晋代（25-420）

征集

和田地区博物馆藏

此木牍是鄯善国精绝人萨迦牟云在龟兹国逗留时签署的契约文书，记录他用 100 只羊去购得某物。萨迦牟云是尼雅遗址出土佉卢文文书中多次出现的人物，这件木牍是关于他的文书中年代最早的。根据其他文书记录可知，萨迦牟云在龟兹国曾购置房产，这件来自龟兹国的木牍有可能是其购房的凭证，类似于今天的"房产证"。

【语音导览】

这件佉卢文木牍由三片长方形木板组成，其中两片用绳子和泥封密封住，构成检与牍的结合，形成核心木牍，在核心木牍之下还有第三片木板（外牍），一根麻绳将这片板与核心木牍绑定在一起。三片木板的边缘中间部位均有楔形凹口，便于用麻绳将木板捆住。这种形制的木牍与尼雅遗址出土的木牍具有明显的不同，多见于龟兹地区出土的世俗类木牍，特别是商队通行证（即古代的"过所"）。木牍的持有者是尼雅遗址出土佉卢文文书中多次出现的鄯善国精绝人萨迦牟云（Saġamoi）。萨迦牟云是生活于公元 3 世纪左右的鄯善国精绝州人，住在耶婆乡。与一名叫妙可的寡妇情投意合，两人私奔到龟兹国并购置了房产，育有一儿一女，名为萨尔布与妙意。

这件"龟兹木牍"是关于萨迦牟云的一系列文书中年代最早的一件，木牍的形制显示其可能是一件通行证（"过所"），上面的佉卢文记载这是萨迦牟云在龟兹国逗留时签署的一件契约书，文中提及使用 100 只羊去购得某物。从同一遗址同出的其他佉卢文文书推知，萨迦牟云在龟兹国曾购置房产，这件来自龟兹国的木牍有可能是购买房产的凭证，类似于我们今天的"房产证"。文书中提及了龟兹王的名字 Pitṛṛbhakta，意为"供养父亲者"。萨迦牟云在鄯善马伊利王执政第 6 年（289 年前后）已经从龟兹回到鄯善。那么龟兹王 Pitṛṛbhakta 有可能是《晋书·四夷传》中提及的龟兹王白山的前任或者是白山本人。文书中的另一个重要的词 Nuaviya，经学者的研究，意为"鄯善人"，这是龟兹人对于萨迦牟云的称呼，这也是这个称谓第一次在佉卢文文书中得到证实。

在出逃 6 年后，即鄯善马伊利王执政第 6 年，因鄯善王的仁慈恩准，萨迦牟云一家返回鄯善，按照国王的旨意得以在家乡耶婆乡居住。此后，萨迦牟云接连惹上了 3 起诉讼：第一起是妙可的部族长认为妙可与萨迦牟云是私奔成亲，希望能够收回妙可及其子女。第二起是有人认为是萨迦牟云杀害了当时与他一同逃亡的伙伴。第三起则是妙可的父亲希望萨迦牟云支付男方应付给女方的钱财。但在国王的支持下，萨迦牟云都得以胜诉，并真正安家落户。他曾担任库吏一职，主要负责在精绝筹备王国祭礼所用之物。起初，他直接服务于国王，马伊利王执政第 13 年后，他又服务于王子功德力。王子功德力还送给他了一处带葡萄园的宅院，但后来因其办事不力，王子在信中的口吻非常严厉，还骂他为"缺德小人"。与萨迦牟云有关的文书均出自尼雅遗址 N29 房址，这处带庭院的房屋应当是萨迦牟云与妙可的家园，现已被沙包掩埋。基于种种原因，主人离开了这座房屋，但这些文书却留在了这里，向千年以后的我们讲述着精绝人萨迦牟云的精彩故事。

经过这样深层次的解读，展览的信息就会丰富起来，展览也变得生动有趣起来。

把展品解读到位，讲好和田故事就有了基础，也有了依凭。

（四）序厅为什么重要？

要讲好和田故事，开头是非常重要的部分。开一个什么样的头、给展览定一个什么样的调性、营造一个什么样的环境、给观众传达什么样的办展理念、给他们什么样的情绪调动、让他们有什么样的认知等，都非常重要。而这些实际上都要在展览的序厅完成。从这个意义上来讲，我始终认为序厅是展览的重中之重。序厅是展览的脸面和灵魂统领，也是展览中最见功力的部分。序厅做好，展览就成功了一半。因此，策展时，我非常重视展览序厅的策划和设计。

和田历史文化陈列的序厅是一个相对比较开阔的空间，通过梁柱、斗拱、碑刻、秦砖等中华文化的一些基因性的符号，营造一个流淌着中华文明元素的礼仪性空间，阐释"中国之子　家园和田"。再通过一系列的形式设计，增加整个序厅的空间层次感，营造出"平稳、庄严、安定、团结"的象征意象（图3-134至图3-136）。

以四梁八柱斗拱结构带给观众强烈的秩序感与仪式感，以复制的秦朝咸阳宫地砖铺地，彰显大一统中国的缔造，并标示序厅观展的路线。这里展出三件带有中国铭文的文物复制品：最早出现"中国"二字的青铜何尊、西汉时期的"中国大宁"鎏金青铜镜和出自和田地区尼雅遗址的"五星出东方利中国"锦护膊。在何尊展柜对面的墙上，镌刻着习近平总书记"一部中国史，就是一部各民族交融汇聚成多元一体中华民族的历史，就是各民族共同缔造、发展、巩固统一的伟大祖国的历史"[18]的语录。另外，还展出有中国历史年表与和田大事记，以及和田地区文化遗迹分布图。在序厅最内侧、正对中国地理版图上的和田地区位置图的位置，设有播放《中国之子　家园和田》短片的巨型弧幕。

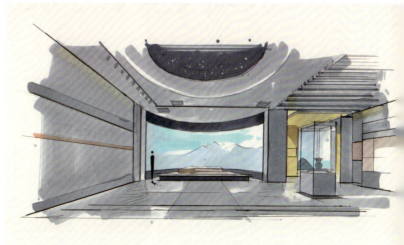

图3-134　序厅设计草图（1）（上）

图3-135　序厅设计草图（2）（中）

图3-136　序厅设计草图（3）（下）

我们希望从内容和形式设计两个维度，把序厅打造成一个稳定、庄严的礼仪空间，以方圆有序的氛围来定位华夏与和田，阐释了中华文明是融合了各民族各地区的传统、以中原文化为主体的多元一体且连续不断的文明，阐释了中华民族大家庭的形成，回答和田为什么被称作中国之子，同时充分展现和田的地理生态，概括性地向观众介绍在和田这方水土上生活的人们，他们过着怎么样的生活，创造了什么样的文化等，为展览的后续展开奠定基础。

（五）展览如何通过节奏设置调动观众的情绪？

展览的节奏设置是展览策划关注的重点，也是展览人文关怀的重要体现。合理的节奏设置能让观众主动融入展览，让观展之路变成一场文化盛宴。

对于不同的展览，策展人会设置不同的观展节奏。和田历史文化陈列以"今—古—今"的叙事逻辑展开，带领观众从今日中国和田走进古代和田，再通过丝绸之路连接今天的"一带一路"，把观众带回今天。在展览节奏设置上，没有采用惯常通过序厅"预热"的做法，而是通过内容策划和形式设计，在序厅打造展览的第一高潮点，充分调动观众的情绪，让观众在庄严的礼仪空间内，通过大片《中国之子 家园和田》积聚饱满的情感。进入展览第一部分至第三部分，观众在了解和田早期文化、人群、生业的过程中，让情感得到释放和重新集聚。展览从第四部分开始，通过沉浸式体验项目"和田万年穿越"营造展览的第二高潮点，再次调动观众的情感，引导观众走进和田居民绚丽多彩的生活（图3-137）。在展览的第五部分，观众在了解、欣赏和田文化的过程中，情感得到略微释放。在展览第六部分以"烽燧戍堡微缩景观多媒体展示项目"制造展览的第三个高潮点，以震撼视听，深入诠释和彰显大一统中国的缔造和中

图3-137 沉浸式体验项目"和田万年穿越"

华民族的形成，以及历代中原王朝对包括和田在内的西域的管治和经营。随后，展览进入第七部分，带领观众漫游中原王朝保障下的丝绸之路，拜见丝路追梦人，在历史的长河中打捞和田文化融东汇西的秘密。在结束厅设置时长1分钟的短片，通过"一带一路"把观众从古代拉回今天，引导观众对和田未来的关注与思考。走出展厅，即是为观众特设的"笑脸墙"。看完展览的观众可以在这个属于自己的空间用镜头记录自己灿烂的笑容，永远存留在和田地区博物馆。

展览序厅大片《中国之子 家园和田》、第六部分"烽燧戍堡微缩景观多媒体展示项目"两个展览高潮点，充分诠释和彰显大一统中国的缔造和中华民族的形成，以及历代中原王朝对包括和田在内的西域的管治和经营。在第一部分至第五部分和第七部分充分阐释和田历史的发端、生活的人群，各时期和田人民的生计生业与生活、所创造的文化以及和田作为"丝路明珠"在东西方文化交流中所起的桥梁作用，同时透过一些代表性的文物展现中原文化对和田地区的影响。在内容安排上，润物细无声地讲述和田历史文化，让文物说话，让历史说话，彰显中原文化的引领作用，揭示大一统中原王朝管治和田的时期都是和田社会、政治、经济、文化大发展和大繁荣的时期这一历史事实，使价值导向正确和学术严谨相得益彰。在展览节奏上，保证整个展览节奏高潮迭出而又缓急有序，在调动观众情绪的同时，有效缓解观众的观展疲劳。

（六）如何彰显历代中原王朝对和田的管治？

展览如何让历史说话，彰显历代中原王朝对和田地区的管治呢？

在展览策划时，我们以史实和文物为证据，遵循学术严谨支撑下的价值导向正确。展览先在前面用五个部分深入阐释和田早期文化、和田这方水土及在此生活的人们，他们的生业、生活与创造的文化。精心选择这几部分展出的文物，通过对展品的深入解读，使展览在讲述和田历史文化的同时，向观众展现和田地区与内地的密切联系，为展览第六部分展现历代中原王朝对和田的管治埋下伏笔。

展览第六部分在历代中原王朝管治和经营西域的大背景下，通过史料记载、出土文物和现存的长城资源，辅以多媒体展示项目，全面展现历代中原王朝对和田地区的管治。这里，展览运用多种展示手段，突出历代中原王朝管治和经营西域2000多年的铁证——烽燧、戍堡、哨卡和驿站遗址，以量蕴势，以势撼人，彰显历代中原王朝的管治和经营。

我们在展厅突出位置，设置多单元共享的微缩景观，以现代科技手段，首次将历代中原王朝对西域进行管治的铁证——新疆现存的380多处烽燧戍堡等不可移动文物，以虚拟手段搬进展厅，在周围展品的映衬下，形成强大的势感，

图3-138　烽燧戍堡微缩景观虚拟展示场景

以增强展览的震撼力和说服力（图3-138）。还通过3D扫描信息采集、建模、打印等手段，把和田地区最有代表性的几处烽燧戍堡遗址，以微缩模型的形式搬进展厅。另有一些烽燧戍堡遗址，经过信息采集，制作成短视频，以循环播放形式呈现给观众，视频中的烽燧戍堡遗址可以360°旋转、放大、缩小等（图3-139至图3-141）。

　　"元和元年"锦囊是目前我国出土的唯一有明确纪年的汉代织锦，弥足珍贵。我们为这件锦囊量身策划了一部20多分钟的长片，进行有广度、有深度的解读，充分展现汉章帝元和年间，东汉王朝的政治局势以及汉匈在西域的争夺，再现班超以于阗为根据地，重建汉朝对西域统治的史实，揭示于阗人心向中原的根源。这部片子在"元和元年"锦囊展柜旁的观影空间循环播放。观影空间是观众观影和休息的两用空间。

　　除了上述展示项目之外，我们还在第六部分设置有五处"专家讲展览"，分别是中国人民大学王子今教授主讲的《秦汉大一统国家的缔造》、北京大学荣新江教授主讲的《公元10世纪的于阗与敦煌》、中国人民大学孟宪实教授主讲的《唐朝在西域的军镇设置》、新疆社会科学院苗普生研究员主讲的《清朝对西域的治理与开发》和新疆维吾尔自治区党史研究室刘向晖研究员主讲的《民国新疆风云》。五位学者把自己多年深耕的研究成果，浓缩于5分钟的短片之中，以专家视角，向观众讲述历代中原王朝对包括和田在内的西域的管治和经营。

图3-139　唐代烽燧戍堡遗址模型及3D投影播放展厅实景（上）

图3-140　唐代烽燧戍堡遗址模型及3D投影播放展厅立面设计（下）

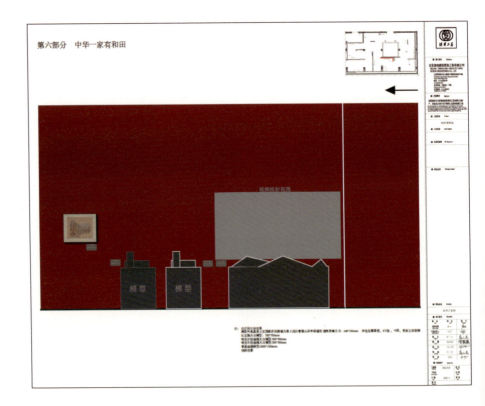

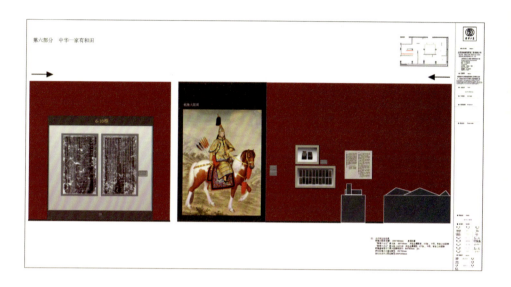

图3-141　清代烽燧、驿站遗址模型展厅立面设计

　　展览第六部分通过大量的出土文物、复制文物、烽燧戍堡遗址模型和微缩景观虚拟展示，相关的图片展品、创造展品、专家讲展览，以及17幅编绘地图，全方位、系统地诠释了历代中原王朝对包括和田在内的西域的管治与经营。丰富的展品种类保证了展览的丰满度和可信度，为观众提供了视觉、听觉上的多样体验与选择，让观众理解中原王朝对和田的管治更加有据可依、有情可共。

（七）保持展览内容丰富且展厅疏朗的诀窍是什么？

　　我们在观展时，经常会看到博物馆展厅满墙贴的都是补充展板和文字，严重影响展览的展示效果，分散观众的注意力，甚至给观众造成视觉障碍，不利于观众把注意力集中在展示的文物上。而展览要讲好故事，让文物说话、让历史说话、让文化说话，需要充分的解读，展览文字内容和辅助展示内容（图文版面、多媒体辅助展示项目）也会相应增加。和田历史文化陈列的文字内容达 27 万字，图片展品百余幅，编绘地图 32 幅，另外还有大量的补充图片和文字展板，我们怎样才能保持展览内容丰富且展厅疏朗呢？

我们采取如下途径解决。

第一，在分割展厅空间时，合理设置假墙。展厅中，假墙具有非常重要的作用，可以增加展览曲径通幽的效果，避免观众一眼就可以望到整个展厅的尽头，增加展览的神秘感；还可以增加相应的展墙面积。合理设置假墙，增加展示墙面，有助于解决展厅拥挤问题。

第二，在展柜使用上做文章，多使用三面柜。不少博物馆选择在展厅使用固定的大通柜，较少使用灵活可移动的三面柜。上顶天花、下接地板的大通柜在展厅里看上去比较整齐，但弊端很多。这种顶天立地大通柜，不能移动，会大幅度减小展厅的空间，所有的辅助展板就只能放在大通柜的背板上，小体量文物在这种展柜中会显得更小，效果非常不理想。在展览实践中，我们尽量增加可移动三面柜的使用。三面柜适合展示各种体量的文物，三面柜的背板高度处在人们的视线范围内，背板上的辅助展板位于最佳观展范围。三面柜还有明显的优势，就是可移动，不会过分侵占展厅空间，反而会带来空间的立体感，让展厅错落有致，展柜之间的墙面还可以利用，不会给人满墙都是展板的感觉。三面柜的辅助展示空间不比大通柜的小，但是展厅效果却完全不同。这并不是说大通柜不可用，可以根据展览实际需要，合理配置大通柜、三面柜和独立柜的使用，构建展厅空间的层次（图 3-142）。

第三，分四个层级分散展览内容文字。第一层级是利用前言、部分说明和结束语分散文字内容。第二层级是利用 33 块单元说明板分散单元说明文字。第

图3-142　展厅空间与展柜配置

三层级是充分利用展品说明牌。我们通常会把对文物展品的基础解读放在展品说明牌上。第四层级，充分发挥语音导览的优势，分散延伸解读文字。我们把大量的信息内容放入语音导览，有需要的观众可以去扫展览二维码，听取解说。在展柜中，展品说明牌、语音导览和辅助展板各司其职，分解非常丰富的解读信息文字，让展柜保持清爽利落，既不影响观展的视角，也方便观众欣赏文物展品时阅读、听取说明信息。

第四，合理设置多媒体辅助展示项目，把相关的内容融入多媒体。我们设置18部"专家讲展览"短片，把很多相关内容放进影片里。另外，展览还通过特别设置一些辅助展示项目，在观众欣赏和互动的同时，把大量的信息传递出来。

通过上述四种途径，和田历史文化陈列丰富的文化信息得到有效分散，展览内容解读充分，展厅空间疏朗有序，为观众营造了舒适的观展环境。

（八）怎样解决展览难题，走出困境？

在策展过程中，我们常常会遇到各种各样的难题，甚至陷入困境。策展人要面对展览中出现的各种难题，找到属于自己的"魔法棒"，要善于"无中生有"，化腐朽为神奇，解决问题，走出困境。如前文所说，我们通过创造展品，解决和田地区博物馆馆藏严重不足的难题。另外，还有一些破解难题的实践，兹举两例加以剖析。

首先是序厅和展览第一部分之间的衔接问题。这是每一个展览都会面临的问题，也是策展人需要重点考虑和解决的问题。怎样才能实现无缝衔接，保持展览的流畅，避免突兀呢？

和田历史文化陈列序厅通过内容策划和空间设计构建了一个庄严、稳重的礼仪空间，尝试引导观众思考并在展览中找到如下问题的答案：中华文明为什么是世界四大文明古国中唯一没有断流的文明？中国历史是如何谱写的？中华民族是如何形成的？和田为什么被称作中国之子？和田是一方什么样的水土？这里生活着什么样的人群？

序厅是抽象的表达，而展览第一部分主要呈现和田地区早期的文化，因此，二者之间的转换显得突兀。需要进行策划设计，找到早期和田与内地的联系，在序厅和展览第一部分之间设置一个有效的衔接，消除突兀感。经过阅读文献和学术研究成果，我发现要解决这个难题，展览必须梳理和阐释华夏、昆仑、黄河源、和田之间的关系。

中国历史在岁月长河中不断延伸，满天星斗的多元文化逐渐向黄河流域凝聚，终于在4000多年前形成王朝礼乐体系下的农耕文明。夏商周时期，中华文明有了明确的中心——华夏。而这一时期昆仑神话也开始流行，"昆仑""昆仑之丘""西王母"经常出现在《尚书·禹贡》《穆天子传》《山海经》等先秦文献中。当时的人们相信黄河发源于昆仑，上面有醴泉和瑶池。瑶池之畔，还生活着西王母的部落。昆仑的位置是虚幻不定的，人们进一步将昆仑想象为天神和天帝居住的神山。我们中华民族的一些先王、先祖被认为与昆仑有关。随着时间的推移，昆仑的位置也不断西移。西汉武帝时期，为探究这些神话传说，寻找黄河源头，派使者出使西域。使者来到于阗，发现这里盛产美玉，回去后，把玉献予武帝。汉武帝根据上古图书的记载，钦定黄河发源地为于阗南山——昆仑山，从此华夏、昆仑山、黄河发源地就跟和田紧密联系在一起了。

我们中国有两大神话体系，一个是东面的蓬莱神话，另外一个就是西面的昆仑神话。东面的蓬莱神话有相对固定的位置。但昆仑神话中，随着华夏领域的不断扩大，昆仑的位置不断西移，飘忽不定，一直到汉武帝把昆仑的位置钦定在于阗南面的昆仑山，这里也被认为是"河源"（黄河的发源地）。今天的我们知道地理上黄河的源头另有其地。但西汉时期，汉武帝的行为是中国历史上最早由官方确定"昆仑山"的举措，既是中原王朝主权的宣示，也反映了我们祖国山水相连的观念。

我们通过对文献记载的梳理，弄清了早期中国跟和田地区的联系，发现西王母是此联系中的关键神祇。西王母是中华文明著名的神话人物，住在昆仑山上。如何展示这种关系也是一个难题。很明显，文物携带的信息难以呈现或解决这个难题。我们不能再依赖文物，需要通过"烧脑"的策划和设计来解决这个难题。

一番头脑风暴之后，我决定除了展示一些文献记载的书页之外，设置一个"景观＋多媒体"的辅助展示互动项目，以观众非常熟悉的西王母为主角，来串讲华夏、昆仑、黄河源与和田，很好地消除了序厅和展览主体之间转换的突兀感，使展览在非常平稳的逻辑中过渡到对和田早期文化的展示（图3-143、图3-144）。

展览第四部分关于和田居民居住空间的发展变化，也是我们策展中遇到的难题。

第四部分主要展示历史上和田居民的生活。最初，我想通过文物来展示和田房屋的发展变化，揭示和田地区的建筑传统，同时展现中原地区的建筑传统和技术对和田地区房屋建筑的影响。

图3-143　西王母故事"景观+多媒体"项目展厅效果（上）

图3-144　西王母故事"景观+多媒体"项目设计草稿（下）

　　对于从早到晚系统展示和田地区3000多年的建筑传统，各个时期的遗址都有相应的材料可以支撑，但是，实际操作时就会发现问题。因为这些历经几千年风沙的居址中，残留的多是严重开裂的胡杨木框架和构件，同质性非常强。木骨泥墙、残缺的木制品和建筑构件彰显着和田建筑的悠久传统，但可观赏性非常差。

　　从汉代开始，中原地区方形的城市布局，包括建筑技术等已经对和田地区有了比较明显的影响，主要表现在斗拱的运用、城市布局的变化。和田传统的城市布局都是不规则形状的类似圆形的城市布局，房屋建筑的突出特点就是木骨泥墙建筑。根据和田古今环境气候和居址残迹推测，和田古代的房屋可能跟今天的差不多，也以平顶为主。

　　当我试图先在"纸上展厅"里按时间早晚来摆放这些文物的时候，发现展览非常单调、零碎，如果只用文物呈现的话，展厅再怎么设计，也显得破破烂烂的。展览陷入困境。原本想象的是通过居住空间的变化来呈现和田地区传统和内地的关系，揭示中原文化对和田的影响，这是非常好的想法，也是历史发展的事实，文物也足以支撑起这个主题。简而言之，用文物呈现和田地区居住空间的发展变化，在内容设计上非常合理，也有足够的支撑，但在展览形式设计上，可操作性非常差。现实如一瓢冷水浇在我头上，我第一次遇到内容完全没问题，但形式设计几乎没有可操作性的情况。如果硬要施行，会大大影响展览的效果。

　　我绞尽脑汁，思考怎么样才能够走出困境，或是突破这样的限制，又能够把原本的内容主题进行充分的表达和展示。需要换一种角度或思考方式，看会不会有意想不到的收获。我决定利用现代科技虚拟呈现和实物展示相结合的手段解决这一难题。"和田万年穿越"沉浸式体验空间由此诞生。

　　我们把最能代表和田传统的圆沙古城的城墙和城门仿制出来，与展厅墙壁围成一个沉浸式的体验空间，这样不仅能很好地展示和田地区最早的城市圆沙古城的风貌和建筑特点，还可作为沉浸式空间的观众入口，营造出入城探寻和田历史文化的意象（图3-145）。在这个沉浸式空间里，我们带领观众完成一场对和田万年历史文

图3-145　仿圆沙古城城门制作的"和田万年穿越"沉浸式空间入口

化的穿越。此项目设置有两条线索，明线是和田居民房屋居住空间的发展变化，暗线是和田与内地的密切关系。通过在不同时期的和田历史中穿越，体验中原王朝对于和田地区的管治，展现和田居民的生业、生活以及文化发展等。

我们从建筑构件里挑选了一些实物，在沉浸式空间旁进行展示。通过对展厅展线的控制，让观众先看到这些具有和田传统特色的建筑构件，对和田建筑传统有了一定的了解后，再走进"和田万年穿越"的沉浸式空间。这个沉浸式空间是互动项目，观众可以用手掌开启穿越和田万年的旅程。

通过这样一个沉浸式的带有互动的多媒体空间，我们成功拉近了观众和展览的距离，把展览的难题和困境打造成了展览的亮点，形成展览的第二个高潮点，很好地改善了之前只通过展品来呈现和田房屋居住的发展变化的非常不理想的一种状态。

（九）能否突破传统通史陈列的叙事瓶颈？

从国家博物馆的中国通史陈列，再到各个地方的地区通史陈列，它们都是按照一个固定的模式展开的，形成我国各地博物馆通史陈列的惯常模式，即按照中国历史发展的各个阶段顺序策展。此种模式下，虽然各地方通史陈列的内容会有所不同，但也会出现很多弊端，难免出现同质化或者是千馆一面的情况。

另外，中国国家博物馆的藏品尚可以支撑起中国通史展览，但是对于区域性或地方性的基本陈列，即地方通史陈列来说，一个地方历史文化的发展并不一定跟中国历史的发展阶段完全一致，有的历史阶段在当地存在缺环。地方博物馆的文物展品也存在非常大的不均衡性，有的地方某一时段的文物相对丰富，而有的时段基本没有文物。因此，地方博物馆按照惯常模式做通史陈列常常遭遇尴尬。这种情况在和田地区也存在。

如果我们仍然按照惯常的思维，以传统通史陈列的模式去呈现和田历史文化陈列，不仅容易暴露和田地区文化发展和文物藏品的不均衡性，也很难有效彰显和田历史文化的特点，更无法实现展览既定的诉求和目标。我们必须突破传统通史陈列叙事的瓶颈，跳出以往通史陈列的惯常思维，不再按照中国历史的发展阶段来框套和田历史文化陈列，扬长避短，把和田历史文化的丰富内涵和特点充分展现出来，尽量在展览中巧妙地避免受和田文化发展的不均衡和特定阶段文物缺乏的约束。

基于此，我们调整策展思维，结合和田各时期文化发展的情况先分主题区块，在各主题区块下，以时间为轴呈现各主题的历时性发展变化，形成主题区块下的通史陈列。展览充分吸收国内外学界的最新研究成果，在世界范围内遴选支撑展览的文物和最新考古发现，在中国历史的大框架中，全方位展现和田历史，以世界文明、中华文明的视角对和田文化进行阐释。

如何确定和田历史文化的主题区块呢？读懂和田是基石，这也是我在前面花费很大精力了解和田的主要原因。作为和田历史文化陈列的策展人，必须读懂和田，充分了解古今和田的状况，找到和田历史文化的特质和传统，揭示和田与中原内地久远而密切的联系。和田地区沙漠戈壁广布，昆仑山融化的雪水滋养出点点绿洲，这里是丝绸之路的交通枢纽，历史上世界各地的人群在此交流融合，赋予和田居民多样性，和田居民培育了农牧并举的生业传统、特色鲜明的手工业传统、饮食传统、居住传统等，创造了融东汇西的和田文化。远古时期，和田先民的打制石器跟华北地区属于同一个技术体系；青铜时代，源自华北地区的粟等农作物已经传到这里，成为这里居民的主要的面食来源；尤其到了历史时期，随着中原王朝对包括和田在内的西域的管治和经营，和田跟中原地区联系日益密切，为和田地区"心向中原"传统的形成奠定了深厚根基……这些都是展览要揭示的内容。

突破传统通史陈列的叙事模式，需要创新，但要严格根据展览实际需要进行必要、合理而科学的创新，不能为了创新而创新。策展人要有自己的坚守，展览策划要回归本源，认真思考怎样才能够把和田历史文化的诸多特点呈现出来，赋予展览温度和亲和力。和田历史文化陈列要充分展现和田这块土地、在这方水土上生活的人们的方方面面，揭示中原王朝对和田的经营、管治。由此确定 7 个主题区块，构成展览的七大主体部分。整个展览由序厅、七大主体部分 33 个主题单元和结束厅共 9 个部分组成，先后阐释了和田历史的源头、和田历史上生活的人群、人们的生业生活、人们创造的文化、中原王朝对和田的管治和经营、和田作为丝路重镇的原因。展览各部分既相对独立又相互支撑，把和田历史文化的特点环环相扣地展现出来。这样的展览逻辑比较容易被人接受，让和田民众在展览中找到归属，知道自己文化的来源、历史发展的脉络、历史的真实情况是什么、中原王朝的管治给和田带来了什么等（图3-146）。

为了更好地完成展览的呈现，我们遴选出 1300 多件（套）文物，根据展览需要编绘 32 幅地图，制作 18 部"专家讲展览"视频短片，策划 3 部大型影片，结合展览的实际需要量身策划 10 项多媒体辅助展示项目。这些为展览量身策划

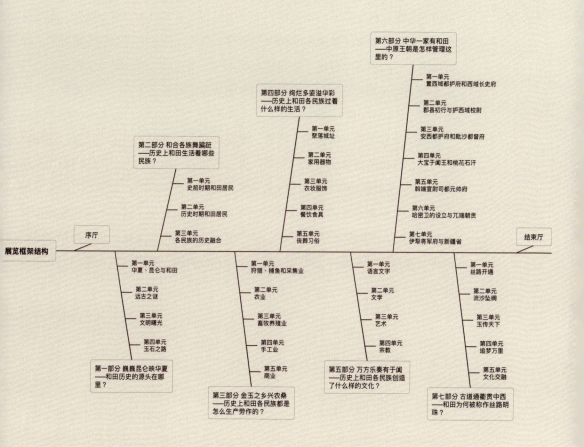

第六部分 中华一家有和田
——中原王朝是怎样管理这
里的？

第一单元
置西域都护府和西域长史府

第二单元
郡县初行与护西域校尉

第三单元
安西都护府和毗沙都督府

第四单元
大宝于阗王和桃花石汗

第五单元
斡端宣尉司都元帅府

第六单元
哈密卫的设立与兀端朝贡

第七单元
伊犁将军府与新疆省

第四部分 绚烂多姿溢华彩
——历史上和田各民族过着
什么样的生活？

第一单元
聚落城址

第二单元
家用器物

第三单元
衣妆服饰

第四单元
餐饮食具

第五单元
丧葬习俗

第二部分 和合各族舞蹁跹
——历史上和田生活着哪些
民族？

第一单元
史前时期和田居民

第二单元
历史时期和田居民

第三单元
各民族的历史融合

展览框架结构

序厅

结束厅

第一单元
华夏、昆仑与和田

第二单元
远古之谜

第三单元
文明曙光

第四单元
玉石之路

第一部分 巍巍昆仑映华夏
——和田历史的源头在哪
里？

第一单元
狩猎、捕鱼和采集业

第二单元
农业

第三单元
畜牧养殖业

第四单元
手工业

第五单元
商业

第三部分 金玉之乡兴农桑
——历史上和田各民族都是
怎么生产劳作的？

第一单元
语言文字

第二单元
文学

第三单元
艺术

第四单元
宗教

第五部分 万方乐奏有于阗
——历史上和田各民族创造
了什么样的文化？

第一单元
丝路开通

第二单元
流沙坠绸

第三单元
玉传天下

第四单元
追梦万里

第五单元
文化交融

第七部分 古道通衢贯中西
——和田为何被称作丝路明
珠？

图3-146 和田历史文化陈列框架结构

设置的多媒体辅助展示项目包括：用西王母的故事来串讲华夏、昆仑、河源与和田的西王母故事"景观＋多媒体"项目，雕刻木柱动物纹动态图像展示，虚拟牧场，"和田万年穿越"沉浸式互动项目，布扎克彩棺分解透屏演示，十二木卡姆虚拟互动展示项目，烽燧戍堡微缩景观虚拟展示项目，丝路追梦人互动项目等（图3-147、图3-148）。

　　量身策划展览、量身设计展陈、量身设置多媒体辅助展示项目等，让和田历史文化陈列从内容到形式拥有独一无二的特质，和田历史文化的特点和亮点得到很好的呈现，赋予和田历史文化陈列高辨识度。同时，和田地方历史发展与中国历史发展存在的不同步性得到妥善处理，也规避了受和田文化发展和文物分布的不均衡性的约束。但是，分主题展示和田历史文化，也有不足之处：同类文物在不同主题中会重复出现。关于这个难题，我至今也未能找到解决的办法。

（十）"死棋"如何转变为展览的亮点？

　　策展初始阶段，有两个让我深受触动的问题："如果和田民众不愿看文物，也不想看展厅里的解读文字，该怎么办展？""如果盲人或者聋人走进展厅，如何也能让他们从展览中有所收获？"这些问题乍一听很不近情理，但确实是一种客观存在的冷酷现实。这是令人绝望的"死棋"，似乎找不到解决的办法。带着这些问题，我不停地问自己："要如何策展才能吸引和方便当地民众参观展览呢？"

　　我殚思干虑，不断思考着这两个问题，努力寻找突破点。

　　不愿看文物和解读文字的观众或许会喜欢看有故事情节和声音的影片；盲人虽然看不见，但可以听到；聋哑人听不到，但却看得见。想到这里，我豁然开

图3-147　虚拟牧场（上）
图3-148　布扎克彩棺分解透屏演示（下）

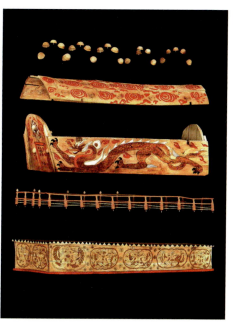

朗，终于找到解决问题的金钥匙——带有故事情节的短片。最终决定展览采用双重阐释和田历史文化的手法，除常规文物展示和阐释外，创造性地在展厅各部分设置18部"专家讲展览"短视频，把一个展览通过两种途径进行诠释，相当于把展览做了两遍。

读懂和田为策展奠定了坚实的基础，让展览后续的每一步都得以顺利展开。"专家讲展览"项目同样要在读懂和田的基础上完成。首先要根据展览内容提炼每部"专家讲展览"的主题：克里雅河的故事、佉卢文与文化交流、在于阗生活的粟特人、和田地区出土织物、于阗居民的生活与文化交流、和田的历史与文化、中原文化对于阗的影响、于阗佛教、达玛沟佛寺遗址出土的壁画、敦煌莫高窟壁画中的于阗瑞像、秦汉大一统王朝的缔造和汉王朝对西域的管治、唐朝在包括于阗在内的西域的军镇设置、10世纪的于阗与敦煌、清朝对西域的治理与开发、民国新疆风云、和田出土文物反映的丝绸之路文化交流、尼雅遗址考察发掘与"五星出东方利中国"锦护膊、精绝人对本地脆弱生态环境的保护利用。

围绕确定的主题，我们展开对国内外专家的遴选，邀请国内外著名学者与和田本地博物馆员工，共同完成"专家讲展览"短片的拍摄。讲述者分别是英国伦敦大学辛威廉院士、北京大学中国古代史研究中心荣新江教授、北京大学考古文博学院齐东方教授和林梅村教授、中国人民大学王子今教授和孟宪实教授、中国丝绸博物馆馆长赵丰研究馆员、中央民族大学肖小勇教授、新疆维吾尔自治区文物考古研究所前所长王炳华研究员和伊弟利斯·阿不都热苏勒研究员、新疆社会科学院苗普生研究员、新疆维吾尔自治区党史研究室刘向晖研究员、新疆维吾尔自治区博物馆馆长于志勇研究馆员、新疆维吾尔自治区龟兹研究院赵莉研究员、和田地区文物局局长张化杰、和田地区博物馆买提卡斯木·吐米尔和居麦尼亚孜·图尔苏尼亚孜、策勒县达玛沟佛寺遗址博物馆员工木塔力甫·买买提。"专家讲展览"的讲述者来自多个国家、多个民族，他们的学术

图3-149　第七部分"专家讲展览"展厅实景

研究也涉及多个领域。他们的讲述保证了"专家讲展览"的高学术水平，增强了展览的可信度（图3-149）。

　　"专家讲展览"的主题和讲述人确定后，我们就开始投入紧张的策划、设计和拍摄工作。那时的我因为天天加班熬夜，"火力十足"，嘴唇变成了"破裂的香肠"。荣新江老师就是看着如此形象的我，在北京大学中国古代史研究中心完成了三个视频的拍摄（图3-150）。每每回想当时的情景，我都有些忍俊不禁。经过几个月的奔波，终于完成了"专家讲展览"的拍摄工作，接下来要做的就是一遍遍审看片子，找出其中的错误和瑕疵。

　　为和田历史文化陈列找到"专家讲展览"这条新途径的那一刻，我对"绝处逢生""柳暗花明"有了更加深刻的体会，也收获了更多的激动和喜悦。功夫不负有心人，"专家讲展览"成为和田历史文化陈列的亮点之一，深受观众的欢迎。

　　策展是一条穿越天堂与地狱的长路，我无法停止脚步，只因想找到归家之路。

　　策展人是戴着镣铐的舞者，我无法追求完美，但要舞出一片新天地。

图3-150　荣新江老师"专家讲展览"拍摄现场

注　释

〔1〕这是德国记者、编辑库尔特·威廉·马雷克70多年前在书中写下的话：[德] C. W. 西拉姆 . 神祇·坟墓·学者 . 刘酒元，译 . 北京：生活·读书·新知三联书店，2001：20.

〔2〕张立东，任飞 . 手铲释天书：与夏文化探索者的对话 . 郑州：大象出版社，2001：扉页 .

〔3〕郭物 . 和田考古简史 // 上海博物馆 . 于阗六篇 . 北京：北京大学出版社，2014：37-57.

〔4〕[英]奥雷尔·斯坦因 . 古代和田——中国新疆考古发掘的详细报告 . 巫新华，肖小勇，方晶，孙莉，译 . 济南：山东人民出版社，2009.

〔5〕[唐]玄奘撰著，[唐]辩机编次，芮传明译注 . 大唐西域记译注 . 北京：中华书局，2019：834-835.

卷十二"瞿萨旦那国"记载："王城西百五六十里，大沙碛正路中，有堆阜，并鼠壤坟也。闻之土俗曰：此沙碛中，鼠大如猬，其毛则金银异色，为其群之首长，每出穴游止，则群鼠为从。昔者，匈奴率数十万众，寇略边城，至鼠坟侧屯军……匈奴之闻也，莫不惧焉。方欲驾乘被铠，而诸马鞍、人服、弓弦、甲，凡厥带系，鼠皆啮断。兵寇既临，面缚受戮。于是杀其将，虏其兵，匈奴震慑，以为神灵所佑也。瞿萨旦那王感鼠厚恩，建祠设祭，奕世遵敬，特深珍异。故上自君王，下至黎庶，咸修礼祭，以求福佑……若无享祭，则逢灾变。"

〔6〕[意]马里奥·布萨格里 . 中亚绘画 // 许建英，何汉民 . 中亚佛教艺术 . 乌鲁木齐：新疆美术摄影出版社，1992：48.

〔7〕尼雅遗址包括居址、城址和墓地，我们一并进行了考察，为了保持对尼雅遗址介绍的完整性，墓地考察也一并在此介绍。

〔8〕汉晋时期西域诸国对汉人的称呼。

〔9〕本段有关敦煌壁画中牛头山瑞像和圣迹图的介绍参自：敦煌研究院 . 敦煌石窟艺

术全集·佛教东传故事画卷（12）.上海：同济大学出版社，2016：83.

〔10〕克亚克库都克烽燧遗址出土的纸文书中就有"烽子"之名。该遗址位于新疆维吾尔自治区巴音郭楞蒙古自治州尉犁县荒漠无人区，2019 年，由新疆维吾尔自治区文物考古研究所胡新军主持发掘，出土有木质的杯、碗、筷、勺，陶质的缸、罐、碗、碟，染织衣服、麻鞋，武器装备弓、箭、铠甲，以及上传下达的公文信函等，其中出土文书创国内之最，99% 以上为汉文文书，内容丰富，填补多项史料记载的空白，被誉为一座全面反映唐代边防戍守生活、边疆治理的档案馆，极大地促进了考古学、历史学、文献学、军事史、西域地方史、书法艺术史等诸多学科的发展。成果入选 2019 年度"考古中国"丝绸之路重大项目成果和"2020 年全国十大考古新发现"。考古发掘证实，克亚克库都克为唐代"沙堆烽"，也是一处游弈所治所，属于安西四镇之一焉耆镇下的一处基层军事管理机构。

〔11〕这些唐代"烽子"的家书出自克亚克库都克烽燧遗址出土的纸文书。

〔12〕习近平.在全国民族团结进步表彰大会上的讲话 // 中共中央党史和文献研究院.十九大以来重要文献选编（中）.中央文献出版社，2021：215.

〔13〕杭侃.什么样的展览是一个好展览——《观看之外：十三场博物馆展览的反思与对话》新书推介.中国博物馆，2020（2）：128.

〔14〕王春法.什么样的展览是好展览——关于博物馆展览的几点思考.博物馆管理，2020（2）：7-13.

〔15〕王春法.什么样的展览是好展览——关于博物馆展览的几点思考.博物馆管理，2020（2）：12.

〔16〕在此，我要衷心感谢陈成军、任周方、陈亮、王勇、庞睿、吴晓筠、王海城、杨锐、沈琛等师友对展览的倾力支持！我要特别感谢新疆维吾尔自治区文物局的领导对展览的高度重视和巨大支持！对宝鸡青铜器博物院、甘肃简牍博物馆、敦煌研究院、中国国家图书馆、中国人民大学图书馆、故宫博物院等机构帮助复制相关展品谨致谢忱！对中国国家博物馆无偿复制"中国大宁"鎏金青铜镜和"汉归义羌长"青铜印，表达崇高的敬意！

〔17〕根据沈琛撰写的说明文字整理而成。

〔18〕习近平.在全国民族团结进步表彰大会上的讲话 // 中共中央党史和文献研究院.十九大以来重要文献选编（中）.北京：中央文献出版社，2021：215.

于闐
回響

The Echo of
Khotan

一、观众从展览中收获了什么?

习近平总书记 2017 年 4 月在广西考察时强调,一个博物馆就是一所大学校。[1] 文物承载灿烂文明,传承历史文化,维系民族精神,是加强社会主义精神文明建设的深厚滋养。博物馆布展项目历来就是专业、细致的庞大系统工程。需要馆方、策展人、设计施工方等多方团队的精心沟通和密切合作。每个博物馆的布展都要立足于实际,考虑到相关的多种因素,如文物资源的禀赋、展陈的主题、受众、展现的形式、资金投入等诸多方面。

和田地区博物馆作为地区级博物馆,地区爱国主义教育基地的核心组成部分,担负着弘扬中华优秀传统文化,在意识形态上教育引领群众、增强中华文化认同、文化润疆、抵制极端思想渗透、推进地方精神文明建设的使命。基本陈列是博物馆的核心所在,加强博物馆的展示功能,将博物馆打造成全地区真正的文化名片、宣传窗口是策展团队义不容辞的责任。

在策展、设计施工团队的艰苦努力下,在馆方的大力支持配合下,在广大观众的热情期盼下,和田地区博物馆"五星出东方利中国——和田历史文化陈列"经过 7 个多月繁忙而紧张的施工和布展,终于在 2020 年的"5·18 国际博物馆日"揭幕了,尘埃落定,神秘的面纱揭开,到了交答卷的时刻。我们的展览是否经得起观众的"挑剔"?我们的努力能否得到观众的认可?展览的效果又如何呢?

习近平总书记 2014 年 2 月在首都博物馆参观北京历史文化展览时强调,要让文物说话、把历史智慧告诉人们,激发我们的民族自豪感和自信心。[2] 为此,我们以抓实文物利用为主线,打造精品展陈,充分发挥文物在"文化润疆"中育人的重要作用,让文物"活起来",讲好和田故事。

首先，展览坚持群众第一，强化展陈的大众性，让大众性成为博物馆的亮点和特色。展览立足于对观众群体的全面分析和对主体观众的精准定位，利用馆藏和区域特色文物进行选题策划，深入挖掘本地历史文化，在展品的选择、展现的形式、展览的解读方式上，做到接地气、有温度，特色鲜明。把老百姓感兴趣的、群众喜闻乐见的，甚至是现代生产生活仍在使用的展品搬进展厅，致力于让群众喜爱、群众认可、群众受益，以知识性、趣味性、观赏性、艺术性、互动性为标准，把1300多件（套）文物细分融入各展览区块，以文物印证文化，以文化烘托文物，同时应用18部"专家讲展览"短视频，4部大制作短片，10项多媒体辅助展项，淋漓尽致地展现和田万年的历史文化。同时强化展览的引导性，设置了7个群众熟悉而不深知、渴望深入了解的主题板块，采取润物细无声的方式，讲好在中国历史的大框架中的和田故事。让老百姓在展厅望得见山，看得见水，记得住乡愁，通过观展产生强烈的归属感，受到教育，触及灵魂，实现无讲解情况下，观众能够通过看展受到教育。满足了不同区域、不同年龄、不同文化层次观众的需求，同时满足专业的挑剔眼光。做到观众看得进、听得懂、记得住、讲得出，从而达到增强"五个认同"、坚定"四个自信"，筑牢各民族共有的精神家园的目标。2020年5月，和田地区博物馆向社会开放后，尽管受到新冠疫情的影响，仍吸引48.9万观众前往参观，成为传承中华优秀传统文化的重要基地、宣传和田的文化窗口和游客的打卡地。

其次，坚定文化自信，强化展陈的主题性，使价值导向正确与学术严谨相得益彰。展览把和田地区尼雅遗址出土的国宝级文物"五星出东方利中国"锦护膊作为展览的主题，本着让文物活起来、让历史发声、正本清源的宗旨，展览严格坚持《新疆的若干历史问题》白皮书标准、学术严谨标准、群众标准、爱国主义标准、中华视野标准，通过大量的考古遗存和出土文物，同时透过一些代表性的文物展现中华文化对和田的影响，在中国历史的大框架中，全方位展现和田历史，多层面阐释和田文化，构建了和田悠久的历史发展图景，让和田民众找到自己的过去和归属，雄辩地证明了和田自古就是中国不可分割的领土，和田人民是中华民族大家庭的成员，和田文化根植于中华文明的沃土，和田自古就是多宗教并存之地。

再次，坚持创造性转化、创新性发展，强化展陈的先进性。展览构思跳出以往通史展的惯常思维，打破了以往按照通史的惯例和僵化的思维方式，不追求大而全，很好地处理了有断层的朝代和文物短缺时间段的硬伤，独辟蹊径开创了办展新模式。在主题区块下，以时间为轴，充分吸收学界最新研究成果。巧用资源整合，充分挖掘不同来源、不同层次、不同内容的资源，勇于打破地域、级别限制，借助大馆、兄弟馆的资源和社会力量，面向国内外 28 家文博机构遴选相关文物展品，从新疆维吾尔自治区博物馆、新疆文物考古研究所借展文物219 件（套），从和田地区 5 个县市博物馆借展文物 178 件（套），有效弱化馆藏文物不足、等级文物较少的影响，在有限的条件下把展览办出深度、办出影响力，展示了和田地区博物馆的底气、精髓、活力和魅力。

为了满足不同地区、不同年龄、不同文化层次观众的需求，我们还设置了互动性、参与性区域。在这些参与式环境中，博物馆与观众的关系得到了紧密结合。博物馆是观众学习的第二课堂和公众终身学习的重要场所，特别是对青少年而言，博物馆成为课堂教育的延伸，是增长知识、开阔视野、丰富文化生活的好去处。

（一）文创区域

在和田地区博物馆的文创区域，设置了"小小考古学家"和"文物读中国"内容。首先在儿童区域布置了一片大的沙漠地形模拟区，墙面上有各种文物的造型点缀，儿童在这里可以尽情地玩耍，模拟体验考古探秘的快乐；在"文物读中国"

图4-1 "小小考古学家"体验区（左上）

图4-2 "文物读中国"了解青花瓷（右上）

图4-3 摹本绘图区阅读（左下）

图4-4 体验织艾德莱斯绸（右下）

区块，青少年观众可以通过触摸屏去了解全国 2000 多件一级文物的基本信息，感受中华文化的博大精深；在摹本绘图区可以读到中国历史故事书，临摹字帖、绘画；在文创区可以购买和田地区博物馆依托馆藏精品、结合文创产品大赛与相关文创公司合作开发的 40 多种文创产品，也可以参与织艾德莱斯绸、木器雕刻、铜器制作、葫芦雕刻、玉石鉴赏、桑皮纸绘画、维吾尔乐器弹奏、维吾尔药茶体验，感受到当地的风土人情和地域文化（图 4-1 至图 4-4）。

图4-5　笑脸墙

（二）笑脸墙

乘坐电梯上二楼，可以看到一个滚动的屏幕，这是博物馆的"笑脸墙"，在这里游客可以录入自己的照片，进行"打卡"。大屏幕上会显示出"您是博物馆的第 ×× 名参观者"，让人有一份实在的体验感（图4-5）。

（三）和田万年穿越

60 平方米沉浸式体验空间，以和田数千年居住空间的发展传承为主线，以和田各时期的历史文化内涵为暗线，突出和田历史文化的特色，彰显历代中央王朝对包括和田在内的西域的管治。整个空间采用视频播放的形式，人们可以尽情感受中国悠久历史和文化风貌。在其旁边有一个斗拱拆装体验点，可以让人们更加深入地去了解、体会中国中原传统建筑构件斗拱在和田的广泛使用，从中感受到中华文化的博大精深，培养观众对历史文化的浓厚兴趣。

（四）"十二木卡姆"互动

在展厅第五部分，有一个电子屏幕的投影，是"十二木卡姆"的互动环节。在人们经过此屏幕时，屏幕上会出现自己的轮廓，伴随着音乐的响起，人们可以跟着屏幕上的舞蹈演员互动，自己的身影也会投射在屏幕上，仿佛沉浸在载歌载舞的古典世界。

（五）追梦万里

以长安为起点、以罗马为终点的这条绿洲丝绸之路将汉朝与域外紧密联系起来。在之后的 2000 余年中，无数的使团、商队、求法僧人、旅行家等越高山、涉流沙，穿行于这条绵延万里的追梦之路。作为丝路南道的重镇，和田既是精绝王、扜弥王、于阗王等朝贡中原王朝的出发地，也是无数丝路追梦人的经停地。这些丝路追梦人不仅为中西方文化交流做出了卓越贡献，也为和田文化注入了新鲜血液。本区域精选那些往来于丝绸之路并经过和田或与和田有关的代表人物，以虚拟互动的手段进行生动展示与介绍，激活珍藏于和田的丝路记忆。

动静结合贯穿整条展线，让人在观看展览、了解和田悠久历史的风貌时，也享受到很多体验和感悟的乐趣，在和田的历史文化中遨游，看完整场展览震撼而又感动，深深被古代劳动人民的智慧和文化征服，引起人们对我们现在美好生活的满足和反思。开馆以来，接待了来自全国各地的广大观众（图 4-6 至图 4-11）。

观众从展览中收获了什么？是否像以往参观展览那样，进了展区乱拍照，回去一问啥都不知道？我们不妨从观众的评价中找一找观展的真实感受：

> 博物馆的建筑风格很独特，在博物馆不仅可以看文物、了解历史，还可以购买一些文创产品。最重要的是在这里设置了一个孩子的体验区，带孩子来很适合，让孩子知道和田的历史变迁。
>
> ——和田市民穆太力普·艾思凯尔

> 今天我是第一次带着孩子来观看这个展览，让我了解到很多的历史文化，也让我了解到更多的非物质文化遗产，我希望以后和田地区能够多举办这样的展览，让更多的人了解并保护和田的非物质文化遗产。
>
> ——和田市民曹灵珊

> 这跟听专家学者现场讲课一样，知识含量非常高。我用手机拍了一部分，

图4-6　洛浦县小学生参观博物馆（左上）

图4-7　和田师范专科学校青年志愿者协会会员参观博物馆（右上）

图4-8　和田乡镇党员干部代表参观博物馆（左中）

图4-9　来自乌鲁木齐的游客参观博物馆（右中）

图4-10　来自全国各地的游客参观博物馆（左下）

图4-11　中宣部调研"文化润疆"团参观博物馆（右下）

回家还可以多听几遍。

——乌鲁木齐游客王笑梅

非常震撼！这里环境很棒、科技感强，馆藏丰富，通过参观，我对和田历史文化有了清晰全面的了解，感觉不虚此行。

——来自苏州的网友"所有所思 CS"

此次参观达到了预期效果，参观人员纷纷表示，参观红色展览是一堂生动的思想政治教育课，让党员干部们"在观中学、在学中传、在传中做"，让红色基因融入血脉。大家将以此次参观活动为契机，将红色基因代代传承，进一步增强党史学习教育的政治自觉、思想自觉和行动自觉，积极参与"我为群众办实事"实践活动，履行党员职责，为服务乡村振兴事业、推动高质量发展再立新功，为党的百年华诞献礼！

——乡镇党员干部参观代表

老同志们一致认为，此次参观学习受益匪浅，对新疆各民族文化和中华民族血脉相连、息息相通、历史交融有了更进一步的了解和认识，是党史学习教育的生动教材。纷纷表示，将更加坚定与党同心、同行的信念，不断增强"四个意识"、坚定"四个自信"、做到"两个维护"，自觉把思想和行动统一到以习近平同志为核心的党中央决策部署上来，积极主动参与党史学习教育，赓续红色基因，努力发挥余热，传递正能量，为实现中华民族伟大复兴的中国梦凝心聚力，为实现新疆社会稳定和长治久安总目标做出老干部应有的贡献。

——和田地区老干部局干部

　　以史为鉴，才能开创未来。我们前往和田地区博物馆，开启了一堂生动难忘的历史文化学习教育课。馆内展示的众多珍贵文物，记录着和田悠久深厚的发展历程、多元包容的地域文化，重现了"丝路记忆"的精美与厚重，从多角度、多层面诠释了和田历史与文化始终根植于中华文明的沃土。党员干警们纷纷表示接受了一次深刻的爱国主义教育，不仅开阔了视野、领略了历史魅力，也丰富了认知、升华了思想；同时真切感受到当下和平幸福生活的来之不易，激发了爱党爱国热忱，将以满怀感恩之心，认真履行当代青年的责任担当，积极投身大美和田建设。

——和田市法院党员干警代表

　　这是我看过的新疆最好的展览。不管是展览的主题、展览的形式、展览的内容还是展览的效果，都是新疆一流的，非常不错。

——新疆维吾尔自治区人民政府一名省部级领导

　　今天时间太紧了，没有看完，非常遗憾。下回专门抽时间来看，带上我们家老太太一起来看，好好领略和田历史文化的博大精深。

——新疆维吾尔自治区党委书记

　　我们是广东的游客，到新疆旅游。在网上看到和田地区博物馆的资料，专程来和田看博物馆。太震撼了。没想到一个地区的博物馆搞得这么好，在这里我们就能了解到和田的历史文化和民俗风情。昨天我们来晚了，没看完，今天我们又看了大半天，觉得信息量太大，有些记不住，我们马上就走了，留点遗憾有机会再来。

——几位广东自驾游游客

　　我专程去和田参观这个展览，这确实是一个高水平的展览！它引用了大量和田地区考古发现的实物，费了很大精力将散失在海外的一些著名出土文物的资料，结合历史文献记载，生动、翔实地告诉今天的和田各族人民两千多年来的历史和环境变迁，具有很强的说服力和感染力。在政治意义、社会效果、策展水平、形式设计等方面，都值得肯定和介绍推广。

——中国博物馆协会理事长刘曙光

　　这是全新疆最好的展览。

——新疆维吾尔自治区人民政府主席

二、展览的预期目标实现了吗？

和田地区博物馆的和田历史文化陈列以考古发现正本清源，通过展览阐明：包括和田地区在内的新疆是我国领土不可分割的一部分，多民族大一统格局是我国自秦汉以来就基本形成的历史传统和独特优势；和田各民族是中华民族血脉相连的家庭成员，和田文化扎根于中华文明沃土，是中华文化不可分割的一部分；和田历史上是多种宗教并存地区，促进宗教关系和谐是和田稳定繁荣的历史经验。讲清楚和田地区受到中央政府管辖时都是发展最繁荣的时期，使和田地区民众触及灵魂，受到教育，增强大家对伟大祖国、中华民族、中华文化、中国共产党、中国特色社会主义的认同（"五个认同"），坚定对中国特色社会主义道路、理论、制度和文化的自信（"四个自信"），激励民众为实现中华民族伟大复兴的中国梦砥砺奋进。

和田地区博物馆于 2020 年 5 月 18 日正式开馆，以全新的面貌、丰富多彩的展现形式把和田深厚的历史文化展现给世人，取得了很好的社会效益，实现了预期的目标。和田地区博物馆先后成功创建了自治区青少年科技教育基地、自治区社会科学普及基地、自治区爱国主义教育基地、自治区级民族团结示范基地和 AAAA 级景区，和田历史文化陈列荣获了第十八届（2020 年度）"全国博物馆十大陈列展览精品推介"精品奖，入选国家文物局 2021 年度"弘扬中华优秀传统文化、培育社会主义核心价值观"主题展览征集推介项目，在 2022 年"新时代博物馆百大陈列展览推介活动"中荣获"新时代博物馆百大陈列精品"荣誉。和田地区博物馆被纳入自治区级文明旅游示范单位名单，成为宣传和田、进行爱国主义教育的基地和对外开放的重要文化窗口，游客来和田的打卡地。

随着疫情防控形势的好转，文化旅游强劲复苏，公众参观博物馆的需求激增，大量外地游客走进和田，来到和田地区博物馆参观。人们拍照、评论，上传第三方点评平台和网络社交平台，针对展览内容分享自己的感受，围绕博物馆的管理、服务提出建议。目前，和田地区博物馆在第三方点评平台上有相关评价近200条，这些观众评价是展览了解观众感受的绝佳窗口，互联网平台成为天然的观众满意度调查渠道。

聚焦观众点评可以发现，和田历史文化陈列让观众印象最为深刻的，是展出的丰富文物。"五星出东方利中国"锦护膊、"讨南羌"织锦、"元和元年"锦囊、毡帽、木牍、夫妻合葬干尸、精美的和田玉，都常常被观众提及，"展品丰富""馆藏的文物让人大开眼界""文物很有价值""藏品中西方文化交融""出土文物很多""文物的种类比较多，文字说明很详尽，不是写个名字和时间就完事的那种，感觉十分认真"是观众对展览的普遍印象。文物阐释中使用的3D打印技术和壁画临摹也受到观众关注。尼雅遗址佛塔的微缩模型、临摹或再造的敦煌莫高窟壁画广受好评。观众透过文物感受和田的万年历史，结合说明文字"看到了和田这块地域的发展历程，有建造、恢宏、消融、沉淀"，从文物身上感受到了展览的亲和力和温度。

博物馆的布展设计同样让观众记忆犹新。"展馆布展合理""展品布置、灯光投射、设计规划非常专业""装修和氛围的掌握都很精巧""设计很棒，既有现代的元素，又有民族特色"。沉浸式体验空间、微缩景观、全息影像常在观众镜头里出现，视听并重的展览设置让观众沉浸其中。观众艾尼尔·依拉木江提到，"博物馆的活化展陈方式，让这件锦护膊与我们越来越贴近"。观众蔡书雅说，"饮食、歌舞、游戏、婚俗这些中华优秀传统文化，虽然时过境迁，样貌发生了变化，但在博物馆的活化展示中，还是可以看到千百年前的样子，让人有亲近感"。博物馆的多元化展陈，拉近了展品与观众的距离，引发观众共鸣。

总的来说，从观众评价来看，展览切实做到了讲好和田故事，让观众通过看展受到教育，充分发挥了博物馆作为社会教育阵地的作用，实现了让观众"看得懂、听得进、记得住、讲得出、做得对"的策展目标。和田地区博物馆成为观众口中"有惊艳之感""值得五星""世界一流等级"的博物馆，是"来到和田一定要去的地方"。

同时，观众评价中也提到了博物馆展览需要提升改进的地方。和田地区博物馆的干尸是人们在评论中频繁提及的内容，希望展陈中有对干尸更全面的文字介绍。有观众指出"博物馆的灯光打得太暗了"、博物馆保洁人员听不懂汉语，并希望博物馆全天开放，便于观众参观。

和田地区博物馆及时关注观众反馈，重视观众提出的改进意见，回应观众需求，针对观众合理的负面评价着力改善提升，更好地讲述和田故事，履行社会教育服务职能。

三、怎样培育"可持续发展"模式的展览？

博物馆要助力社会的可持续发展，首先要做到自身的可持续发展。和田历史文化陈列把可持续发展理念贯穿陈列布展的始终，在展厅设计和施工过程中，采取了一系列的绿色环保措施，努力打造了"绿色展览"。在展览达到预期效果的基础之上，利用博物馆的资源优势，打造展览文化品牌，全面、持续、有效地提升展览对公众的吸引力，培育"可持续发展"模式的展览是我们不断探索和努力的方向。

展览的可持续性体现在发挥社会教育作用的可持续，即能对前来参观的观众产生刺激和提供帮助，使观众有兴趣再次回访或鼓励他们知晓更多的相关内容，使博物馆成为公众终身学习的重要场所。

　　和田地区博物馆在培育"可持续发展"模式的展览实践中，着重在提高服务质量、组织举办展览延伸和拓展活动、馆校合作、实现展品呈现方式的多样化等方面发力。

（一）提高服务质量，为观众提供优质的服务

　　博物馆是城市景观，是文化和自然遗产的重要部分，这赋予了博物馆新的社会角色和责任。和田地区博物馆在馆舍建设、运行管理、公众服务等方面，始终秉持绿色低碳、平等包容的可持续发展理念，通过采取具体行动，让自己成为可持续的环保示范。例如，使用环境友好型清洁材料，开放并打造绿色公共空间等等。同时在"以人为本"的前提下，参照 AAAA 级景区标准为观众规划必要的配套服务空间，如游客服务中心、医疗卫生设施、娱乐休闲空间等，创造合适的环境让观众对博物馆产生归属感，提升观众参观体验。

（二）组织举办展览延伸和拓展活动

1.开展丰富多彩的社会教育活动

　　优质的博物馆教育项目本身就是一种可持续发展。为了确保博物馆教育活动的可持续发展，和田地区博物馆根据不同受众群体设置不同的主题活动，确保教育主题活动满足不同群体的不同需求，实现博物馆文化教育的持续发展。

图4-12　"民族团结一家亲"融情实践营（左）
图4-13　博物馆里体验包饺子（中）
图4-14　博物馆文化志愿者（右）

　　和田地区博物馆立足于展览的主题、内容和形式，依托馆藏和展览优势，突出爱国主义、民族团结主题，每年结合春节、元宵节、端午节、中秋节等重要传统节日，文化和自然遗产日、国际博物馆日、建党日、国庆等国家重大纪念日，精心设计、深入开展了形式多样、健康向上的主题教育实践活动，让受教育群体能够在参与实践活动的过程中体验节日习俗、了解我国优秀传统文化的内涵、感受传统文化的魅力、传承革命传统、展现中国精神、增进文化自信（图4-12至图4-14）。

2.持续推进流动展览下基层活动

　　为了不断拓展宣传教育阵地，提高社会教育效果，提升展览的文化影响力，博物馆在各县市乡镇村及"访惠聚"工作队的支持配合下，通过"展板＋专人讲解"的形式，以通俗易懂的语言向观众介绍新疆璀璨的历史文化，展现多元一体中华文化之新疆篇章，让观众更深入地了解新疆作为中华民族大家庭的成员在中华文化悠久的历史中所书写的灿烂篇章，充分发挥了社会教育功能，拓展了展览空间。

3.引进临时展览

通过多方协作，充分挖掘内容健康、能正确引导观众、传播先进文化、弘扬时代精神的文物资源，相继举办了"民族团结一家亲摄影展"、"大美北京——读城"展览、"伟大征程——庆祝中国共产党成立100周年特展"、献礼中国共产党建党100周年"桑皮纸上的魅力和田"北京·新疆书画作品展、"赤子丹心为水来 倾尽一生为人民——王蔚同志纪念展"主题展览、"锦绣中华——56个民族服饰展"、和田地区2022年"文化润疆·非遗传承"展演展示活动等一系列题材丰富的临时展览。这些临时展览与基本陈列相辅相成，吸引更多喜好各异的群众来博物馆参观，保障了展览的可持续观赏性，更好发挥了社会教育服务职能，提升了博物馆的影响力和社会效益。

4.建立馆校合作机制，让博物馆走进校园

和田地区博物馆积极响应教育部、国家文物局联合印发的《关于利用博物馆资源开展中小学教育教学的意见》，已与和田师范专科学校马克思主义学院、新疆维吾尔医学专科学校、和田市古江巴格乡中学、和田市五中、和田地区二中等学校建立馆校合作机制，组织流动展览进校园、博物馆研学、培训小小讲解员、"红领巾讲解员大赛"等活动，促进了博物馆资源融入教育体系，提升大、中、小学生利用博物馆学习的效果，真正实现了让博物馆教育走进校园、走进课堂，极大地促进了博物馆文化教育的可持续发展（图4-15、图4-16）。

图4-15　小小讲解员（左）
图4-16　小小讲解员为来自沈阳的游客讲解（右）

（三）做到展品呈现方式多样化

1.注重文创产品研发

　　为了积极推动更多文物"活起来"，回应社会关切，更好满足人民美好生活需要，和田地区博物馆依托馆藏精品，结合文创产品大赛和相关文创公司进行合作开发的文创产品种类达40多种。文创产品的研发对和田地区博物馆的文物资源和非物质文化遗产资源进行了充分的考虑，特别是在文化内容的挖掘方面，结合陈列展品的相应文化内容的同时，对方便携带、文化凸显、内容趣味、市场接受等方面进行充分考量，在很大程度上还原历史的同时，也能够结合流行趋势，传播博物馆文化。这些文创产品充分体现本馆藏品和展品的特色，能够深入持久传播博物馆文化。

2.深入挖掘文物背后的故事

博物馆立足馆藏资源，在文物藏品数字化信息采集工作的基础上，做到深入探索、挖掘与藏品相关的历史故事，编写"和田文物故事"系列口袋书、《读懂和田》、《带你走进博物馆——和田地区博物馆》、《和田记录》、《文物中的和田》、《精绝回响》等，通过专题故事阐释和田历史文化，讲好和田故事。

四、如何做好特殊时期的展览服务？

"疫情防控期间，博物馆成了创新的中枢。在最特殊和最困难的情况下，博物馆做了有益的探索，将紧急情况变成改革创新的催化剂。开发了线上线下的文化体验和传播项目，通过数字技术和弥合数字鸿沟的举措，博物馆变得更具可及性和吸引力。"国际博物馆协会主席阿尔贝托·加兰迪尼感慨。

疫情之下的博物馆面临着提升展览社会吸引力和影响力的挑战。面对疫情带来的挑战和危机，和田地区博物馆做了很多与时俱进的有益探索，以积极且富有成效的做法进行了策略调整和改变。从博物馆自身防疫建设入手，对展览和藏品内容进行多种形态的阐释，实现文化信息多途径和多方式传播，适应现代观众的需求和习惯。

新冠疫情加快了博物馆教育资源数字化进程，互联网上的博物馆教育项目形式更为多样，既有传统的展览、专家讲座、学习资料分享等项目，也有鼓励学习者参与的探究性项目，学习者成为学习活动的主体。博物馆通过推进数字化建设，编制学习资料，支持学习者的学习行为，引导学习者的学习目标和学习方向。

一是网上展览。为了拓宽博物馆陈列展览的传播渠道、丰富传播形式，和田地区博物馆完成制作"五星出东方利中国——和田历史文化陈列"线上虚拟展览，尽可能地还原和田地区博物馆的展厅设计，全面展示了和田地区博物馆基本陈列，增加对重点文物的介绍，有效推广了博物馆的展览品牌及文化资源，为广大网民提供足不出户参观展览的便民服务。

二是文物数字化。和田地区博物馆通过三维扫描建模、全景深高清照片贴附等技术，对和田地区出土的重点文物进行数字化呈现和传播，共制作馆藏文物三维展示 130 件、二维展示 345 件并在线上发布，逐步建成线上展览和藏品信息数据库，并面向公众开放线上观展和信息查询服务，为社会提供高质量、正能量、多元化、个性化的文化服务和文化产品。观众进入博物馆微信公众号即可零距离"把玩"这些千年文物，更直观地了解历史，看得好、听得懂、记得住、讲得出。

三是短视频。拍摄 170 部"和田文物故事"短视频，充分利用新媒体传播手段将展品细节以及相关知识延伸展现出来，通过官方网站、微信公众号、微博、抖音等渠道向社会公布，多样化展示藏品的文化内涵，从视觉、听觉等多个维度为观众提供一场历史文化学习的盛宴。

四是云服务。对接"游新疆"微信公众号、H5 轻应用，结合视频、VR 真人视频讲解、"智慧解说管理系统"，对展厅、点位进行详细的文化、历史信息系统开发，利用微课堂管理进行研学活动，实现了线上视频学习打卡、趣味知识答题、积分奖励、学习成果考核评价等，有效推广了和田历史文化陈列品牌及文化资源，为广大网民提供足不出户参观展览的便民服务，在进一步扩大展览自身影响力的同时，让中华优秀传统文化传播得更远、更广。

注　释

〔1〕扎实推动经济社会持续健康发展　以优异成绩迎接党的十九大胜利召开．人民日报，2017-04-22（1）.

〔2〕立足优势　深化改革　勇于开拓　在建设首善之区上不断取得新成绩．人民日报，2014-02-27（1）.

于闐回響

The Echo of
Khotan

2001 年，我涉足展览策划领域，至今已 20 余年，中国博物馆事业由冷清走向繁荣。作为策展人，我见证了中国博物馆策展人制度的引入和发展。最早在博物馆展览中实行策展人负责制的是中华世纪坛。2006 年左右，中国国家博物馆引入策展人负责制，随后，许多博物馆都开始推行策展人制度。策展人制度逐渐向中国化的方向发展，在我国博物馆展览领域，策展人成为一个既普通又醒目的称谓。

历经数十个大小展览的实践，我对中国博物馆策展有了自己的理解和思考。"展览天生有缺憾"，道出了我国博物馆策展工作的无奈。为了最大可能地实现展览的效果，我的策展工作也从展览内容策划逐渐延伸至展览形式设计、施工制作、文物加固，乃至图录装帧设计，涵盖博物馆展览工作的全流程。和田历史文化陈列的策展，让我又得到一次全流程策展的历练，我深刻体会了策展人全程跟踪对于展览的重要性。

完稿之际，我应该进行一些作为策展人的思考，算是对多年策展的梳理和总结。展览是复杂的系统工程，具有很强的实操性。我没有什么高深的理论，只是根据策展实践，对展览策划进行一些思考，就下面几个比较普遍的问题谈一点自己粗浅的理解。

一、怎样破解展览同质化和"千馆一面"的问题？

在博物馆事业蓬勃发展的今天，同质化、"千馆一面"是困扰我国博物馆的痼疾。为什么会出现这种状况？这是策展人不得不深入思考、认真对待的一个问题。要改变"千馆一面"的状况，我们需要探究其根源，再找出解决问题的方法和途径。

造成博物馆展览同质化的原因主要有如下几个方面。

第一，策展"八股文"应是造成展览"千馆一面"的根源。博物馆的每一个展览都具有独一无二的属性。虽然，策展工作要遵循一定规矩、规则和规章，但更要高度关注展览的独特性和辨识度。每一个展览都与众不同，从内容到形式的表达，甚至施工、布展，都不能套用固定的模式。之所以会出现"千馆一面"现象，与我国策展人门槛过低、"人人都可以做策展人"的现实密不可分。这种情况下，每一个被委派展览任务的博物馆员工都成了"策展人"。如果"策展人"对策展工作没有专业的理解和思考，亦没有足够的学术和文化积淀，就会按照展览几要素去拼凑展览或照猫画虎。虽然每个博物馆展览的躯干都由前言、主体、结束语三大部分构成，但是展览的主体要根据展览需要设置，可多可少，其内容也完全不同，需要设置的辅助展示项目更是千差万别。如果我们只是机械地把这几个元素凑齐，写一个前言，弄几个单元，设一个结束语，就完成了展览内容大纲，这样的展览一定不会精彩。这种现象可称作策展"八股文"。策展人应该具有很高的门槛，不是所有做展览的人都是策展人。因为策展人的学识、眼界、视角、情怀、审美、学习能力、宏观把控能力等，均决定着展览的水准和高度。如果我国博物馆展览从业人员都是策展人的话，策展"八股文"就难以杜绝，展览的质量就无法保障。

第二，展览形式设计"八股文"是展览"千馆一面"的关键因素。很多博物馆，包括一些省级大馆，很少有自己的形式设计和展陈施工队伍，绝大部分的博物馆需要请社会上的展览公司来帮助完成展览设计和施工制作。目前，很多设计人员不像老一代的设计师那样，先深入理解、把握展览内容，进行融会贯通，然后再进行彰显展览特质的形式设计，展陈设计也出现"八股文"。展陈设计人员只是大概根据展览的框架结构对展厅空间进行常规性的划分，不讲究展厅空间的层次感和艺术性，更不会把展览形式设计当成艺术创作来认真对待，满墙铺辅助展板，多媒体辅助展示手段雷同，场景复原没有区分度，等等。更不用提展览更高层面的声效和光照设置。没有追求的形式设计和互相模仿，是导致"千馆一面"的直接原因。"千馆一面"的状况在历史文化类展览中有一定的改善，但在红色主题展览中比较突出。

第三，现代科技手段的雷同应用是"千馆一面"的助推剂。例如，触摸屏、幻影成像、全息影像、VR 技术、裸眼 3D 等技术在博物馆展陈中缺乏新意的广泛应用，甚至是互相模仿，加剧了博物馆的"千馆一面"。

治愈博物馆展览同质化和"千馆一面"的痼疾不是一蹴而就之事，需要长期加强对策展人队伍和展陈形式设计人员的培养，引导大家做有追求的策展人和设计师，整体提升策展能力和展览设计水平，摆脱策展"八股文"和形式设计"八股文"。如果每一个展览的策划和展陈设计都能围绕展览对象的特质展开，拒绝复制和模仿，通过量身打造让展览具有高辨识度，那么展览一定特色鲜明，同质化和"千馆一面"的问题也就迎刃而解。

二、如何探索中国特色的博物馆策展之路？

中国特色的博物馆策展之路与国际博物馆展览策划既有相同的部分，也有不一样的地方。博物馆是社会的大学，是公众受教育的场所。博物馆承担着传承文明、传播知识、启迪大众、构建民族精神家园的使命。这些都是对博物馆的传统认知。自 1977 年公布第一个国际博物馆日以来，经过几十年的发展，国际博物馆日的主题每年都在变化。

纵观历年国际博物馆日的主题，我们就会发现博物馆越来越以建设性的姿态参与到现代社会、政治、文化的议题之中，博物馆与现代社会的联系越来越紧密。2022 年，国际博物馆日的主题是"博物馆的力量"。的确，博物馆具有强大的文化驱动力和创造力，正在积极地与全社会共同创建可持续发展的未来。目前，中国博物馆事业发展迅猛，新馆建设如雨后春笋，博物馆事业得到了国家的高度重视。以习近平同志为核心的党中央也高度重视博物馆的建设，将博物馆事业与国家战略、国运发展密切相连，作为覆盖城乡、便捷高效、保基本、促公平的现代公共文化服务体系的重要组成部分。博物馆也在增强国家文化认同、提升公民道德素养、维护社会和谐稳定方面具有深厚的潜力，同时，在文旅融合的形势下，博物馆在助推经济发展、促进产业升级方面也具有重要的作用。

最新统计数据表明，中国平均每两天就有一家新的博物馆开幕。如此迅猛的发展势头，就需要有相匹配的不同类型、不同数量、不同质量的展览，这对策展工作提出了非常大的挑战。作为博物馆展览的策展人，我们需要探索中国博物馆策展的特色之路，思考中国特色的博物馆策展之路到底应该怎么走。以下几点应引起策展人的高度重视。

第一，价值导向正确和学术严谨是策展不可违背的。

文化具有政治属性。中国特色的博物馆策展，顾名思义，要符合中国国情，服务国家战略和中国社会。中国最大的国情就是中国共产党的领导。什么是中国特色？这就是中国特色。文化的政治属性、中国特色和博物馆的职责和使命，决定了中国博物馆策展工作必须坚持价值导向正确和学术严谨。在我国博物馆策展中，价值导向正确和学术严谨是不可违背的。在我国博物馆策展实践中，策展人需要正确理解和把握价值导向正确和学术严谨之间的关系，让价值导向正确和学术严谨相得益彰。以学术严谨为基础的价值导向正确更具有说服力，要让文物说话，让历史说话，让文化说话，在学术严谨的基础上，彰显价值导向正确。

第二，策展工作要充分考虑国情和民情。

探索中国特色的博物馆策展之路，必须充分了解我国的国情和民情。中国博物馆事业高速发展，民众参观博物馆的兴趣明显提升。策展人需要深入思考如何通过策划丰富多样的高水平展览满足博物馆发展的需求和民众的需要。符合中国国情和民情的策展，有助于博物馆使命的完成和国民素质的提升。面对娱乐至死、"网红"当道的社会现象，策展更要突出博物馆对观众的正确引导，助力民族精神家园的构建。

第三，尽力减少领导意志对展览的干预。

政府职能部门对博物馆的高度重视，大大促进了我国博物馆事业的发展。同时，领导意志的过度体现，也会阻碍博物馆的发展。在展览策划过程中，领导意志的过度体现严重影响博物馆展览的效果。过短的展览筹备时间也是领导意志对展览干预的结果。策展人需要有自己的坚守，通过科学、合理的工作，尽量减少领导意志的介入，尽可能为展览的筹备争取基本的时间。目前，过短的展览筹备时间严重困扰策展工作，已经成为很多博物馆展览仓促粗糙、解读不够的一个重要原因。我们也建议相关领导加大对策展人工作的支持，提出目标和诉求，但在专业层面，尽量少干预或不干预。

　　第四，策展人自身素质和能力的提升。

　　策展过程中，策展人身兼导演和编剧两职，策展人的素质和能力直接决定着展览的水平。因此，策展人要苦练内功，通过学习不断提升自己的策展能力。在策展过程中，要注重学术研究成果的普及和转化，通过深入的解读，做到让文物说话，让文物"活起来"，让展览讲好中国故事，架起我们与古人对话的桥梁。另外，策展人要尽可能全程跟踪展览的实施，在展览落地过程中，切实起到核心统领作用，避免展览内容和形式两张皮。

三、如何在展览中有效运用高科技手段？

　　我们处在科学技术迅猛发展、高科技手段日新月异的时代。政府对博物馆事业的高度重视和财政支持，促进了高科技手段在博物馆展览中的广泛应用。

　　高科技手段在展览中的运用具有明显的优势，可以弥补文物展品所无力支撑展览的那部分功能，增加展览的趣味性、观赏性、互动性，增强展览的震撼力和体验感，还能够激发观众的兴趣和观展的积极性。但任何事物都有两面性，在展览中过度运用高科技手段同样会适得其反，消解展览的效果。怎样才能够做到有效运用？

　　作为策展人，在展览策划过程中，要弄清展览的根本所在。文物始终是展览的绝对主角，只是当我们没有办法通过文物诠释，或者是向观众呈现我们想要阐释的内容时，我们需要采用一些辅助的展示手段来弥补文物展品所不能支撑的部分。很明确，高科技手段在展览中是配角，起的是辅助作用。需要说明的是，展览设置的辅助展示项目不是都需要高科技手段。我们在策展时，除了极特别的展览外，在常规博物馆展览中，要有节制地使用高科技手段，不能喧宾夺主，避免产生过犹不及的反作用。因为，再高科技的手段，目前也是虚拟呈现，滥用或运用过多，都会反噬展览效果。

策展人要如何才能做到对高科技手段的有效运用呢？归根结底，还是要根据展览的实际需要，在合理的地方，合理运用高科技手段，让高科技手段为展览提供真正有效的支撑，并为展览添彩。

四、如何平衡独享性和共享性多媒体辅助展示项目的设置？

展览的辅助展示手段有多种，最重要的是多媒体辅助展示手段。伴随着高科技在展览中的广泛应用，博物馆多媒体辅助展示项目也有了长足进步。多媒体辅助展示项目在为展览提供支撑、为观众服务的同时，也暴露出明显的局限性。任何科技手段或者多媒体辅助展示项目，都需要有相应的设备设施来进行运转。设备设施均有使用寿命，就意味着多媒体辅助展示项目也会有使用期限。

我们考察了国内多家博物馆，发现不少博物馆在开馆后不久，有的多媒体辅助展示项目因设备损坏处于闲置状态。观众在操作多媒体辅助展示项目时，用力过大或操作不当，常常导致设备损坏。展厅中多媒体辅助展示项目缺失，不仅没有为展览起到良好的支撑，反而消解了展览的效果。

另外，我们还发现，很多博物馆设置的独享性多媒体辅助展示项目，即便有很好的互动性，也很难得到观众的青睐。主要因为"独享性"意味着同一时间仅供一人享用，拒绝了其他观众的参与。其他观众没有等待的耐心，就错过此项多媒体辅助展示项目。

　　作为策展人，我们在策展时，需要认真思考如何平衡展览中独享性和共享性多媒体辅助展示项目的设置。

　　独享性辅助展示项目通常配置的设备有触摸屏、VR 头盔等，容易损坏，造成搁置。省级大馆职能部门配备相对比较齐全，展览日常运营和管理压力不是很大，损坏的设备开始还能及时得到维修，时间久了，也难免废置。对于位置偏远的边疆地区博物馆来讲，如和田地区博物馆，员工数量非常有限，机构设置不齐全，难以承受展览日常运营和管理的重担。在这种情况下，策展工作更需要考虑展览中多媒体辅助展示项目的设置，尽量避免观众操作导致多媒体辅助展示设备损坏的可能。

　　相对来讲，共享性的多媒体辅助展示项目比独享性的多媒体辅助展示项目安全系数更高。尤其是为边疆地区博物馆策展时，策展人一定要认真考虑独享性和共享性的多媒体辅助展示项目的平衡与合理设置。当今利用高科技手段创作的多媒体辅助展示项目，非常受博物馆的青睐。我们一定要根据展览的实际需要，并充分考虑当地博物馆的实际情况，合理设置独享性和共享性多媒体辅助展示项目。

　　鉴于独享性多媒体辅助展示项目弊端突出，对展览的支撑比较有限，结合目前我国博物馆事业所处的发展阶段，为了尽量减少资源浪费，建议在博物馆尽量多用共享性的多媒体辅助展示项目，适当减少独享性多媒体辅助展示项目。

　　和田历史文化陈列的多媒体辅助展示项目突出共享性，尽量减少独享性，基本上不采用触摸屏、VR 头盔等设备，而是紧密结合展览内容，科学设置共享性的多媒体辅助展示项目，确保展览的效果和观众参与度。除了第四部分沉浸式空间"和田万年穿越"掌控开启穿越之旅的装置具有独享性，其他所有多媒体辅助展示项目均属共享性的。而"和田万年穿越"虽然每次启动只能由一名观众来触发，但启动之后，观众在沉浸式空间中又实现共享。事实证明，观众掌控触发的这个小装置经

常被按坏，好在此装置调换或修理比较容易，成本也比较低。和田历史文化陈
列多媒体辅助展示项目高度突出共享性，依然能够让观众体验，互动性、趣味
性并未减少。另外，我们首次把透屏展示技术运用在博物馆文物展示上。通过
透屏展示，对布扎克彩棺进行分解、纹样色彩还原、局部放大等，更利于观众
观看文物细部，了解其承载的文化交流等。透屏展示技术也是共享性辅助展示
项目，效果很好。至今，和田地区博物馆已经开馆 3 年，多媒体辅助展示项目
没有出现因设备损坏搁置不用的情况。

五、如何整合社会资源更好地服务我国中小博物馆？

我国博物馆事业蓬勃发展，博物馆建设速度非常快。绝大多数地县都建有
博物馆。我们这里所说的中小博物馆，是相对于省级博物馆，或者一些实力相
对比较雄厚的国家一级博物馆而言的。中小博物馆并不是说博物馆建筑面积小，
而是基于博物馆藏品的数量、从业人员数量、研究能力、社会服务能力等多方
面的综合考量。

我国中小博物馆的现状是：场馆可能不一定小，甚至非常高大、气派，但
藏品匮乏，专业从业人员短缺，研究能力非常有限，甚至谈不上有研究能力，
展览水平比较低。有些新建的地方中小博物馆，花费了庞大的资金来打造博物
馆的建筑和展览，因缺乏高水平的专业策展人员和策展队伍，无法跟展览公司
进行有效对接，更不可能掌控展览的质量，展览粗糙甚至低劣，展览解读非常

有限，缺乏知识性、引导性、艺术性、互动性等，甚至无法开馆，面临着刚做完就要提升的状况，造成大量的资金浪费。

如何才能帮助中小博物馆尽快走出困境？整合现有的社会资源应该是一条可行之路。

我们以 2017—2018 年为南京市博物总馆、宁波博物馆和上海中国航海博物馆策划的"CHINA 与世界——海上丝绸之路沉船与贸易瓷器大展"（图 5-1）与和田历史文化陈列为例，来简单地分享一下我们的具体实践。

"CHINA 与世界——海上丝绸之路沉船与贸易瓷器大展"是展览筹划新模式的一个积极尝试，由南京市博物总馆牵头，携手宁波博物馆和上海中国航海博物馆联合举办巡回展览。展览的筹备和运作，本着整合社会资源优势互补的原则，借助于社会力量，以主办单位之间展览资源共享，筹展费用分摊的方式来进行操作实施，实现博物馆以最经济的成本举办大规模、高水平展览的目标——少花钱，多办事，办大事。

展览举办的目的包括：第一，紧密契合国家共建 21 世纪"海上丝绸之路"倡议的时代命题；第二，充分发挥博物馆在国家政治及文化建设中的巨大作用，把博物馆培育为城市灵魂和地标；第三，积极配合"海上丝绸之路"申遗工作的开展；第四，彰显展览举办城市与海上丝绸之路的独特联系，及其在海上丝绸之路历史发展过程中不可取代的地位。

展览展出从全国 20 多家文物收藏机构中精选的 330 件（套）沉船出水的珍贵文物、现代瓷器以及船模，通过深入解读，激活封存于大洋底部的人类过往，来向世人展示海上丝绸之路的历史文化与灿烂成就，弘扬"和平合作、开放包容、互学互鉴、互利共赢"的丝路精神，以史为鉴，提倡人类平等、包容、交流、和平与共享的共同发展理念。此展以崭新的视角选择跨越千年的唐代至清代的沉船和贸易瓷器作为重点展示对象，以航海造船与瓷器贸易双主线，通过对商品贸易人群往来、使节通好文化交流等方面的深入阐释，向观众提供人类文化的交流互鉴以及智慧成

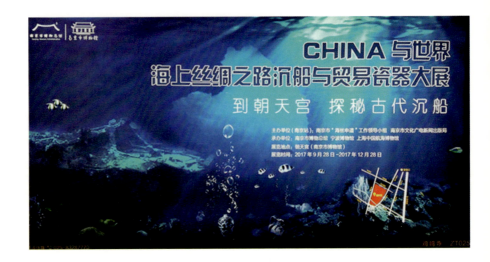

图5-1 南京站展览海报

果的共享；重点围绕文化交流这一主题，在世界历史的框架之下，尝试以全球的视角对海上丝绸之路进行相对客观的解读，不过分强调我者，也不忽视他者，着眼于互通互鉴，强调文化交流的双向性；致力于让观众通过展览以及相关的活动理解如下问题：海上丝绸之路是什么？它为什么会出现？它与我们是什么样的关系？中国曾经对世界做出什么样的贡献？世界其他文明又为中华文明提供了怎样的滋养？它对当下有着什么样的意义？

整个展览从一个小切入点着手，致力于完成对海上丝绸之路的宏大叙事，以小见大，如烟花燃放。我们把这个项目当作一个系统来运作，不仅包括展厅内的展览，还附带有一系列的策划活动，通过活动把展览有效地由展厅延伸至社会，实现展览与观众的高效互动。结合展览，我们进行了一系列特别策划：组织国际博物馆馆长论坛、举办多场有关海上丝绸之路的学术讲座、出版大型的展览图录等，把展厅的展览、国际论坛、专家讲座、观众活动、图书等进行多领域的有机的结合，互相支撑，丰富展览的内涵，提升博物馆和展览的社会影响力。

2017 年 11 月 28 日，"海上丝绸之路——沉船与贸易瓷器国际馆长论坛"在南京市博物馆举行，论坛的主题为"合作与分享"。来自肯尼亚国家博物馆、斯里兰卡考古委员会、新加坡亚洲文明博物馆等机构的国际代表和专家，与来自国家文物局、中国博物馆协会、中国国家博物馆、国家文物局水下文化遗产保护中心等国内机构的 30 多位代表和专家经过热烈讨论，就海上丝绸之路的合作与共赢达成"南京共识"，有效扩大了中国博物馆的世界影响力。

这次巡回展览由策展人、社会企业和主办博物馆通力合作，发挥各方优势，进行社会资源整合，得到 20 多家相关文物收藏单位的支持，最终办成一次超大规模、超高规格的高水平展览，是社会资源整合与共享的成功尝试。当然，通过此次实践，我们也有一些需要思考的地方。对巡回展览来讲，在第一站开展之后，策展人没有机会实现全程跟踪，后面两站对原展览方案有一定调整，展览效果受到一定的影响。

总之，"CHINA 与世界——海上丝绸之路沉船与贸易瓷器大展"的案例，可以为我国中小博物馆提供一些借鉴。通过整合社会资源联合办展，帮助中小博物馆摆脱现实条件的制约，实现少花钱多办事，有效地提升中小型博物馆自身社会影响力，更好地为当地服务。

和田地区博物馆的展览陈列也是通过对社会资源的整合来完成的。前面几章对和田历史文化陈列的策展过程有比较详细的介绍，这里不再赘述。我们在策展的过程中本着尽可能地弥补和田地区博物馆藏品少的缺陷、方便博物馆的日常管理和运营的原则，采取相应的一系列措施，比如：通过创造展品，为博物馆留下永久展品，弥补其馆藏匮乏的缺陷；通过突出共享性多媒体辅助展示项目的设置，最大限度地减轻博物馆日常运营的负担；等等。这些都可以为服务中小博物馆提供有价值的借鉴。

关于策展，我们有太多需要思考和解决的问题。作为中国博物馆策展人，我们需要怀揣敬畏之心，不断探索，走出一条符合国情和民情的中国特色策展之路。

谨以伟大诗人屈原之语"路漫漫其修远兮，吾将上下而求索"结束书稿。

后 记

　　《于阗回响——和田地区博物馆"和田历史文化陈列"策展笔记》文稿终于完成，刘曙光理事长的话一直在我耳边萦绕。他说打算把每年的十大陈列展览精品的策展思考做成丛书，几年后就有几十册书，可以给我国博物馆留下一些有价值的财产。"中国博物馆陈列展览精品·策展笔记"丛书由此诞生。这是非常了不起的创意和策划，是一项意义重大的工程。能有机会参与这套图书的撰写，是我作为策展人的幸福！

　　本书是对"和田历史文化陈列"展览筹备的回顾和记录，"引言""导览""策展""结语"由单月英执笔，"观展"由张化杰执笔。插图中的部分摄影作品由刘玉生、阿迪力·那的尔、阿不来提·阿西木、买提卡斯木·吐米尔、玉山江·卡斯木拍摄，展览设计草图、壁画制作过程图片由唐凡提供，部分文物图片和考古发掘现场图片由任周方、陈亮、于志勇、张小刚提供，部分施工图片由柳学东、杨军提供。

　　在此，我要衷心感谢陈成军研究员为本书题写推荐语！向刘曙光理事长表达我崇高的敬意，是他无尽的宽容与鼓励鞭策我完成书稿的写作！写作期间，浙江大学艺术与考古学院"百人计划"研究员毛若寒博士和浙江大学出版社陈佩钰编辑以巨大的耐心给予我充分的理解和鼓励，说感谢已不能表达我内心的感受。这里，我要特别感谢蔡一茗编辑对书稿进行的细致核校，谨向浙江大学出版社为本书出版辛苦工作的相关人员致以深深的谢忱！蒋子谦帮我查找资料、冒雨拍摄图片，赵一帆陪我度过最紧张、最艰难的时光，支撑我同时完成教学、策展和写作，有你们我很幸运！张化杰是我遇到的效率最高的战友，没有他的高效和全力配合，我无法想象"和田历史文化陈列"和《于阗回响——和田地区博物馆"和田历史文化陈列"策展笔记》的模样。

　　感谢策展，让我年过半百还能保持童心和激情、做我想做的展览，并提醒我开始作为策展人的思考。